KB048236

식탁 위의 경제학자들

식탁 위의 경제학자들

ECONOMISTS ON THE TABLE

노벨 경제학자들에게
배우는 최소한의
생존 경제학

page2

나는 돈 때문에 케인즈를 죽였다

우리는 불확실성이 일상이 된 세상을 살고 있다. 며칠 전 TV에서 본 영국 젊은이의 인터뷰가 떠오른다. 그는 코로나19 팬데믹 이후 일자리를 다시 찾고 있다며, 영국이 낳은 위대한 경제학자 존 케인즈(John M. Keynes)의 빗나간 예측을 지적했다. 그는 지난밤 꿈에 케인즈를 만나 말다툼을 하다가 홧김에 총을 쏘고 말았다는 황당한 이야기를 했다. 꿈속에서 그는 케인즈에게 따지듯 퍼부었다고 한다.

"나는 돈 때문에 케인즈를 죽였어요. 높은 월세를 견디다 못해 배에서 살고 있어요. 한곳에 오래 머물면 벌금이 나와서 2주마다 머물 장소를 옮기는 나의 비애를 그가 알기나 할까요. 런던 중심부 운하에서 배 댈 곳을 찾기가 너무 힘들어요. 뭐, 우리가 일주일에 15시간 일한다고요? 우리는 비정규직인 데다, 일주일이 아니라 하루에 15시간씩 일하는 날이 허다합니다. 높은 주거비와 식비에 쫓기며 힘들게 살고 있어요. 케인즈가 말한 100년 뒤에 올 거란 풍요는 온데간데없고, 내 주머니는 늘 텅 비어 있다고요! 도대체 세상의 돈은 다 어디로 간 겁니까?"

케인즈는 정부의 역할을 강조하여 세계 대공황을 극복하는 데 기여한 위대한 경제학자다. 그는 1930년 자신의 에세이 「손자 세대를 위한 경제적 가능성(Economic Possibilities for Our Grandchildren)」에서 "2030년 인류는 '기술진보'와 '자본축적'으로 급속한 생산성 증가를 누릴 것"이라고 했다. 이 부분은 케인즈의 추측이 어느 정도 맞았다는 생각이 든다. 하지만 "저축을 하면 '복리(複利)의 마법'이 우리 손에 돈을 듬뿍 쥐여줄 것"이라며 인류가 고성장을 지속할 것으로 내다본 대목은 오랜 저금리에 익숙한 현대인의 현실과는 동떨어진 예언이 되었다.

케인즈는 이 에세이에서 또 "인류는 일주일에 15시간만 일하고 여가를 누리면서 행복한 삶을 살 것"이라고도 했다. 젊은이가 꿈속에서 비판한 것이 바로 이 부분이다. 케인즈는 기본적인 의식주가 해결된 상태에서 사람들이 아름다움, 진리, 사랑을 추구하는 삶을 살 것이라고 예언했다. 하지만 현대인들은 여전히 일 중독에 빠져 있고, 세계적으로 부의 양극화는 점점 심화되고 있다. 자본의 시대에서 소비의 시대로 넘어갔지만, 사람들은 케인즈가 꿈꾸던 여가의 시대와는 거리가 먼 삶을 살고 있다. 많은 사람이 돈이 없다고 투덜대고 시간이 없다고 암담해한다.

왜 이런 식으로 세상이 힘들게 변해가고 있을까? 누군가는 자본주의에 불경한 측면이 있어서 오늘날 사회의 결속은 사라지고, 공익을 추구하는 정신은 거의 남아 있지 않게 되었다고 말한다. 현실의 시장이 인간의 뒤틀린 욕망으로 왜곡되었다는 주장이다. 케인즈는 에세이에서 인간의 욕망을 두고 이렇게 말했다.

> "인간에게는 기본 의식주를 충족하고자 하는 절대적 욕구와 남들보다 우월해 보이고 싶어 하는 상대적 욕구가 있다. 인간이 상대적 욕구를 지나치게 탐닉할 때 자본주의 체제는 살아남을 수 없는 공간이다. 인간에게는 남보다 우월해지고 싶고 남들과 비교하고 싶은 욕망이 있기에 사회 체제가 공정하지 않으면 사회는 상대적 박탈감과 분노로 가득 찬다. 그런 사회로 가면 우리는 더욱 불안정해진다."

케인즈가 이와 같이 예언한 지도 어느덧 90여 년이 흘렀다. 그는 사람들이 돈에 초연하길 바랐으나 그렇게 되지는 않았다. 오히려 부의 축적이 최고의 덕목이 되어가고 있다. 그가 살아 있다면 가장 아쉬워했을 대목이다. 물론 100세 시대를 사는 데 돈의 중요성을 부인할 수는 없다. 문제는 돈의 노예처럼 되는 것 아니겠나.

소득과 성장의 측면에서 케인즈의 예측은 틀리지 않았다. 그는 큰 전쟁이나 인구 증가가 없다면 세계경제가 4배에서 8배 성장할 것으로 내다봤다. 세계적으로 지난 70년 동안 1인당 소득은 4배 이상 높아졌다. 1930년에 산업계 인력의 평균 노동시간은 일주일에 50시간이었다. 오늘날 노동자들은 평균 일주일에 40시간 일한다. 일주일에 15시간 일할 것이라던 케인즈의 예견은 상식적인 추정에 따른 것이었다. 한계효용 체감의 법칙에 의하면 우리가 벌어들이는 소득이 조금씩 많아질수록 추가적인 만족도는 더 낮아진다. 사회 전체적으로는 부유해질수록 소득이 주는 만족도가 줄어들고 여가의 상대적 가치는 증가한다. 그래서 그는 일보다는 여가를 더 많이 누리는 쪽을 사람들이 선호할 것으로 믿었던 것 같다. 인류의 생산성이 이만큼 발전했는데 도대체 우리는 왜 만족하지 못하는 걸까? 우리는 얼마나 더 소유해야 행복해질까?

엔데믹(Endemic)의 사전적 의미는 '주기적 유행' 단계라는 뜻이다. 예상치 못할 만큼의 급격한 감염병의 증가는 종식되었다는 말이다. 팬데믹의 끝이 바이러스가 사라졌다는 의미는 아니다. 지속적으로 바이러스에 대응하면서 바이러스와 함께 살아가야 한다. 엔데믹 시대에 우리는 어떻게 풍요로운 삶을 살 것인가?

이 책을 통해 엔데믹 시대를 풍요롭게 살기 위해선 어떻게 해야 하는지, 그 답을 찾는 여정을 떠나고 싶었다. 욕망과 실제 사이의 괴리를 찾는 과정은 우리 모두에게 가치가 있을 것이다. 노벨 경제학상 수상자들의 시각을 통해 그들의 주장이 오늘날 우리 경제와 삶에 어떤 의미로 다가오는지 다각도로 살펴볼 계획이다. 세계의 석학들이 케인즈가 꿈꾸었던 세상과 현실의 괴리를 좁혀줄 것이란 일말의 희망을 갖고, 각박해진 우리의 삶에 위로가 되는 경제적 혜안을 독자들과 함께 고민하고 싶다.

우리네 삶과 밀접한 식탁에 저명한 경제학자들을 초대하여 지금 벌어지고 있는 현실을 쉽고 재미있게 조망하려 했다. 이 책에서 다루는 26명의 경제학자는 그들 나름대로의 독특한 향기를 갖고 있다. 그 향기를 쫓되, 세상과 사람을 바라보는 나만의 이야기를 하고 싶었다. 노벨 경제학자들에게 숨겨진 은밀한 향기를 맛보며 식탁 위에서도 이야기할 수 있는 글을 독자들과 공유하려 한다. 향기를 뜻하는 영어 단어 'SCENT'의 각 글자를 따서 장별 주제를 정했다.

첫째, Soul of Life and Economy, 삶과 경제의 영혼에 대한 이야기다. 정부와 시장이라는 두 공간에서 가슴 따뜻하며 이성적인 정책은 없을까. 시장 혹은 정부 만능주의를 극복하고 자유롭고 더 큰 번영을 이루기 위한 시장설계와 정부의 역할은 가능할까? 그런 관점에서 이야기를 풀고 싶었다. 경제학이 차가운 학문이 아니라 가슴 따뜻한 학문임을 말하고 싶었다.

둘째, Challenges Facing Us, 우리가 직면한 도전에 대한 이야기다. 언제부터인가 우리는 지속적인 경기침체라는 용어에 익숙해져 있다. 매년 늘어나는 성장의 결과물에도 불구하고 많은 이들은 삶이 각박해져 간다고 아우성이다. 비혼, 만혼이 만연해지고 1인 가구가 늘어가는 한편 청년들은 높은 주거비로 힘들어한다. 양적 완화처럼 돈을 많이 푸는 정책이 빈번해질수록 양극화가 심해지는 이유는 무엇일까? 아이를 낳으라고 독신세를 내게 하는 것은 적절할까? 전통 경제학의 관점에서 도전적인 이야기를 하고 싶었다.

셋째, Economy and Ethics, 경제와 윤리에 대한 이야기다. 경제를 이루는 각종 기본 원리를 통해 현실을 제대로 직시하고 슬기로운 삶을 살아가는 이야기다. 경제는 심리에 영향을 많이 받고 때로는 전염성 강한 이야기로 거품이나 비관으로 회자되기도 한다. 경제 전반에 흐르는 지나친 낙관주의나 비관주의를 극복하고 우리가 왜 실수를 거듭하며 살고 있는지, 그리고 선순환 경제를 만들기 위해서는 어떤 노력을 기울여야 하는지를 독자들과 논하고 싶었다.

넷째, Nation Building, 국가 만들기다. 시장 실패 못지않게 정부 실패는 우리네 삶을 경제적으로 피폐하게 만든다. 의도는 좋지만 선한 결과를 가져오지 않는 이념 과잉 경제이론에서 벗어나고 싶었다. 경제는 실용으로 가는 것이 옳다고 믿는다. 국가경영이 기업경영과 다른 점을 우선 인식하고, 좋은 국가 제도의 구성요소, 선심성 경제 지양, 훌륭한 교육 투자와 같은 주제를 통해 부국강병의 길을 말하고 싶었다.

다섯째, Technology and Innovation, 기술과 혁신 이야기다. 디지털 변혁의 종이 울린 지도 오래다. 미국과 중국의 기술 패권 다툼이 가중되는 상황에서 어떤 삶을 살아가야 할까. 이제 우리는 스스로의 뿌리의 힘, 디지털 공간에서 연결된 힘, 다른 사람을 이해하는 공감의 힘, 창의적인 인간이 되고자 하는 상상의 힘으로 작은 혁신을 매일 실천하는 삶을 살아가야 한다. 그게 국가번영의 열쇠이다.

그럼 지금부터, 우리의 저녁 식탁을 바꾸는 노벨 경제학자들의 지혜를 만나보자.

차례

1. 삶과 경제의 영혼

Soul of Life & Economy

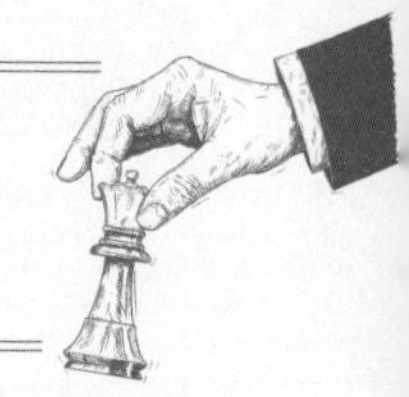

2. 우리가 직면한 도전

Challenges Facing Us

3. 경제와 윤리

Economy & Ethics

5. 기술과 혁신
Technology & Innovation

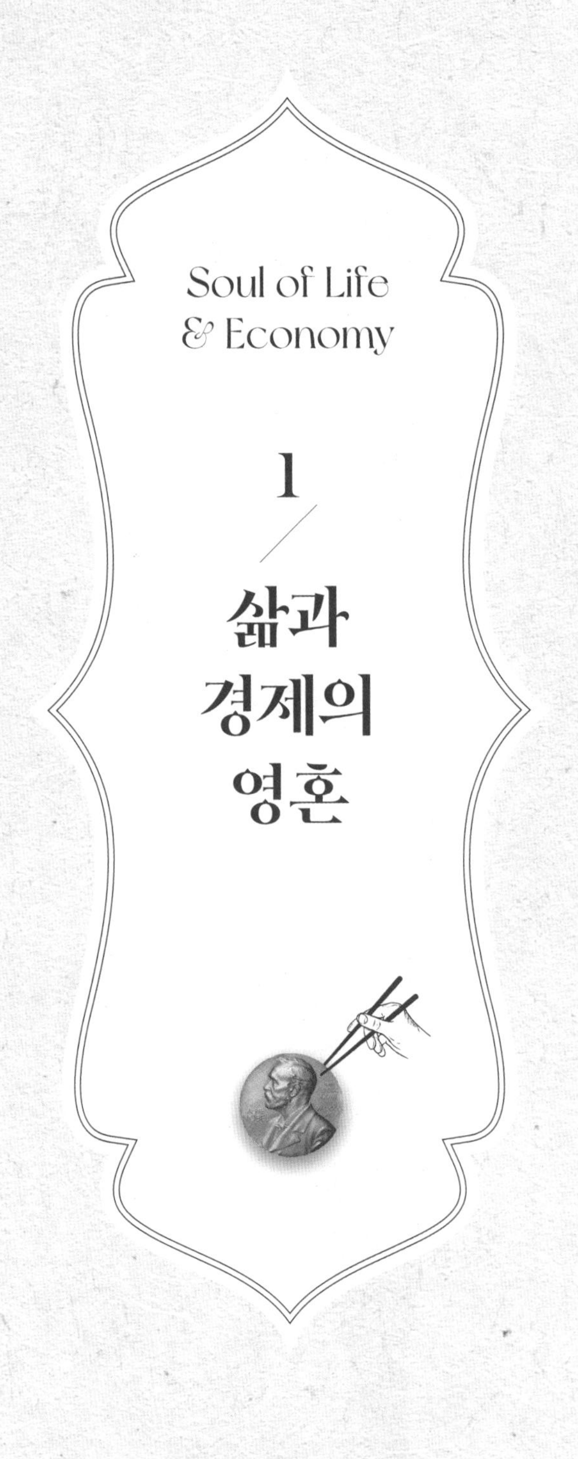

Soul of Life
& Economy

1

삶과 경제의 영혼

Paul Anthony Samuelson

폴 새뮤얼슨의 행복 방정식

행복은 어떻게 측정되는가

제2회 노벨 경제학상을 받았으며 고전학파의 미시적 시장균형 이론과 케인즈의 거시경제 정책론을 접목한 신고전파 종합의 대부이다. 미국 인디애나주 출생으로 1935년 시카고 대학교를 졸업하고 하버드 대학교에서 박사 학위를 받은 후 MIT(매사추세츠 공과대학교) 경제학 교수로 재직했다. 경제학에 미·적분 등 수학을 도입해 동태분석과 정태분석을 체계화했다. 공공재는 비배타성과 비경합성이 있으므로 민간이 아닌 정부가 생산해야 한다는 것을 수학적으로 증명했다(비배타성: 재화와 서비스에 대해 대가를 치르지 않고 소비하려고 하는 경우에도 소비를 못 하게 할 수 없는 것. 비경합성: 소비에 참여하는 사람의 수가 아무리 많아도 한 사람이 소비할 수 있는 양에는 변함이 없는 것). 효율적 시장 가설의 개발에 기여했고 후생경제학에도 큰 자취를 남겼다. 완전히 자유로운 시장보다는 합리적인 규제가 동반된 시장이 훨씬 이롭다고 주장하며 밀턴 프리드먼과 학문적 갈등을 보였다.

소득 3만 5000달러 달성보다 소중한 것

우리나라는 2006년 1인당 소득 2만 달러를 달성했다. 2017년 1인당 국민소득이 3만 달러를 넘어선 후(3만 1734달러) 2021년 3만 5168달러를 달성했다. 이러한 수치의 빛이 바래지 않기 위해서는 소득 수준에 걸맞게 삶의 질이 향상되어야 한다. 삶의 질 개선이 없는 성장은 의미가 퇴색할 수밖에 없다. OECD(경제협력개발기구) 회원 국가들은 통상 1인당 국민소득과 삶의 질 간에 비례 관계가 뚜렷하다. 하지만 유독 우리나라는 여러 지표에서 소득 수준의 증가에도 불구하고 삶의 질이 뒤처지는 모습을 보이고 있다.

선진국에 이르고 GDP(국내총생산) 규모가 커지면 성장률은 줄기 마련이다. 고성장하던 과거를 그리워하면 할수록 행복에서 멀어질 수밖에 없다. 부탄의 국민행복지수, UN(국제연합) 인간개발지수, OECD의 '더 나은 삶 지수(Better Life Index)' 등은 양적 GDP 개념이 갖는 한계를 극복하기 위한 국제 논의라는 공통점이 있다. GDP가 지난 세기 동안 누렸던 강력한 영향력은 이제 기로에 서 있다. 국제기구와 프랑스, 미국, 캐나다를 비롯한 각국 정부는 경제적 성과를 넘어 삶의 질과 행복을 측정하고 이를 증진하기 위한 대안적인 지표 개발에 노력해 왔다.

유엔 산하 자문기구 '지속가능발전해법네트워크(SDSN)'는 세계행복 보고서(2022 World Happiness Report)를 통해 각국의 행복지수를 수치로 보여준다. 행복지수는 '지금 얼마나 행복한가?'라는 질문에 대해 1부터 10까지 점수로 응답한 값들의 평균이다. 2022년 한국은 조사 대상 146개 국가 중 59위였다. 이 주관적 답은 객관적 요소인 6가지 지표로 보완된다. 1인당 GDP, 사회적 지원, 건강 수명, 삶에서의 선택의 자유, 관용, 부패 인식이 6가지 지표에 해당한다. 그리고 '디스토피아' 지수라는 특이한 지수가 하나 더 있다. 6가지 지표가 모두 세계 최악인 나라를 가정하고 이런 질문을 한다고 생각해 보자.

> "라이베리아 같은 아프리카의 가난한 나라나 국가 경제 붕괴 직전의 나라인 베네수엘라에 당신이 산다면 얼마나 행복감을 느낄까요?"

이 질문에 대해 점수로 매긴 값이 디스토피아 지수다. 주관적 행복에 대한 숫자처럼 국민이 지닌 선천적 낙천성에 따라 그 순위가 다르다. 한국인은 디스토피아 지수가 2022년 101위로 주관적 행복지수보다 더 낮다. 행복지수 1위인 핀란드는 디스토피아 지수도 13위였다. 공포와 불안은 전염성이 높은 감정이다. 한국인은 진정 낙천적이지 못한 것일까? 성장은 어렵더라도 국민의 생활은 더 나아지게 할 수 없을까? 물질이 풍족하지 않아도 매일 웃으며 지내는 중남미 국가 사람들의 삶을 보면 소득과 행복 사이에 절대적인 비례 관계는 성립하지 않는 것 같다.

어려운 환경 속에서 많은 사람이 "응답하라 경제학자여!"라고 큰 소리로 외치고 있다. 당신은 어떤 경제학자를 데려와 세계경제의 무기력증을 치유하고 위로받고 싶은가. 성숙한 조화와 절제의 향기가 느껴지는 폴 새뮤얼슨은 어떤가.

새뮤얼슨은 시장을 중시하는 시카고 대학교에서 공부했지만, 한편으로는 정부의 개입을 중시하는 케인즈를 지지했다. 신고전학파 종합 이론을 집대성한 그는 어느 한쪽의 이념에 치우치지 않으면서 세상의 다양한 목소리에 늘 귀를 기울였다. 경제학자로서 국민의 후생을 위해 다양한 목소리를 모아 아름다운 선율로 연주하는 오케스트라 지휘자의 역할이랄까. 그는 지휘할 때 오른손(보수)의 역할과 왼손(진보)의 역할을 제대로 파악한 경제학자였다.

시장과 국가의 온전한 역할을 강조한 새뮤얼슨의 삶을 관통하는 철학은 무엇일까? 그는 방정식을 풀듯 세상사를 단순화된 해법으로 해결하려는 경제학의 세계에서, 문제를 해결해나가는 방식에는 다양한 시각차가 있을 수 있음을 일깨우는 학자다. 그에게는 '여러 문제들을 현명하게 아우르는 향기'가 느껴진다. 세상의 여러 현상들을 가만히 들여다보면 거기에는 언제나 양면이 존재한다. 누군가는 그걸 '명과 암'이라고 부르기도 한다.

새뮤얼슨은 세계화의 '명' 외에 '암'이 될 수 있는 양극화의 단면을 일찍이 간파했다. 그는 자본가나 숙련된 전문가는 세계화의 승자로 이득을 취하는 반면, 비숙련 노동자나 블루칼라 공장 노동자들은 일자리를 잃거나 실질 임금 인상이 어려울 것이라는 사실을 직시했다. 이는 미국도 예외가 아니어서, 세계화로 인해 이익과 손실이 공평하게 공유되지 않으면서 미국 사회도 점점 커지는 불평등을 경험할 거라고 경고했다. 세계화와 기술 진보가 인류의 발전에 크게 기여하는 긍정적인 면이 있지만, 일자리를 앗아가고 낮은 임금으로 부의 양극화를 조장하는 어두운 면 또한 있음을 조명한 것이다.

행복은 소유를 욕망으로 나눈 값이다

새뮤얼슨은 '행복은 욕망 분의 소유(행복=소유/욕망)'라고 단순하게 정의했다. 행복을 결정하는 두 가지 요소가 소유와 욕망인데, 소유한 것이 많더라도 욕망이 더 크면 행복하지 못하고, 소유한 것이 적더라도 욕망이 더 적다면 행복해진다는 것이다. 그런데 의문이 든다. 경제학 교과서를 처음 접할 때 마주치는 구절이 '인간의 욕망은 무한하고 이를 충족하는 재화는 유한해서 경제 문제가 생긴다'는 내용이기 때문이다. 인간의 욕망이 무한하다면 새뮤얼슨이 말하는 행복은 수학적으로 0이 될 수밖에 없다. 따라서 폴 새뮤얼슨은 인간의 욕망이 무한하지 않다고 여긴 것 같다. 욕망을 부추기는 것은 어쩌면 자본주의의 생리일지 모르겠다. 그리고 욕망을 충족시키려는 인간의 노력이 지금의 물질적인 진보를 이루게 한 요인인 것도 부인하기는 어렵다.

그렇다면 새뮤얼슨은 우리에게 무엇을 말하고 있는 걸까? 그것은 바로 탐욕에 대한 경고다. 그는 아무리 개인의 소유가 늘어도 욕망이 도를 지나쳐 탐욕이 되면 불행해질 수 있음을 말하고 있다. 빵은 몇 개 이상 먹으면 배가 불러 더 이상 못 먹지만 돈은 그렇지 않다. 오죽하면 쇼펜하우어가 돈에 대한 욕망의 무한성을 설파했겠나. 그는 "돈은 바닷물과 같아서 많이 마시면 마실수록 목마르게 된다"고 했다. 미국에 풍요와 독감의 합성어인 '어플루엔자(Affluenza, 부자병)'라는 말이 생긴 것만 봐도 그렇다. 부자병이란 풍요로워질수록 더 많은 것을 탐내고 추구하는 과소비 중독을 말한다. 소비에 중독된 사람들, 너무 부자라서 아무것도 하기 싫은 무기력증에 시달리는 사람들도 어찌 보면 삶의 진정한 가치를 모르기 때문에 생겨나는 것이다. 행복을 결정하는 요인이 꼭 소득 수준만은 아니라는 것을 부자병만 봐도 알 수 있다.

모든 불행은 비교에서부터 시작된다. 인간이 서로 비교하는 상대적 욕구에 지나치게 탐닉할 때 개인도 사회도 불행해진다. 정당한 노력의 대가로 누리는 부를 손가락질하는 것은 보상의 원리가 작동하는 자본주의 체제에서 옳지 못하다. 서로 다르다는 사실을 시원하게 인정하는 것이 정신 건강에도 이롭다. 다만 IMF(국제통화기금)나 OECD에서도 주장하듯 부의 양극화와 분배의 불평등이 경제성장을 저해한다고 말하는 일각의 목소리에는 귀를 기울일 필요가 있다. 세상을 움직이는 기본적인 원리가 공정하지 못하고, 소수가 필요 이상으로 많이 소유하는 것은 정당성을 떠나 그 옛날 애덤 스미스(Adam Smith)가 동경하고 추구했던 건전한 세상의 모습은 아닐 것이다.

소유가 행복의 전제 조건이라는 새뮤얼슨의 주장을 물신주의로 비판하는 사람도 있을 수 있다. 하지만 현대사회에서 소유하지 않는 삶을 살기란 사실 어렵다. 우리는 행복해지기 위해 소유하고, 소유를 가능하게 하는 경제적 소득을 얻고자 일을 한다. 사람들 대부분은 돈에 울고 돈에 웃는다. 그래서 기본적인 생활을 영위할 수 있도록 해주는 일자리 창출과 사회안전망 구축은 국가가 해결해야 할 중요한 사회문제가 되었다.

WHO(세계보건기구)는 부의 양극화 못지않게 기대수명의 양극화에도 주목하고 있다. 실제로 런던, 시카고, 뉴욕 등에 사는 부자들의 기대수명은 같은 지역에 사는 가난한 사람들의 기대수명보다 월등히 높다. 영국 국가통계국의 자료에 따르면 부유한 계층의 남성과 빈민가에서 태어난 남성의 평균 건강수명이 20년이나 차이가 났다. 주목할 부분은 도시빈민가 남성의 평균 건강수명이 52.2세로 가난한 나라인 르완다의 55세보다 짧다는 사실이다. 정기적인 의료 검진에 소요되는 돈도 수명을 결정하는 무시할 수 없는 요소다. 그래서 한편에서는 돈으로 인한 스트레스의 무게가 소득이 낮은 사람의 정신 건강을 갉아먹고 자존감마저 떨어뜨려 실제로 육체의 면역체계를 무너지게 만든다는 주장을 제기하기도 한다.

행복, 욕구, 소득 간의 관계를 논한 미국의 경제학자 리처드 이스털린(Richard A. Easterlin)의 역설을 살펴보자. '소득이 늘어 기본 욕구가 충족되면 더 이상 소득이 행복을 좌우하는 중요 변수가 될 수 없다'는 것이 '이스털린의 역설'의 핵심이다. 이 학설에 대한 논쟁은 오랜 시간 동안 계속되어 왔고 현재도 진행 중이다. 이스털린은 지금도 자신의 주장이 유효하며, 그 증거로 미국인들의 개인소득은 지난 수십 년간 늘어났지만 행복은 정체되거나 심지어 낮아졌다고 주장했다. 그런데 행복이 왜 정체된 걸까? 소득이 증가함에 따라 절대적 욕구에 의해 갖고 싶은 품목이 늘어났을 수도 있고, 남들보다 잘 살고 싶어 하는 상대적 욕구 역시 늘어났을 수 있다. 어느 정도 살게 되면 이제 남들 다 가진 차도 사야 하고 전자기기도 폼 나는 걸로 가져야 한다. 비교의 늪에 빠지는 것이다. 이보다 더 큰 문제는 기본적인 욕구 충족이 좌절되면서 행복하다고 느끼지 못하는 데 있다고 주장하는 사람들도 있다. 세계적으로 대도시의 주거비용은 일반인이 살아가기에 매우 높은 수준이다. 서민들과 사회 초년생들이 평생 빚에 허덕이느라 지쳐 행복이 저 멀리 달아났다고 하는 이야기도 일리가 있다.

소유를 늘릴 것이냐, 욕망을 줄일 것이냐

행복은 소득과 같은 외부적인 조건에 의해 결정되기보다, 낙천적인 성향처럼 유전적인 기질이나 행복해지려는 노력에 더 크게 영향을 받는다는 반론도 있다. 누군가는 행복해지기 위한 연습을 해야 한다고 말하기도 한다. 행복은 마음먹기에 달렸다거나, 자기만족에 있다는 말이 그래서 나온다. 그러나 괴테는 "지갑이 가벼우면 마음이 무겁다"고 했다. 돈 없는 사람들에게는 얼마나 공감이 가는 말인가. 맹자 역시 "재산이 없는 사람은 마음이 없다"고 말했다. 이들의 말은 동서고금을 막론하고 돈에 쪼들리는 서민들의 마음을 대변하는 것 같다.

그래서일까? OECD의 포용적 성장(Inclusive Growth) 이론이 각광을 받기도 했다. 포용적 성장이란 국가 중에는 개발도상국, 기업 차원에서는 중소기업, 성별로는 여성, 고용 문제와 관련해서는 청년 같은 상대적 약자를 지원하고 동반 성장하자는 의미다. 성장을 중시하되 사회 구성원의 삶의 질 향상, 사회의 다양한 불평등 해소, 계층 간 형평성 있는 분배를 추구하자는 것이다. 논의의 틀은 '소득, 일자리, 건강'이라는 세 가지 판단 기준과 부가적으로 '교육, 환경'을 포함한다. 행복에 대한 논의는 당연히 이러한 기준들을 포함해서 삶의 가치를 높이는 방향으로 흘러가야 한다.

새뮤얼슨이 말하는 행복 방정식을 조금 변형해 보자. '행복은 기대 분의 실현(행복=실현/기대)'이라고 하면 어떨까? 기대가 일정하다면 실현이 커질수록, 실현이 일정하다면 기대가 적을수록 행복해지는 것이다. 누군가는 저성장 시대에 저축을 해봤자 높은 수익률을 기대하기 어렵다고 푸념할 것이다. 대학을 나와 봤자 취직이 안 돼 손해라고 말할 것이다. 맞는 말일 수도 있다. 이제 세계는 높은 이자 수익률을 보장해줄 수도, 청년들의 눈높이에 맞는 일자리를 충분히 제공하기도 어려운 상황에 놓여 있다. 하지만 현명하게 행복 방정식을 푸는 사람들은 전통적인 사고에 얽매이지 않을 것이다. 사회가 사람들이 기대하는 일자리를 마련해주는 것은 무엇보다 중요한 일이지만, 그렇다고 예전과 같은 기대만을 키운다면 행복에서 점점 멀어지게 된다.

지금은 변화가 필요한 때다. 경제적 수익률이 낮아졌는데 성장과 무관한 교육에 지나치게 투자하며 과다한 경쟁을 하는 것은 사회적으로 바람직하지 않다. 예컨대 엄청난 경쟁률을 뚫고 대학에 들어가 비싼 학비를 치르고 졸업했는데 눈높이에 맞는 일자리를 못 찾는다면 당연히 본전 생각이 난다. 기대가 높은 사람에게 눈높이를 낮추라고 한들 "내가 왜?"란 반응만 얻게 된다. 눈높이와 기대의 차이로 인해 한쪽에서는 구인난이, 한쪽에서는 취업난이 발생해 일자리 미스매치가 생긴다. 청년 자원의 낭비는 개인적, 사회적, 국가적으로 바람직하지 않다.

압축 고도성장 시대의 고용 시스템은 세계화, 기술 발전과 맞물려 이제 더 이상 존재하기 어렵다. 과거의 고용 시스템에서 얻었던 기대수익률은 더 이상 실현 가능하지 않다는 사실을 부모도 학생도 알아야 한다. 압축 고도 성장기에는 대학 진학률이 높지 않았기 때문에 대학을 나오면 취직하는 데 유리했다. 하지만 요즘 세상에 그 시절처럼 대졸자라고 해서 좋은 직장을 골라 가는 경우는 기대하기 어렵다. 이제는 취직에 대한 과도한 기대를 갖기보다 자신이 좋아하는 일이 무엇인지 생각해야 한다. 현실적 눈높이를 고려하며 취업, 창업, 해외 일자리까지 염두에 두면 마음이 훨씬 편안해질 것이다.

오로지 대학 진학에 목매기보다는 기업의 수요와 자신의 취향에 맞게 일자리를 찾는 방향으로 개인, 기업, 정부가 함께 노력해야 한다. 기업은 고용에 더 높은 가치를 두고, 정부는 예산과 세제를 시장에 짐을 주지 않는 방향으로 고용 증대를 위해 운영해야 한다. 정부 돈을 투입하여 쉬운 일자리를 만드는 것은 정책적으로 바람직하지 않다. 기업이 일자리의 보고이다. 사회적으로 고용이라는 보호의 울타리를 잃은 청년들을 위해 기성세대의 배려와 특별한 관심이 함께 어우러져야 한다.

자본주의에서 돈이 없으면 불행하다. 그러나 청소년 행복지수가 최하위인 우리나라의 청소년들이 행복의 조건으로 돈을 첫손가락으로 꼽는 사실은 새뮤얼슨의 행복 방정식을 다시 생각하게 한다. 진정한 행복은 물질적인 충족과 균형되게 좋은 감정으로 충만해야 이루어진다. 우리는 재미, 가치, 보람, 평온, 안정, 의욕, 존중, 희망이란 단어를 얼마나 생각하며 살고 있을까? 풍요로운 삶은 물질 못지않게 행복이 아주 가까운 곳에, 아주 작은 것에서도 올 수 있다는 것을 자각하는 데서 온다. 영어로 현재와 선물 모두를 나타내는 단어가 프레전트(Present)인 이유를 새뮤얼슨의 행복 방정식이 말해주고 있다.

Esther Duflo

에스테르 뒤플로의 빈곤 극복 연구

분열된 사회를 다시 하나로 만들 수 있을까

프랑스의 경제학자이다. 지구촌의 빈곤 문제를 경감하기 위한 실험적 접근과 연구를 한 공로로 아브히지트 바네르지(Abhijit Banerjee), 마이클 크레이머(Michael Kremer)와 함께 2019년에 노벨 경제학상을 수상했다. 29세에 MIT 종신 교수로 임명되었고 맥아더 재단의 천재 회원 자격을 비롯해 미국의 '예비 노벨상'으로 불리는 존 베이츠 클라크 메달을 수상했다. 「이코노미스트」 선정 '세계가 주목하는 젊은 경제학자 8인', 「포천」 선정 '주목해야 할 40세 이하 경제경영 리더 40인', 「타임」 선정 '세계에서 가장 영향력 있는 100인'에 이름을 올렸다. 개발도상국의 교육, 주거, 건강 문제 같은 미시경제 이슈의 해법을 찾는 데 힘을 쏟고 있다. 2003년에 MIT 빈곤 퇴치 연구소를 공동 설립해 연구 책임자로 활동하고 있다. 가난한 사람들의 생각과 행동을 현장에서 분석하고, 과학적 실험으로 어떤 접근이 가난한 사람들을 빈곤의 악순환에서 구할 수 있는지를 연구했다.

노벨상 시상식에서 말한 '우리들의 라듐'은?

여기 여성으로서는 두 번째로 노벨경제학상을 받은 수상자가 있다. 2019년, 남편과 함께 노벨 경제학상을 수상한 에스테르 뒤플로다. 가난은 나라님도 구제 못 한다는 말이 있지만, 그녀는 어린 시절부터 빈곤 퇴치 연구를 하며 일생을 보내기로 맹세했다. 그녀가 몰두한 개발도상국 극빈층에 적용됐던 실험적 기법이 부유한 국가에서 힘겹게 사는 사람들에게도 적용될 수 있다니 얼마나 다행인가. 그녀는 어떤 생각으로 빈곤 퇴치에 임하기로 했을까?

"우리 사회에서 덜 부유한 사람들의 삶을 이해하기 위해 더 깊은 노력을 기울여야 한다. 가난한 사람들은 캐리커처로 희화화 대상이 되는 게 다반사고 그들을 도우려는 이들조차 빈곤층 문제의 뿌리를 이해하지 못한다는 생각에서 연구가 시작됐다."

뒤플로 교수는 노벨상 수상금을 어디에 쓸 거냐는 질문에 이렇게 답했다.

"라듐 발견으로 여성으로서 처음으로 노벨상을 수상한 마리 퀴리가 상금으로 라듐을 샀다는 내용을 어릴 적 읽었다. 공동 수상자들과 얘기해 '우리의 라듐'이 무엇인지 고안해낼 것이다."

그녀는 우리의 라듐을 '엔데믹 시대의 좋은 경제학'으로 생각하지 않았을까? 그녀의 이야기를 시작하기 전에 '돈 쓰기'의 방법에 대해 먼저 짚고 넘어가 보려고 한다. 돈 쓰기는 크게 네 가지로 분류된다. 첫 번째는 내 주머니에서 내가 돈을 쓰는 방식으로, 가장 효율적이다. 번 돈을 직접 쓰니 가장 필요한 곳에 아껴서 쓰기 때문이다. 스스로 힘들여 번 돈을 허투루 쓰는 사람은 많지 않을 것이다. 만약 허투루 쓴다 하더라도 자신이 번 돈이니 자신의 선택이다.

두 번째는 남의 돈을 내가 쓰는 경우로, 여기서부터 비효율이 발생한다. 일반적으로 회삿돈은 내 돈보다 막 쓰는 경향이 있다. 내 호주머니에서 나가지 않기 때문이다. 세 번째는 내 돈을 남을 위해 쓰는 경우다. 기부가 여기 해당한다. 이런 경우에는 오히려 효율이 높아질 수 있다. 장학금도 허투루 쓰는 돈이 아니고, 어려운 사람에게 구호 물품을 준다면 사치스러운 물건보다는 꼭 필요한 물건을 주게 되기 때문이다. 만약 사랑하는 사람에게 선물을 준다면 그 사람이 가장 좋아하는 것을 최대한 따져보게 될 것이다.

네 번째, 남의 돈을 남에게 쓰는 것은 가장 비효율적일 가능성이 높다. 정치인들이 국민의 돈으로 선심성 지출을 하거나 불필요한 인프라에 투자를 하는 경우가 그 예이다. 비효율이 극대화되고 과다 지출이 일어난다. 심지어 부정부패도 일어날 수 있다. 국민들에게 걷은 돈으로 정치인들이 온갖 생색은 다 내는데, 국민들은 돈을 받으며 심지어 고마워한다. 나아가 그런 정치인들에게 잘했다며 표를 몰아준다. 그런 정치인들이 많고 그런 정치인들에 표를 몰아주는 국민이 많을수록 나라는 산으로 간다. '지옥으로 가는 길은 선의로 포장되어 있다'는 이야기가 여기에 적용된다. 물론 시장원리에만 전적으로 모든 상황을 맡겨둘 수는 없으니 국가의 개입은 필요하다. 이때 필요한 것이 뒤플로의 이론이다.

맥도날드에서 잠을 청하는 사람들

글로벌 1위 패스트푸드 체인 맥도날드의 대표 햄버거 메뉴는 빅맥이다. 그리고 이 빅맥의 가격으로 특정 국가 화폐가치의 적정성을 평가하는 지표가 빅맥지수이다. 이는 각 나라의 구매력 평가를 비교하는 경제지표로, 1986년 9월에 영국의 경제지 「이코노미스트」에서 처음 사용했다.

빅맥을 가장 비싸게 판매하고 있는 나라는 레바논이다. 레바논이 세계에서 가장 비싼 빅맥을 판매하고 있는 이유는 무엇일까? 심각한 종파 갈등과 극심한 경제난 때문이다. 레바논에서는 수백 퍼센트에 달하는 물가 상승으로 통화가치가 90% 이상 폭락했다. 이러한 경제 상황이 맥도날드의 메뉴 가격에 고스란히 반영되어 저렴한 한 끼 식사를 할 수 있는 패스트푸드라는 의미를 무색하게 만들었다. 레바논에서 판매되고 있는 메뉴 '그랜드 치킨 스페셜'의 가격은 3만 원대이다. 2022년 2월에는 코로나19 창궐 이후 처음으로 한국과 레바논의 축구 경기가 레바논 사이다 시립경기장에서 열렸다.

관중이 있는 경기였으나 많은 관객이 경기장을 찾지 못했다. 레바논이 정치권의 부패와 무능 속에 심각한 경제 위기를 겪고 있기 때문이다. 통화가치가 폭락해 적은 단위의 지폐는 휴지 조각이 됐다.

한편 홍콩에서는 몇 년 전부터 집도 있고 직장도 있는 이들이 밤마다 맥도날드를 전전하고 있다. 사람들은 이들을 '맥난민(McRefugee)' 또는 '맥슬리퍼(McSleeper)'라고 부른다. 그 수는 해마다 늘고 있다. 맥도날드에서 잠을 청하는 사람들이 많은 곳은 집값이 급등한 것으로 유명한 지역이다. 이들은 홍콩의 열악한 주거환경 때문에 밤마다 맥도날드로 향한다. 평당 1억 원을 넘나드는 비싼 집값 때문에 내 집 마련의 꿈을 이루기는 너무 어렵다. 홍콩 주민들은 임차료가 낮은 공공 임대주택으로 몰리는데, 이도 구하기 어려운 실정이다. 공공 임대주택 입주 지원자가 입주하기까지 평균 대기기간은 5년이 넘는다.

책 『맥도날드 그리고 맥도날드화』에서는 패스트푸드의 효율성이 사회 전반을 지배하고 있는 현상을 이야기한다. 효율성, 예측 가능성, 계산 가능성, 통제 가능성이라는 네 가지 합리성 원칙이 전 세계로 퍼져나가 현대사회의 사회문화적 특성을 만든 지도 오래다. 책의 저자인 조지 리처(George Ritzer)는 합리성을 바탕으로 막대한 이익을 제공하는 맥도날드화의 이면에는 합리성이 초래하는 불합리성이 존재하고, 인간 자체를 비인간화시키는 폐해가 발생한다고 비판했다.

스웨덴과 같은 북유럽 복지국가들이 성공할 수 있었던 첫 요소는 신뢰이다. 사회적 자본을 '신뢰'나 '네트워크'로 제한적으로 이해하는 견해도 있으나, 사회적 자본은 위 두 가지 이외에도 규범, 제도를 포괄하는 제반 사회관계적 자산을 포괄하는 개념으로 이해하는 것이 보다 적절하다. 신뢰에 대한 정의는 다양하지만 일반적으로 '타인의 미래 행동이 자신에게 호의적일 것이라는 기대와 믿음'을 의미한다. 하버드 대학교 교수 로버트 퍼트넘(Robert Putnam)은 신뢰란 한 사회를 유지하는 데 꼭 필요한 요소인 사회적 자본이라고 했다. 스탠퍼드 대학교 교수 프랜시스 후쿠야마(Francis Fukuyama)는 신뢰가 낮은 나라는 큰 사회적 비용이 발생한다고 지적했다.

OECD 사회 신뢰도에 따르면 한국은 저신뢰국에 속한다. '믿을 사람이 없다'(OECD 35개국 조사국 중 23위), '사법 시스템도 못 믿겠다'(34개국 중 33위), '정부도 못 믿겠다'(35개국 중 29위)라는 답을 보면 우울하다. '미래에 대한 심각한 불안감을 가지고 있느냐'는 질문에 대해 한국의 청년 응답자 약 80%가 '그렇다'고 대답했다.

경제성장, 구조개혁, 선순환 체제로의 전환을 성공시키기 위해서는 사회적 신뢰가 중요하다. 여기에는 국가에 대한 국민의 신뢰가 기본이 되어야 한다. 우리는 왜 정부당국에 신뢰의 기본인 예측 가능성, 지속 가능성, 공정성 등 모든 점에서 바닥에 가까운 점수를 매길까. 협력과 동업 대신 무한경쟁 속에서 각자 제 살길을 찾는 식의 '각자도생'이 팽배해서가 아닐까.

국제적 기준에서 우리나라의 사회적 신뢰는 중진국 수준에 머물고 있다. 한국인의 삶의 질과 행복감이 경제력이나 건강수명에 비해 낮은 수준에 머물고 있는 것은 낮은 신뢰도 때문일 것이다. 한국 대학생들은 다른 나라 대학생들에 비해 압도적인 비율로 고등학교의 이미지를 '사활을 건 전장'으로 생각한다. 학교가 좋은 대학을 목표로 높은 등수를 차지하기 위해 치열한 경쟁이 일어나는 곳이라고 생각하니 사회에 나와서도 마음의 여유가 없는 것이다. 이러한 불신은 취업난과 집값 상승의 여파에 더해져 2030의 각자도생의 길과 기성세대에 대한 불신을 키운다. 사회가 공정과 상식에 입각해 돌아간다는 것을 보여주어야 신뢰의 증가가 가능할 것이다.

힘든 시대의 좋은 경제학

현시대의 최고 도전은 '경제의 생산성 증가'와 '보다 포용적인 사회 건설'이 아닐까? 풀기 어려운 정책 수수께끼를 잘 풀어나가면 성장의 새로운 궤도를 시작하는 여정이 될 수 있을 것이다. 효율성 · 경쟁력 · 생산성은 포용성 · 기회균등과 함께할 때 보다 강력해질 수 있다. 뒤플로는 좋은 경제학 이야기를 통해 돈 잘 쓰는 정부에 대한 교훈을 제시해 준다.

뒤플로는 정당성 있는 정부의 중요성을 강조한다. 정부에 대한 신뢰가 계속 떨어지는 것은 세계적으로 공통된 현상이다. 코로나19 팬데믹은 시장이 해결하기 어려운 문제를 정부가 해결해야 한다는 점을 인식시킨 계기가 되었다. 팬데믹 상황을 자발적인 시장원리에 맡겨뒀다면 해결 불가능한 많은 문제가 발생했을 것이다. 정부가 얼마나 효과적으로 바이러스에 대응하느냐에 따라 각국은 신뢰를 유지할 수 있을지의 기로에 섰다.

정부는 성장의 복원 못지않게 인적 · 사회적 안전망 확충에도 주의를 기울여야 한다. 인간을 중심에 둔 정책이 진행되지 않는다면 한 국가는 물론 빈곤이나 기후변화와 같은 국제사회의 문제를 해결하는 데도 장애가 생길 수밖에 없다. 뒤플로는 경제성장의 효과가 골고루 배분되지 못함을 인정하고 새로운 조치들을 준비해야 할 때라고 경고한다. 현재 우리가 속한 사회체제가 언제라도 무너질 수 있음을 인지하고, 코로나19 이후 전 세계적으로 악화된 불평등, 부익부 빈익빈 현상을 완화할 수 있는 인본주의적 재분배가 이루어져야 한다는 설명이다.

한국은 보편적 소득 지원이 아닌 선별적 패키지 지원이 필요하다고 그녀는 말한다. 개발도상국, 빈곤국의 경우 기본적 생계를 유지할 수 있는 최저의 지원금을 제공하는 '보편적 기본소득'을 제안했던 것과 차이가 있다. 그녀는 현금 지원 외에도 교육, 훈련, 주거 지원을 통해서 어려운 사람들이 자립할 수 있어야 한다고 강조했다. 그녀의 이야기를 듣고 있자니 도움이 필요한 대상들이 제대로 도움을 받지 못하는 경우에 더 집중해야 한다는 생각이 든다. 누가 어떠한 도움이 필요한지를 파악하여 도움이 필요한 사람에게 더 많은 종류의 제대로 된 지원을 낭비 없이 해줘야 국가 예산을 제대로 썼다는 평가를 받지 않을까.

뒤플로는 시장이 항상 최적의 성과를 내는 것이 아니라는 점을 인정해야 한다며 정부가 정책을 집행할 때에는 제대로 된 원칙과 기준을 세우고, 파급효과가 가장 큰 분야에 투자해야 한다고 강조했다. 시장이 나설 수 없고, 외부효과가 있는 부분에 정부가 투자하고 보완해야 한다는 것이다. 녹색 인프라, 영아 · 산모 사망률 개선, 아이들의 사회성 제고 같은 부분이 이에 해당한다.

뒤플로는 코로나19로 인해 부익부 빈익빈 현상이 더욱 심화될 것이라고 주장한다. 부자는 돈을 더욱 쉽게 벌지만 빈곤층과 개발도상국은 장기적인 위기에 처하고, 일자리를 잃은 사람은 경제가 회복되어도 일어서지 못하는 일들이 벌어질 것이라는 예상이다. 그녀는 이렇게 힘든 시대일수록 사회 상류층의 역할인 노블리스 오블리주가 중요하다고 강조했다. 그들은 경제성장을 통해 많은 소득과 혜택을 얻었으나 그 과실을 저소득층과 공유하지 않고 있다. 이로 인해 지금의 국민들은 상류층에 대한 분노만 있을 뿐 신뢰하지 않게 되었다고 말한다.

또한 그녀는 경제학에 대한 편견을 일갈한다. 많은 사람들이 경제학은 금리나 금융에 관한 것이 전부라고 생각하는 데 반기를 든다. 불평등이나 사회정책, 기후변화와 같은 사회적으로 중요한 이슈를 제대로 다루어야 한다는 것이다. 그녀는 '희망'을 이야기한다. 전 세계가 코로나19로 많은 어려움을 겪었고, 지금도 겪고 있지만, 오히려 초반에 어려움을 잘 극복함으로써 더 큰 재앙을 막았다고 생각한다. 자연이 우리에게 준 경고를 기억하면서 지구를 보호하고,

스스로를 보호하고 서로를 보호해야 한다는 그녀의 말을 곰똘히 생각하며 우리 사회가 겪고 있는 갈등의 문제를 파헤쳐 본다. 정부는 어떤 원칙으로 신뢰를 받을 수 있을까.

미국은 기부가 하나의 일상적 삶이고 기업은 기부를 소비가 아닌 투자의 개념으로 인식하는데, 이렇게 하려면 우리 또한 그동안의 반기업적 규제를 풀고 노사 화합을 통한 반기업 정서 탈피를 위해 매진해야 한다. 미국에 노벨상이 많은 이유 중 하나는 공익단체들의 기부금이 각종 연구를 지원하고, 봉사단체 후원금이 세계 평화와 안전을 위해 사용되기 때문이다. 기득권의 나라에서 기회의 나라로 가기 위해서는 기부와 배려가 일상화되는 사회적 기틀을 만드는 것이 무엇보다 중요하다. 기부에 인색한 이유 중 하나인 '기부금이 제대로 사용되는지'에 대한 기부자의 의심을 불식시키는 국가의 역할이 필요하다.

미국은 소득금액의 50% 한도 내에서 기부금을 소득공제하고 있다. 영국은 기부액의 20~45%를 소득공제하고 있다. 일본도 2000엔을 초과할 경우 소득의 40% 내에서 소득공제하고 있다. 우리나라는 기부금 세액공제 한도 내에서 기부금의 종류에 따라 공제금액이 달리 적용되는데, 정치에 관련된 기부와 이웃돕기에 사용된 기부금이 공제율이 높다.

신뢰정부를 위한 ABCDE

OECD는 오늘날 우리가 신뢰의 적자(赤子) 속에 살고 있다고 강조한다. 그중에서도 한국은 평균 대비 높은 사회 갈등으로 사회통합과 신뢰를 저해하고 잠재성장률 하락에도 일조하고 있다고 본다. 우리나라 정치, 경제, 사회 분야의 갈등 수준과 갈등관리 지수는 최하위권이다. 뒤플로 교수의 이야기를 생각하며 한국 정부가 나아갈 방향인 'ABCDE'를 생각해 본다.

우선, Alignment(조준 · 정렬). 정책목표와 정책 수단의 정합성이 중요하다. 제대로 된 무기로 과녁을 정확히 겨냥해 목표를 달성해야 할 것이다. 경제정책에서 '정부 실패'를 최소화하기 위해서는 정책 목표 설정, 정책 개발, 정책 수단, 정책 집행에 있어 철저하게 정치 논리를 배제하고 경제 논리에 입각해야 한다. 호미로 막을 것을 가래로 막는 등, 책임지지도 못하는 정치 과잉에 따른 국가만능주의는 지양해야 한다. 국가가 할 일과 민간이 할 일을 헷갈려서는 안 된다. 정책 수단을 선택할 때 국민 표심만 바라보는 것은 위험한 일이다. 목표에 맞는 정책 수단의 정합성이 갖춰지면 정책의 일관성, 지속 가능성, 예측 가능성이 어느 정도 담보될 수 있다. 수시로 바꾸는 정책은 국민 불신을 초래할 뿐이다.

둘째, Balance(균형). 균형감이 필요하다. '시장이냐 정부냐'라는 이분법적 논리보다는 시장과 정부 간의 균형을 잃지 않는 정책을 유연하게 추진해야 한다. 정책 목표와 수단을 균형 있게 갖추는 것이 무엇보다 필요하다. 기후변화를 위한 탄소중립은 전 지구적 목표이고 저탄소·고효율 에너지 구조로 전환하겠다는 것은 바람직하다. 하지만 이 과정에서 온실가스 감축 목표와 도달할 수 없는 재생에너지 정책 목표와 수단을 제시하여 기업에 과도한 부담을 지우는 것은 환경정책과 산업정책 간의 균형을 상실하게 한다. 한쪽 말만 듣고 정책을 추진하는 것은 잘못된 결과를 초래한다. 환경단체와 기업의 현실을 균형 있게 담은 에너지 정책 조합이 바람직하다.

셋째, Compliance(준수). 법과 정책을 준수하는 것이 옳은 일이라는 것을 국민들이 납득할 수 있도록 정책 목표와 수단이 마련되어야 한다. 한번 만들었으면 지킬 수 있게 해야 한다. 국민에게 과도한 부담을 주는 정책은 지키지 말라는 정책이다. 기업 안전의 준수는 매우 중요하다. 산업 재해로 인한 사망이 많을수록 재해와 관련 처벌이 필요할 수 있다. 그러나 우리나라가 주요국 중 산업안전과 관련한 처벌 수위가 가장 높다는 분석은 새겨볼 만하다. 지키기 힘든 정책을 만들어 악법도 법이라고 하면 범법자만 양산할 수 있다.

넷째, Dedication(헌신). 정책 담당자들이 혼신을 다해 정책을 만들어서 청렴하게 집행하면 국민이 저절로 신뢰하고 감동할 것이다. 이념 과잉의 정치가 행정에 지나치게 개입하면 이는 재앙이 된다. 지속 가능한 성장을 위해서는 잠재 성장률 향상을 위한 정책적 노력이 지속적으로 추진되어야 한다. 고령화 같은 인구구조의 변화에 따른 생산성 감소를 일관된 구조개혁과 디지털 경제에 맞는 혁신, 투자 증대로 상쇄해 잠재성장률을 제고하는 데 혼신의 힘을 기울여야 한다. 인기에 영합하지 않고 중장기 시계를 갖고 일관된 정책을 추진하여 정책의 투명성과 신뢰성을 확보해야 한다.

다섯째, Efficiency & Equity(효율과 형평). 쓸데없는 일을 만들지 말고 최소의 비용으로 최대의 효과를 누리는 효율적인 정부를 만들고, 약자에게 디딤돌이 되는 정책을 통해 삶의 의욕을 고취할 필요가 있다. 어려운 대내외 여건하에서 성장, 고용, 분배 지표를 고루 생각하고, 임팩트 있는 다양한 정책 조합으로 높은 성장률을 회복해야 한다. 효율과 형평에 맞게 우리 경제의 체질을 튼튼히 만들기 위한 다양한 혁신과 함께 노동, 산업구조, 교육 등에 있어 혁신과 구조개혁을 지속 추진해야 할 것이다.

풍성한 식탁 위에서 깔깔거리는 가족의 웃음을 생각한다. 뒤플로가 말한 좋은 경제학이란 결국 물질적 풍요 못지않게 정신적으로 서로 유대감을 갖고 풍요로운 사회를 건설하는 국가와 시민의 역할을 강조한 것이 아닐까.

Alvin Eliot Roth

앨빈 로스의 매칭 이론

시장은 설계될 수 있다

하버드 경영대학원의 교수로 게임 이론과 시장 설계, 실험경제학과 같은 분야에 업적을 남겼다. 컬럼비아 대학교에서 학사 학위를, 스탠퍼드 대학교에서 오퍼레이션 리서치(OR)로 석사와 박사 학위를 받았다. 2012년 안정적 배분과 시장 설계에 관한 실증 연구로 로스앤젤레스 캘리포니아 주립대학교(UCLA) 로이드 섀플리(Lloyd S. Shapley) 교수와 함께 노벨상을 공동 수상했다. 어떤 시장이든 설계와 안정적인 배분이 필요하다고 역설했고, 자유 시장에 법칙이 없다는 주장은 합리적이지 않다고 보았다. 뭔가 왜곡되거나 잘못되었다면 시정하고 새로운 규칙으로 시장을 만들어야 한다고 주장했다.

생명을 구하는 의사와 경제학자

매일 누군가는 태어나고 누군가는 삶을 끝마친다. 인생의 축소판이라 불리는 병원에서는 많은 에피소드가 일어난다. 엄마에게 간을 이식하기 위해 두 달 만에 체중 15kg을 감량한 딸의 사연이 세상을 감동시키기도 했다. 두 자녀의 어머니 김 모 씨는 간암 판정을 받았다. 암세포는 이미 신장 위 부신까지 인접했고 신장까지 망가지고 있었다. 희망은 간이식뿐이었다. 아들은 선천적으로 간의 크기가 작아 이식이 불가능했고 딸이 간이식을 해주려 했지만 지방간이 있어 어려운 상황이었다. 딸은 엄마에게 간을 이식하겠다는 의지 하나로 하루 한 끼로 버텨가며 몸무게를 줄였다. 엄마는 딸의 마음에 보답하듯 수술 후 이를 악물고 재활에 나섰다. 모녀는 수술 성공 후 일주일만에 함께 퇴원했다.

유사한 이야기가 tvN 드라마 「슬기로운 의사생활」에서도 나온다. 상황은 반대이다. 딸에게 간이식을 해주기만 기다리던 아버지는 이식 불가 판정에 말한다.

> "왜 수술을 안 해줍니까. 내 새끼한테 내 간 주겠다는데 당신들이 왜 상관입니까. 혈액형도 맞잖아요."

의사는 환자 아버지의 나이가 많아 수술 자체가 어렵다고 주장한다. 게다가 지방간 때문에 체중을 감량하면 간이식을 할 수는 있지만 그 연세에는 이를 기대하기 힘들다며, 뇌사자를 기다려보자고 한다. 이후 아버지는 한동안 딸의 병실을 찾아오지 않았다. 시간이 조금 흐른 뒤 찾아온 환자의 아버지는 몰라보게 체중이 감량된 상태여서 보는 이들의 입을 벌어지게 했다. 그는 7kg을 감량했다. 하루에 12시간 운동하고 식단도 완벽하게 조절해서 앞으로 2~3kg 더 뺄 거라고 한다. 자신은 죽어도 괜찮다며 간이식 수술을 부탁한다. 의사는 수술을 포기했었는데 그런 아버지를 보고 한번 용기를 내보겠다며 수술을 결행했고 결국 성공한다.

드라마의 경우처럼 살을 빼고 건강을 회복해 장기 기증에 나서는 가족들이 많다. 간이식을 하려면 기증자가 조건을 갖춰야 한다. 다른 병이 없어야 하고, 간을 자를 때 최소 30%는 남겨야 해서 간의 크기도 어느 정도 커야 한다. 이렇게 복잡하고 어려운 간이식, 경제학의 원리에 따라서 할 수 있는 방법은 없을까.

생명을 지키는 게 의사나 군인의 역할만은 아니다. 생명을 지키는 경제학자가 있다면 의아하게 생각할 수도 있겠다. 프랑스 중농주의 경제학자 프랑수아 케네(François Quesnay)는 의사 출신이다. 그는 의사로서의 경험을 토대로 혈관의 흐름을 본뜬 '경제표'를 만들어 경제 전반의 흐름을 보여주고자 했다. 하지만 부가가치의 흐름을 만드는 계급을 농민으로만 국한하고, 미래 산업의 동력을 농업으로 봄으로써 경제의 흐름을 제대로 읽어내지 못한 치명적 오류를 범했다. 이를 '케네의 오류'라고 한다. 그로부터 300여 년이 지난 지금 경제학자로서 정말로 많은 사람의 생명을 구한 인물이 탄생했다. 수학을 응용한 게임 이론으로 신장이식의 기회를 확대시킨 앨빈 로스이다. 그는 장기 거래처럼 많은 사람이 부정적인 시각으로 바라보는 '혐오 시장(Repugnant Market)'에 더 큰 관심을 가져야 한다고 주장했다.

로스가 말하는 혐오 시장은 신장 매매, 동성 결혼, 마약 거래처럼 필요로 하는 사람은 있지만 사회적으로 부정적인 시각이 존재하는 시장이다. 신장 거래를 예로 들어보자. 전 세계에서 이란을 제외한 모든 국가가 이를 불법으로 규정하고 있다. 사람들은 아픈 사람에게 신장을 이식해주는 것은 반대하지 않지만, 돈 주고 신장을 사는 것에 대해서는 부정적인 생각을 갖고 있다. 로스는 누군가에게는 절박한 거래를 어떻게 문제없이 성사시킬지 경제학자들이 절실히 연구해야 한다고 생각했다. 목숨을 걸고 환자들을 돌보는 드라마 속 의료진들의 의료 행위에 로스가 경제 분야에서 이룬 업적이 투영된다면 과장일까? '인간을 구하고자 하는 따뜻한 인류애의 향기'가 묻어나는 시장을 설계하고자 한 그의 이론적 근거를 먼저 살펴보자.

혐오 시장에 관심을 가져야 하는 이유

신장이식 문제를 생각하기에 앞서, 남녀 간의 안정적 '매칭(Matching) 문제'를 간단한 수학으로 분석해 보자. 로스의 매칭 이야기는 협조적 게임 이론(Cooperative Game Theory)에 바탕을 두고 있다. 협조적 게임 이론은 어떤 결과가 바람직한가를 공동 이익의 관점에서 살핀다. 각각 같은 수의 남자와 여자로 구성된 두 집단이 있을 때 어떤 경우라도 문제가 생기지 않으면서 안정적으로 짝을 지을 수 있도록 하는 방법을 이론적으로 풀어보자. 세상에는 여러 남녀 커플이 있고 누구든 현재의 파트너에 만족하리라는 보장은 없다. 가끔은 남의 떡이 더 커 보이기에 남녀 문제는 꼭 안정적이라고 할 수 없으며, 그래서 남녀 매칭 시장은 한눈팔기 쉬운 시장이 된다. 상대에 불만족하면 헤어지기 십상인 곳이다.

단순하게, 인기가 매우 좋은 남성 A와 여성 B가 있다고 하자. 그리고 인기가 별로 없는 남성 a와 여성 b가 있다고 하자. 4명이 어떤 식으로 짝을 지어야 가장 안정적인 사회가 될까? 인기 있는 사람끼리(A-B), 인기 없는 사람끼리(a-b) 파트너가 될 수도 있고, 서로 섞일(A-b, a-B) 가능성도 있다.

결론부터 말하자면 안정적인 사회를 위해서는 A-B, a-b로 커플을 이루는 것이 바람직하다. 만약 A가 b와 짝이 되면, A는 B를 그리워하며 살게 된다. 마침 자신의 파트너 a가 만족스럽지 않은 B도 언젠가 A와 결합하기를 원한다. 이렇게 두 사람이 각기 다른 사람과 맺어진다면 결혼을 한 후에 불륜으로 이어질 수도 있다. 결과적으로 두 커플 모두 깨질 확률이 높아진다. 불필요한 사회적 비용이 발생하는 것이다. 처음부터 A-B, a-b로 연결되었다면 a와 b는 서로 불만족스럽겠지만 불륜을 저지르진 않을 것이다. 현 상황에 만족하는

A와 B가 한눈을 팔 일은 없기 때문이다. 2012년 노벨 경제학상을 수상한 로스가 참고한 이 게임 이론은 '전통적 결혼 알고리즘'으로 불린다. 여기서 안정적인 결혼 상태란 배우자가 아닌 상대와 눈이 맞는 불상사가 없는 경우를 뜻한다.

이제 이 매칭 문제를 앞서 이야기했던 신장이식 문제로 옮겨보자. 로스는 신장이식 기증자와 수혜자 사이의 매칭 문제도 생각했다. 결혼 후 부인이 신장을 이식받아야 하는 불행한 일이 발생했다고 가정하자. 남편이 신장을 기증하겠다고 울며불며 나섰다. 그런데 아뿔싸, 둘의 혈액형이 달랐다. 어쩔 수 없이 부인은 다른 신장 기증자를 찾아야만 한다. 의학적으로 기증자와 수혜자의 조건은 여러 면에서 항상 차이가 있다. 따라서 로스는 기증자와 수혜자의 서로 다른 조건을 감안해 가장 효율적으로 짝을 지어 이식수술을 받을 수 있는 방법을 연구했다.

로스는 미국에서 경제적 알고리즘을 활용해 신장 기증자와 신장이식이 필요한 환자를 연결해주는 매칭 프로그램을 개발해 상당한 성과를 거뒀다. 매칭 이론을 신장이식 이론에 확대 적용한 것이다. 더 많은 환자와 기증자가 있을 때 더 많은 사람을 살릴 수 있게 된다. 로스는 돈이 오가는 상품 시장과는 달리 장기 거래 시장에서는 '돈이 오고 가지 않는 시장의 알고리즘'을 설계해야 했다. 한국과 미국의 신장이식 시장을 가상으로 그려보자. 인터넷을 통한 신장이식 교환 프로그램은 2005년 한국에서 처음 시작되어 우리가 선도하는 분야다.

한국의 혈액형 분포를 보면 장기이식이 미국과 비교해 상대적으로 불리한 구조다. 미국인 중 O형인 사람은 전체 인구의 절반에 가깝지만, 한국인의 70%는 A형, B형, AB형이다. O형은 누구에게나 신장을 이식해줄 수 있지만, A형은 A형, B형은 B형의 신장만 받을 수 있다. 따라서 미국과 한국의 기증자와 수혜자를 모두 합치면 더 많은 매칭이 가능해지고, 장기가 필요한 한국 환자들이 더 쉽게 장기를 기증받을 수 있게 된다. 한국과 미국의 신장 교환 프로그램이 마련되면 국제적인 신장 교환시장이 생겨 장기 시장의 설계가 가능해진다. 뉴욕과 서울 간 비행 거리가 14시간 정도 되므로, 신장 이식을 받을 사람은 한국에 머물러 있고 미국의 신장 기증자가 한국으로 오면 된다. 로스는 이런 식으로 미국 각 지역에 흩어져 있는 지역 이식센터를 통합해 많은 사람이 새 생명을 얻을 수 있게 했다. 컴퓨터와 인터넷의 발달도 새 생명을 살리는 데 큰 역할을 했다.

더 큰 번영을 위한 시장 설계

로스는 매칭 이론을 학교 배정에도 적용했다. 미국 사회가 더욱 불평등해지는 원인 중 하나가 교육이라고 판단해서다. 그는 가난한 지역에 사는 아이들이 상대적으로 교육의 질이 떨어지는 학교에 진학할 수밖에 없는 현실을 안타까워했다. 그들에게 선택권이 보장되지 않는다면 계층 간의 이동 가능성은 줄어든다고 생각했다. 그래서 학생의 선호와 학교의 선호가 잘 매칭되도록 시장을 설계해 2003년 뉴욕시 공립학교 배정제도에 이를 적용했다. 이전에는 한 학생이 1순위에서 5순위까지 지망 학교를 써내면 학교가 학생을 고르는 방식이어서 학생도 학교도 모두 불만이 많았다. 반면 로스는 학생들이 1순위 학교만 써내면 각 학교가 정원 한도 내에서 그 학생들을 모두 합격시키도록 하는 방식으로 시장을 설계했다. 떨어진 학생들은 다시 한 학교씩 지원하도록 했다. 이렇게 마지막 학생이 입학할 때까지 이러한 지원 과정을 반복했다.

이 방법의 장점은 무엇일까? 단순히 학부모와 학생이 1순위로 선호하는 학교가 어디고, 거기에 입학할 확률이 얼마나 되는지만 중요한 것이 아니다. 매칭을 잘하려면 학생들이 마음속으로 갖는, 원하는 학교에 입학할 수 없을지도 모른다는 불안감, 두려움, 의구심을 해소해주는 것도 중요하다. 로스는 나아가 전문직의 구인구직 프로그램에도 이 매칭 시스템을 적용했다.

거래를 할 때 중요한 것은 얼마에 사고 얼마에 파느냐 하는 문제다. 시장 경제에서 한 상품을 두고 구매자는 최저가에 사는 게 이익이고, 판매자는 최고가에 파는 게 이익이다. 그게 무한 경쟁 시장의 선(善)일지 모르겠다. 우리가 만나는 시장은 항상 선한가? 시장에서 우리는 바가지를 쓰기도 하지만, 단골인 경우에는 운 좋게 아주머니의 정이 듬뿍 담긴 떡 한 덩어리를 덤으로 얻어 오기도 한다. 시장은 이렇게 기분 좋은 곳일 수도, 그렇지 않은 곳일 수도 있다. 로스는 시장을 선하게만 보지는 않았다. 그러나 시장을 어떻게 설계하는가에 따라 우리가 선으로 가는 길에 근접할 수 있다는 희망마저 잃지는 않았다. 로스는 사람들이 혐오하는 시장이나, 이상과 괴리가 있는 현실의 시장을 연구해왔다. 그는 이렇게 말했다.

"경제학자는 제대로 기능하는 시장을 세밀히 설계하는 엔지니어 같은 사람들이죠. 나눌 수 없는 재화라도 효용을 극대화하면서 안정적으로 배분할 수 있는 방법을 찾아내는 방법을 연구할 필요가 있습니다. 병원들이 인턴을 배정할 때, 간이식을 할 때, 어떤 선택이 가장 좋은지 생각해 보세요. 최고로 우수한 인턴의 선호도나, 돈이 가장 많은 환자의 기호만을 생각해서는 안 되죠. 매칭 시장은 돈이 있어야 뭘 살 수 있는 게 아니고, 조건이 맞아야만 뭘 살 수 있는 시장입니다. 모든 사람을 만족하게 할 수는 없지만 서로에게 도움이 되는 이상적인 시장을 설계하는 것이 나의 목표입니다."

로스는 수학이 산업과 인류에 영향을 끼치는 사례를 잘 보여준 인물이다. 로스의 경우처럼 시장 설계를 잘하면 수백만, 수천만의 사람을 구할 수 있다. 그의 혐오 시장 이론을 이해하기 위해 혐오물인 마약에 대해서도 살펴보자. 경제학의 관점에서는 합법 시장을 규제하는 것이 불법 시장을 규제하는 것보다 수월하다. 로스는 코카인 밀매가 나쁘다고 생각한다고 해서 불법 거래가 없어지는 것은 아니라면서, 경제학자들은 마약 거래를 허용했을 때 중독자 수가 더 늘어나는지, 아니면 오히려 범죄율이 더 감소하는지 여러 모형을 돌려 조사해 보아야 한다고 주장했다. 아울러 마약 거래를 합법화했을 때 중독자 수의 증가 폭과 범죄율이 의외로 줄어든다면 마약을 합법화할 수 있을 것이라고 했다. 하지만 반대의 경우는 물론 지지하지 않았다.

"중세시대에는 돈을 빌려주고 이자를 받는 게 불법이었지만 지금은 돈을 빌려주고 이자를 받는 게 합법이죠. 요즘 온라인상의 개인정보 침해를 보세요. 인터넷에 새로운 혐오 시장이 나타나잖아요. 개인이나 국가가 어떤 결정을 내릴 때 그런 시장을 합법화할지 불법화할지, 규제를 할지 말지 상충관계를 잘 분석해 시장을 설계하는 것이 중요합니다."

시장을 설계할 때 로스의 이상(理想)을 전부 반영할 수는 없을 것이다. 하지만 적어도 로스는 '돈은 성공의 척도가 아니며, 경제학은 사람을 위한 학문'이란 것을 가르쳐주는 경제학자다. 그는 경제학계의 의사 같은 생명의 구원자다.

미국의 코로나19 사망자 수가 100만 명을 돌파할 줄 누가 알았을까. 2차 세계대전 당시 미국의 사망자 수는 약 42만 명이었다. 바이러스의 가공할 만한 아픔을 알려주는 대목이다. 바이러스 이야기가 나온 김에 의사와 경제학자의 역할에 대해 좀 더 살펴보자. 조류 인플루엔자 같은 전염병 발병을 예견하지 못했다고 해서, 환자의 병을 못 고친다고 해서 의사를 해고할 수는 없다. 질병이 만연하면 할수록 의사는 더욱 필요한 존재가 된다. 경제학자가 심각한 경제 위기를 예견하지 못했다고 해서, 실업률이나 인플레이션 같은 지표를 개선하는 묘책을 내놓지 못한다고 해서, 그들이 무용하다고 주장하는 건 곤란하다. 바이러스가 창궐한 곳에서 의료진이나 연구진이 치료 방법을 연구한 것처럼, 경제 상황이 어려울 때일수록 경제학자의 역할은 더욱 절실해지기 때문이다.

> "시장 설계는 더 많은 사람에게 도움을 주는 일입니다. 신장 이식 시장 설계를 통해 외과 의사들을 돕고 싶었습니다. 많은 사람의 생명을 구하는 것이 경제학자로서 나의 기쁨입니다."

노벨상이라는 명성보다 더 중요한 것이 생명이다. 로스와 이 세상의 생명을 구하는 의사들에게는 생명을 존중한다는 공통점이 있다. 로스는 메마른 경제학계에 '사랑', '생명 존중'과 같은 아름다운 말을 남겼다. 내가 일상을 영위하고 있는 지금도 누군가는 생과 사의 기로에 서 있다. 슬기로운 의사생활을 하는 사람들은 모두 '더 큰 번영을 위한 시장'을 설계하는 로스의 이론을 제대로 이해해야 할 것이다.

Amartya Kumar Sen

아마르티아 센의 '자유로서의 경제발전론'

가슴 따뜻한 경제학은 가능하다

1998년 노벨 경제학상을 수상한 인도 출신의 학자다. 빈곤을 측정하는 수리 모형을 개발했다. '개인의 자유가 경제발전을 이끌어낸다'는 주장으로 유명하며, 불평등과 빈곤 연구의 대가로서 '경제학계의 테레사 수녀'로 통한다.

'아마르티아'는 '불멸'이란 뜻으로 노벨 문학상을 받은 인도의 시인 타고르가 지어준 이름이다. 센은 타고르가 세운 학교에 다니면서 인권 존중 사상을 자연스럽게 받아들였다. 1970년대 초반부터 후생경제학, 경제윤리, 소득분배론 분야에서 명성을 얻고 수리모형인 빈곤지수(센 지수)로 빈곤을 측정하는 연구를 했다.

사막의 소녀는 지금도 울고 있다

소말리아는 한때 아프리카의 모범 국가였으나 지금은 오랜 내전으로 무법천지가 되었다. 2011년에는 우리나라의 삼호해운 소속 선박이 소말리아 아덴만 해상에서 해적에게 피랍되어 청해부대가 이들을 구출한 일도 있었다. 60년이 넘는 가뭄으로 먹을 게 없는 나라에서 할 건 해적질밖에 없다는 자조도 나온다. 2021년 케냐 정부는 소말리아 국경 근처에 있는 다다브(Dadab) 난민 캠프의 폐쇄를 발표했다. 내전과 굶주림을 피해 이곳 국경 지역에 거주하던 난민은 40만 명 수준이었다.

UN은 2022년 '아프리카의 뿔' 지역이 심각한 가뭄으로 수많은 어린이가 굶어 죽을 위기에 처했다고 경고했다. 이곳은 케냐, 소말리아, 에티오피아 같은 나라가 포함되어 있는데, 극심한 가뭄 피해에다가 우기에도 비가 내리지 않아 상황이 악화되었다. 극심한 가뭄으로 26만여 명이 숨진 2011년의 소말리아 대기근 사태가 되풀이되는 것을 막기 위해 2022년에 지원에 나선 구호단체들은 사태의 심각성을 호소했다. 이 지역에서는 이미 1500만 명 이상이 심각한 수준의 기근에 시달리고 있으며, 300만 마리의 가축이 가뭄으로 폐사했다.

세계적인 모델이자 인권 운동가인 와리스 디리(Waris Dirie)는 소말리아 출신이다. 소말리아의 한 사막에서 유목민의 딸로 태어난 디리는 다섯 살이 되던 해에 자신이 속한 부족의 다른 여자아이들처럼 음핵을 제거하는 여성 할례를 당했다. 그녀가 열네 살이 되던 해에 아버지는 그녀를 낙타 다섯 마리와 바꾸는 조건으로 60대 남자에게 시집보내려고 했다. 소말리아 외교관이었던 이모부의 도움으로 가까스로 도망친 그녀는 영국으로 건너가 고생 끝에 패션 잡지 모델로 활동하며 국제적인 명성을 얻었다. 그리고 뉴욕으로 이주해 세계적인 화장품 회사 레블론, 로레알과 계약하며 승승장구했다.

디리의 활약으로 전 세계가 여성 할례의 끔찍함을 알게 되었고, 유니세프 등은 현재 여성 할례 근절을 위해 노력 중이다. UN 역시 2012년 여성 할례를 금지하기로 결의하고 2030년까지 이를 근절하겠다는 목표를 세웠다. 지금 그녀는 아프리카를 바라보며 어떤 생각을 할까?

"현재 인류는 전례 없는 풍요를 누리고 있습니다. 하지만 아프리카를 포함한 지구상의 많은 지역에서는 여전히 기근이 사라지지 않고 있습니다. 기근을 해결하려면 경제적인 원조를 하는 것만으로 충분할까요? 경제발전을 도우면 자연스럽게 기근 문제가 해결될까요? 그렇지 않다고 봅니다. 기근 문제를 해결하기 위해서는 경제, 정치, 사회, 문화 각 방면에서 고른 발전이 이루어져야 합니다. 저를 닮은 사막의 어린 소녀가 아직도 울고 있습니다. 전 세계 2억 명의 소녀가 할례를 받는 소름 끼치는 현실을 분명히 인식해야 합니다. 저는 UN의 SDG(Sustainable Development Goals, 지속가능한 개발 목표) 이니셔티브를 적극 지지합니다."

2000년에 UN에서 채택되어 15년간 세계의 절대빈곤과 기아 퇴치에 기여한 MDG(Millennium Development Goals, 새천년개발목표)가 2015년 끝이 났다. 여기에 인도와 중국의 급속한 경제성장이 더해져 극도의 빈곤 속에서 살아가는 사람들의 수가 1990년 19억 명에서 2015년 약 8억 3600만 명으로 반 이상 감소했다. 세계은행은 하루 1.25달러 미만으로 살아가며 주거, 음식, 의복과 같은 기본적 욕구를 충족하지 못하는 사람들을 절대 빈곤층으로 분류하고 있다. 이런 절대 빈곤층 수가 절반 이상 감소한 것은 분명 놀랄 만한 성과다.

전 세계의 빈곤과 기아를 반으로 줄이자는 것이 MDG의 목표였다면, 2016년부터 2030년까지 실시될 SDG는 '아무도 소외되지 않고 더불어 잘사는 세상'을 표방하면서 빈곤과 기아를 완전히 없애자는 야심을 내걸었다. 경제성장과 함께 사회, 환경 분야의 균형 발전까지도 아우르는 포괄적이고 구체적인 목표다. 인류의 보편적 문제(빈곤, 질병, 교육, 성평등, 난민, 분쟁 등)와 지구 환경문제(기후변화, 에너지, 환경오염, 물, 생물다양성 등), 경제 사회문제(기술, 주거, 노사, 고용, 사회구조, 법, 대내외 경제)를 2030년까지 17가지 주목표와 169개 세부목표로 해결하고자 이행하는 국제사회 최대 공동목표다. 이처럼 전 세계가 인류의 상생과 발전을 위해 나아가야 할 방향을 담은 지속가능한 개발 목표를 UN이 어떻게 이끌고 갈지 전 세계가 지켜보고 있다.

불평등과 빈곤 연구의 대가

노벨 경제학상을 받은 인도의 경제학자이자 경제학계의 '선한 사마리아인'으로 불리는 아마르티아 센은 개발에 관해 남다른 철학을 갖고 있다. 센은 불평등과 빈곤 연구의 대가다. 그는 '센 지수'라고 불리는 지표를 통해 빈곤을 측정하는 연구를 해 주목받았다. 센은 굶주림과 빈곤은 생산 부족보다 잘못된 분배 탓이라고 주장했다. 기근 문제 해결에 있어서 개인은 수동적으로 성장의 혜택을 받기만 하는 수혜자가 아니다. 그는 각 개인이 능동적이고 자유로운 행위의 주체가 되어야 한다고 강조한다. 센에게 진정한 발전이란 자유의 증진을 말한다. 발전을 논할 때 소득이나 부의 증대가 아닌 자유의 증대를 궁극적인 목적으로 다루어야 한다는 것이다. 그에게는 자유야말로 곧 역량이다. 그는 국가가 각 개인의 자기실현을 위한 제도를 제대로 만들어야 할 의무가 있다고 믿는다. 한 사람이 어떤 사업을 하고 싶을 때 그 사회가 그 일을 할 수 있도록 제도적으로 지원해줄 수 있다면 좀 더 자유로운 국가로 본다. 그 사람이 사업에 성공해서 그 이윤으로 더 많은 사람에게 원하는 일을 할 수 있는 자유를 부여한다면 그것이야말로 지속가능한 발전이라는 의미가 있다고 여겼다. 이것이 가능하기 위해서는 당연히 시장의 자율성과 민주주의가 보장되어야 한다고 그는 강조한다.

센이 개발에 관해 이러한 생각을 갖게 된 데는 이유가 있다. 그는 어린 시절, 인도가 영국의 식민지였던 1943년에 수백만 명을 아사시킨 방글라데시(당시 인도의 한 지역)의 기근을 목격했다. 이후 그는 1974년의 방글라데시 기근을 비롯해 인도와 사하라 지역 국가들의 기아 문제를 연구했다. 그 결과 자신이 어릴 때 지켜본 처참한 기근의 원인이 식량 공급 부족보다는 공급된 것을 제대로 나누지 못한 정부의 무능 때문임을 알게 되었다. 당시 기아로 사망한 대다수 사람들은 농촌에서 농사를 짓던 최빈층이 아니라 도시 임금 노동자들이었다. 곡물의 작황이 좋지 않아서 곡물 가격이 급상승했는데, 노동자들의 임금은 오르지 않아 식량을 구매할 능력이 없었던 것이다. 상인과 부유층의 곡물 사재기와 인도의 다른 지역 정부가 곡물 가격 인상을 우려해 곡물 수출을 금지한 것이 큰 원인이었다.

센은 정부나 개발 관련 종사자들이 빈곤층 모두를 한 집단으로 보고 정책을 수립한 게 문제라고 믿었다. 어떤 위기냐에 따라 빈곤층도 각기 상황에 맞게 분류해 그에 맞는 각기 다른 정책을 수립해야 한다는 이야기다. 한 나라의 전체 소득이 높다고 해도 일부 국민은 기근에 시달리거나 기대수명이 낮을 수 있다. 반면 어떤 나라의 전체 소득이 다른 나라에 비해 낮아도 상대적으로 국민들은 기대수명이 높고 기근에 덜 시달릴 수도 있다. 이것이 우리가 기근에 대해 논할 때 좀 더 포괄적인 시각으로 정밀진단을 해보아야 하는 이유다. 그는 누구보다 시장을 중시하는 경제학자였지만, 경제가 성장하더라도 빈곤이 줄어들지 않을 수 있고, 분배를 바로잡기 위해서는 정부가 개입할 필요가 있다고 믿게 되었다.

'경제' 하면 사람들은 대개 윤리나 양심과는 거리가 멀고 피도 눈물도 없다고 여기기 마련인데, 빈곤과 불평등, 기아 문제에 일생을 바친 센에게서는 '가슴 따뜻한 양심의 향기'가 물씬 느껴진다. 센에 의하면 자유는 우리에게 궁극적인 목표다. 사회의 각 부분에서 충분한 자유를 보장함으로써 우리는 더 높은 수준의 자유에 도달한다. 그는 경제적인 측면에서 시장 메커니즘을 존중하고 애덤 스미스를 사랑한다. 다만 시장 메커니즘 그 자체만으로 경제적인 자유가 보장되는 것은 아니며, 각 참여자에게 평등하고 충분한 자유가 보장된다는 조건이 필요하다고 여겼다.

"소득이나 부를 키울 수 있는 데까지 키우는 것을 목표로 삼는 것은 옳지 않습니다. 아리스토텔레스가 짚었듯이 이런 것은 '단지 쓸모 있는 연장'에 불과하기 때문입니다. 그런 이유로 경제성장을 경제학의 지고지순한 목적으로 다룰 수 없다고 봅니다. 경제발전이란 우리 삶과 우리가 누리는 자유를 키우는 것으로 이어져야만 합니다. 자유란 우리 삶을 더욱 넉넉하고 너그럽게 만들어 장애를 줄일 뿐만 아니라, 우리가 품은 뜻을 이루게 하고 우리가 사는 세계에서 더불어 살아가는 사람들을 생각하게 해주는 힘입니다."

SDG가 실행되면서 보다 효과적인 개발 정책에 대한 논의가 세계적으로 활발히 진행되고 있다. 원조에 대한 논쟁에는 크게 상반된 두 가지 시각이 있다. 하나는 『빈곤의 종말』을 저술한 제프리 삭스(Jeffrey D. Sachs)처럼 대규모 원조(Big Push)를 지지하는 것이다. 지독히 가난한 제3세계 국가들을 빈곤의 덫에서 꺼내려면 서구가 대규모 원조를 제공해줘야 한다는 '빅 푸시 신화'가 1950년대에 생겨났다. 우리나라 역시 전후 원조를 통해 성장한 나라다. MDG도 마찬가지 철학에 입각했다. 삭스는 부유한 나라들이 2005년부터 향후 20년 동안 빈국에 1950억 달러의 원조를 제공하면 빈곤을 없앨 수 있다고 주장했다. 그는 경제학이 개발도상국의 빈곤과 질병 문제에 대한 해법을 제시해야 한다고 믿으며, 개발도상국의 빈곤 퇴치를 위해 노력하고 있다.

다른 시각은 『세계의 절반 구하기』를 저술한 윌리엄 이스털리(William R. Easterly)가 대변하는 해외 원조에 대한 비판적 이론이다. 그는 원조를 통해 빈곤을 해결할 수 있다는 주장에 반기를 든다. 원조를 받는 국가는 부패하고 자치 기반이 약화될 것이므로 빈곤 문제는 해당 국가가 자유시장 시스템을 도입해 스스로 해결할 수밖에 없다고 보았다. 개발협력 정책은 개인의 자유와 권리를 신장하는 방향으로 근본적으로 전환되어야 한다는 것이다. 그는 원조를 제공하는 국가들이 내민 유토피아적인 청사진을 폐기하고 원조를 조건으로 내세워 수혜 국가를 훈계하려 들지 말라고 충고한다. 원조가 빈곤을 종말시킬 것이라는 환상 역시 금물이다. 이스털리는 개인의 역동성과 기업가 정신에 토대를 둔 개발만이 성공할 수 있다고 주장한다. 그리고 인도적 지원의 수요자들이 시장경제 원리 아래 공급자(구호단체)나 공급 상품(활동 프로그램)을 구매할 수 있도록 정보를 제공하는 접근법을 중시한다. 공급자 중심의 구호 활동보다는 수요자에게 바우처를 제공하고 액수에 맞게 수요자들이 구호 기관과 활동을 선택하도록 하자는 방식도 제시한다.

센은 이 두 시각 중 어느 쪽에 가까울까? 그는 원조의 양도 중시하고 원조를 받는 국가의 자유도 중시하지만, 후자에 더 큰 비중을 둔다. 그가 말하는 자유는 단순히 구속받지 않는 것에 그치지 않고 실제로 사람들이 바라는 대로 살 수 있는 '힘 있는 자유'를 뜻한다. 그는 경제발전의 목적은 자유로워지는 데 있으며, 다양한 삶을 살아갈 힘을 갖출 때 사람들은 비로소 자유를 누릴 수 있다고 여긴다.

'센 지수'를 고안해 내다

센은 1970년대 중반부터 실생활 문제에 관심을 기울이면서 빈곤과 삶의 질을 재는 빈곤지수를 개발했다. 그는 기존 빈곤율만으로는 빈곤을 제대로 알기도 어렵고 사람들이 실제로 얼마나 가난한지도 알 수 없다고 보았다. 이를 해결하기 위해 그는 빈곤 인구뿐만 아니라 빈자들 사이의 소득불평등 정도를 포함하는 '센 지수(Sen Index)'를 고안했다. 그는 그동안 주류 경제학에서 외면해온 빈곤 문제를 수학 지식과 통계 방법을 동원해 연구하는 데 평생을 바쳤고 빈곤 계층에게 실제적인 도움을 주고자 노력했다.

1990년부터 UN이 발표하는 인간개발지수(Human Development Index)

도 센의 견해를 반영해 고안한 개념이다. 이 지수는 국민소득에 조기 사망률, 기대수명, 문맹, 의료 혜택, 교육과 같은 비물질적인 요소까지 포함해 작성한다. 대개 진보주의 경제학자는 분배를 위한 정부의 적극적인 시장 개입에 치우치는 면이 있는데, 센은 정부보다 시장경제를 우위에 놓고 빈곤 문제를 해결하는 진보적 자유주의자다. 와리스 디리를 떠올리며 센의 철학을 들어보자.

"여성의 경제활동 참여는 그 자체가 보상입니다. 가족의 의사결정에 여성의 입장을 반영하지 않는 것은 옳지 않습니다. 여성의 권익을 신장하는 것은 사회 변화를 가져오는 주요한 동인이 됩니다. 방글라데시에서 여성운동의 놀라운 성공을 보는 것은 기쁨이었습니다. 여성들이 지역 금융시장에서 차별을 받아 겪는 불이익을 없애는 것이 중요합니다."

센은 노벨 경제학상 상금 760만 크로네(약 11억 원)를 모두 소녀들을 가르치는 인도 재단과 남녀평등에 땀 흘리는 방글라데시 재단에 내놓았다. 경제학자들이 그를 두고 날카로운 지적 능력과 부드러운 인간미를 두루 갖춘 '경제학계의 양심'이자 '경제학계의 테레사 수녀'라고 부르는 이유가 여기에 있다. 그는 페미니즘을 적극 옹호한 인물이기도 하다. 그는 중국의 남아 100명당 여아 수가 85명으로 세계 평균인 95명에 크게 못 미치고 여아 낙태가 암암리에 행해지는 것을 비난하며, 합리적 사고로 남아선호사상을 극복한 한국의 사례를 중국이 본받아야 한다고 주장했다. 뿐만 아니라 그는 정의를 중시하는 사람이자 공정한 사회를 만들기 위해 헌신한 사람이다. 그는 정의의 개념을 하나로 보지는 않았다. 오히려 "완전한 정의가 무엇인지 찾기보다 현실에 있는 명백하고 확실한 불의를 찾아서 막자"라고 주장했다.

그는 또한 "경제학은 자본이 중심이 아니라 인간이 중심이 되어야 한다"라고 강조하며 인간 중심의 경제성장만이 의미가 있다고 이야기한 가슴 따뜻한 인물이다. 센은 인도의 관료들이 경제성장률에 집착하는 행태에 비판의 목소리를 내고 있다. 빠른 경제성장률의 그늘에 가려진 빈곤과 불평등 같은 사회적 문제를 같이 보는 거시적 안목이 필요하다고 이야기한다. 현재 인도는 중국의 경제성장률을 넘기 위해 노력하고 있다. 높은 인구 증가율 덕분에 머지않아 인도의 인구가 중국 인구를 추월해 세계 1위의 인구대국이 될 것은 분명해 보인다. 하지만 센은 인도가 중국의 경제성장률을 따라잡는 데 집착하는 것은 매우 멍청한 짓이라고 비판한다. 두 나라의 경제를 비교하는 것은 인도를 잘못된 길로 이끌 수 있다면서, 인도의 지도자들이 경제성장률을 추구하기보다는 인도 국민의 만성적인 영양 부족 문제를 해결하는 데 주력해야 한다고 주장한다.

센은 정책을 결정하는 위치에 있는 인도의 엘리트들에게 '더 높은 경제성장률은 사회 정의, 빈곤 개선, 보건과 교육에 대한 예산 투입을 비롯해 사회적인 맥락에서 볼 때에만 긍정적'이라고 환기시켰다. 중요한 것은 경제발전의 본질을 바라보는 눈 아닐까.

Jan Tinbergen

얀 틴베르헌의 법칙

경제학에
두 마리 토끼는 없다

네덜란드의 경제학자로 물리학 박사 학위를 받은 후 계량경제학을 연구해 거시적 동학 이론에 의한 경기순환의 통계적 검정을 실시한 최초의 학자다. 1930년대에 발표한 『경제순환 통계에 대한 계량경제학적 접근』은 계량경제학의 선구적 저서다. 경제학에 수학과 통계학을 접목해 경제 현상을 전망하는 계량경제모델을 발전시킨 선구자다. 1969년 국가 단위의 경기 순환을 정량적으로 풀어낸 공로로 노르웨이의 랑나르 프리슈(Ragnar Frisch)와 함께 노벨 경제학상을 최초로 수상했다. 네덜란드 레이던 대학교에서 수학과 물리학을 전공했고 네덜란드 중앙통계국에서 근무하며 계량경제학 이론의 토대를 쌓았다. 이후 UN의 전신인 국제연맹에서 경제자문위원으로 일했다.

수단은 목표보다 많거나 같아야 한다

왜 어떤 이의 삶은 희극이고, 어떤 이의 삶은 비극일까? 희로애락의 연속인 인생에서 어떤 이는 고난 속에서도 오뚝이처럼 다시 일어선다. 그런 사람들의 공통점은 삶을 낙관하며, 크든 작든 '목표'를 갖고 살아간다는 것이다. 가족애 같은 소소한 가치를 추구하든, 사회 정의나 인류의 평화를 위해 살아가든, 그들에게는 삶의 나침반과도 같은 목표가 있다. 많은 사람이 이런저런 삶의 목표를 세우지만 그것을 이루는 일이 얼마나 어려운지 살아가는 동안 뼈저리게 느끼게 된다. 그러니 평생의 과업을 하나라도 이루고 이 세상을 떠난다면 얼마나 행복할까? 이를 경제의 관점에서 이야기해 보자.

과거 이동통신업자들은 고객을 유치하기 위해 과다한 마케팅 비용을 쓰고, 휴대폰 판매점들은 '공짜 폰'으로 고객을 유인한 뒤 끼워 팔기를 다반사로 했다. 그 결과 똑같은 핸드폰을 누구는 비싸게 사고, 누구는 싸게 사서 소비자들의 불만은 점점 쌓여갔다. 세상에 공짜는 없다. 누군가 단말기를 싸게 샀다면 다른 누군가가 비싼 통신요금으로 그 대가를 치르는 것이다. 이런 잘못된 유통 질서를 바로잡고 소비자 불만을 해소하기 위해 정부가 나섰다. 스마트폰에 붙은 거품을 빼고, 불법 리베이트와 불법 보조금을 막고, 이동통신사와 제조사, 판매점과 소비자의 관계를 투명하게 하여 시장을 안정시키기 위한 목적이었다. 이것이 바로 '이동통신단말장치 유통구조 개선에 관한 법률(단통법)'이었다.

정부의 정책은 성공했을까? 그렇지 못했다. 보조금을 제대로 받으려면 비싼 요금제를 써야 해서 통신요금이 오히려 늘어났다. 일부 제조업자들은 고가의 프리미엄 폰이 팔리지 않아 사업을 망쳤다고 볼멘소리를 했다. 불법 보조금을 주던 판매점들은 고객이 줄어 문을 닫기도 했다. 이와 달리 국내 이동통신사들은 웃었다. 마케팅 비용은 적어지고 영업이익은 늘었기 때문이다. 소비자의 통신 요금 인하와 공정한 시장질서 구축이라는 두 목표를 달성하는 것, 즉 두 마리 토끼를 잡는 것이 애초에 신기루가 아니었는지를 두고 많은 논쟁이 벌어졌다. 언론과 방송은 통신사들만 배불린 결과가 됐다고 비판했다.

두 마리 토끼를 잡는 것이 가능한지 먼저 토끼의 생리를 한번 살펴보자. 숲속에 토끼 두 마리가 있다. 둘은 다정한 눈빛으로 사랑을 속삭이고 있다. 별안간 늑대가 달려든다. 혼비백산한 두 마리 토끼는 긴 뒷다리를 십분 활용해 사랑을 저버린 채 뿔뿔이 줄행랑친다. 제각기 따로 도망친 까닭에 늑대가 두 마리 토끼를 동시에 잡는 것은 불가능에 가까웠다. 늑대는 생각했다.

'내 행동이 무모했어. 두 마리 토끼를 잡으려 하다니.'

토끼를 놓친 늑대는 양치기 소년이 한 말을 떠올리며 후회했다. 양치기 소년이 "일석이조, 일거양득, 도랑치고 가재 잡고. 두 가지를 동시에 하는 게 최고지"라고 늑대를 부추겼기 때문이다.

계량경제학으로 초대 노벨 경제학상 수상자가 된 얀 틴베르헌은 양치기 소년의 이런 어정쩡한 양다리 걸치기를 싫어한다. 그는 '목표는 분명하고 실현 가능해야 한다'고 주장한다. 그에게서 '올곧은 사랑의 향기'가 나는 것은 그의 삶의 목표와 이를 달성하고자 하는 수단이 바르기 때문이 아닐까? 틴베르헌은 정부가 보유한 정책 수단이 정책 목표보다 많거나 같을 때만 경제정책이 제대로 효과를 발휘할 수 있다고 했다. 이 말은 그의 이름을 따서 '틴베르헌의 법칙'으로 오늘날에도 회자되고 있다. 그는 n개의 정책 목표를 위해서는 정책 수단이 n개 이상이어야 한다고 주장했다. 목표보다 수단이 적으면 여러 개의 목표를 동시에 달성하기가 어려워진다는 것이다.

경제정책 수행에 있어서 목표와 수단은 대단히 중요하다. 경제성장, 물가 안정, 국제수지 균형, 고용 안정, 양극화 감소는 경제정책 목표이고 재정 확대나 금리 인하는 경제정책 수단이다. 이들 간에는 상충이나 갈등이 존재하는 경우가 허다하다. 어설픈 일석이조는 왜곡을 부른다. 틴베르헌의 법칙을 쉽게 설명하는 예에는 어떤 것이 있을까?

우선 필립스 곡선(Phillip's Curve)을 들 수 있겠다. 단기 필립스 곡선은 물가 안정과 실업률 간 역(易)의 상관관계를 나타낸다. 중앙은행은 기준금리를 결정할 때 단기 필립스 곡선을 활용한다. 당장의 가시적인 물가 상승이 없더라도, 실업률이 하락해 물가 상승 가능성이 있다면 금리 인상을 단행하는 것이다. 그 결과 물가는 잡을 수 있을지 모르나 실업률은 늘어날 수 있다.

비슷한 예로 미국의 경제학자 로버트 트리핀(Robert Triffin) 교수의 이름을 딴 '트리핀의 딜레마(Triffin's Dilemma)'가 있다. 금본위제가 폐지된 이후 달러가 기축통화로서의 역할을 하고 있다. 기축통화는 신뢰할 수 있고 공급도 충분해야 하는데 현실에서 이 두 가지 목표는 상충한다. 예를 들어 미국이 무역적자를 내야만 기축통화인 달러가 충분히 공급된다. 그런데 미국이 지속적으로 무역적자를 내면 미국 경제에 대한 회의가 커지면서 달러에 대한 신뢰가 깨지고 기축통화의 지위가 흔들린다. 반대로 미국이 무역흑자를 낸다면 다른 나라들이 무역적자에 대한 부담을 져야 하고, 세계경제는 달러 부족으로 자금이 돌지 않게 되어 불황이 될 수 있다.

이 딜레마가 심화되면 위기의 요인이 될 수 있다. 거시경제학에 '삼위일체 불가능 이론(Impossible Trinity)'이라는 것이 있다. 이론적으로 어떤 나라에서도 자유로운 자본 이동, 환율 안정성, 독립적인 금융 정책이라는 세 가지 목표를 동시에 달성할 수 없다는 것이다. 오히려 이들 사이에는 갈등 관계가 존재한다. 예를 들어 자유로운 자본 이동이 보장된 상황에서 독립적으로 금리를 올려보자. 그러면 금리 인상으로 자본이 유입되면서 환율이 절상되고 환율 안정성이 훼손된다. 환율의 안정 유지를 원한다면 자본 통제(Capital Control) 정책을 써야 하는데 이는 자유로운 자본 이동의 목표를 훼손한다. 2008년 금융 위기 이후 환율 안정을 중시하는 흐름이 나타나면서 그전에는 금기시되던 자본 유출입 관리 조치(Capital Flow Management Measures)를 IMF도 인정하게 되었다. 많은 신흥국들은 단기성 투기 자본이 밀물처럼 들어와서 금융시장의 안정성을 훼손하고 나가는 것을 싫어한다. 그 결과 브라질의 경우 단기 자본 유입에 대하여 세금(일명 토빈세, 현재는 폐지됨)을 물리기까지 했다. '불가능한 삼위일체'의 목표 중 하나를 희생하고자 한 것이다. 이후 미국 경제 호조로 미국이 금리를 인상하자 신흥국에서는 자본 유출이라는 문제가 생겨났다.

역사는 재현되는가. 2022년, 미국에서 41년 만에 최악의 물가상승이 발생했다. 코로나19로 늘어난 유동성을 흡수하기 위해 미국은 2022년 연이은 금리 인상을 차례로 단행했다. IMF는 미국의 금리 인상은 결국 환율의 흐름과 연동되기 때문에 신흥국은 자본 유출과 하락 상황에 처할 수 있다고 우려했다. 정부는 경기와 물가라는 두 마리 토끼를 잡으려고 하지만 그게 말처럼 녹록하지 않다. 서민 생활을 위협하는 물가부터 잡는 것이 최우선 과제이다.

목표에도 우선순위가 필요하다

국가 경제에서 재정 건전성과 복지 문제는 상충되기 쉬운 목표다. 유럽과 일본이 재정의 어려움을 겪으면서 연금 비용을 줄이기 위해 정년을 연장시키는 법안을 통과시킨 지도 오래다. 재정 건전성을 위해 복지를 희생한 것이다. 한번 늘어난 복지비용은 줄이기 어렵고 고령화로 노인 복지 지출이 증대되어 어느 나라든 가만히 있어도 복지 비중은 늘어난다. 이러한 상황에서는 경제성장에 따른 세수 확대 없이 기존의 복지 항목만으로는 재정 건전성을 유지하기 어렵다. 복지에 대한 재원이 충분하지 않은 경우에는 보육이나 의료 같은 복지 지출에 집중하는 것이 그래서 불가피해 보인다. 자국의 조세부담률(GDP에서 조세가 차지하는 비중)이나 국민부담률(GDP에서 조세와 4대 보험을 포한 비중)에 적합한 복지 모델을 확립하는 일이 무엇보다 중요하다. 우리나라는 OECD에서 조세부담률과 복지 지출 비중이 모두 낮은 국가에 속하지만 고령화 속도가 빨라 복지 지출 비중이 급격히 커지고 있다. 세금을 적게 내면서 과다한 복지를 바라는 것은 어쩌면 어불성설이다. 복지는 재정 건전성을 감안해 지속가능한 수준이어야 한다.

틴베르헌의 법칙은 우리의 삶에 어떤 의미를 줄까? 목표의 우선순위 설정이다. 상충되는 여러 목표 중에서 분명한 성과를 이루려면 가장 먼저 이뤄야 할 정책 목표가 무엇인지 분명히 선택해야 한다. 언제부터인가 성장과 고용 간에 괴리 현상이 발생하고 있다. 국민 체감을 위해 성장률보다는 고용률 제고가 더 중요한 목표가 되어야 한다는 주장이 그래서 제기된다. 고용 문제 중에도 특히 청년 고용 문제가 시급하다면 그 방향으로 정책 목표를 정해야 한다.

다음으로는 목표 달성을 위한 수단의 중요성이다. 목표를 설정하고 이루려면 수단을 적절하게 갖춰야 한다. 예를 들어 경기가 침체된 상황에서는 수요를 증대하기 위해 이자율을 낮출 수 있다. 하지만 2008년 금융 위기 이후와 2020년 코로나19 이후에는 선진국의 경우 금리가 제로인 상황이라 금리를 낮추는 정책이 더 이상 효과를 얻기 어려웠다. 따라서 중앙은행은 금리 인하 대신 정부가 발행한 국공채를 매입하여 돈을 푸는 양적완화 정책을 실시했다. 금융위기 직후에는 양적완화 정책이 경기부양에 적합한 수단인지에 대한 회의가 사회 전반에서 점점 커지고 있었다. 급기야 유럽과 일본은 마이너스 금리라는 더욱 어려운 정책을 펴야 하는 지경에 이르기도 했다. 이들 국가가 재정 확대 정책을 펴기 어려운 이유는 국가부채가 위험 수위에 도달했기 때문이다. 양적완화 정책을 사용하려면 통화가 기축통화의 요건을 갖추어야 한다는 점도 중요하다. 우리나라 통화는 기축통화가 아니기에 안전자산에 속하지 않는다. 재정 준칙을 세우고 재정 건전성을 확보하는 것이 중요하며 비상시 재정을 통한 경기부양 카드를 사용하기 위해서도 나라 곳간을 튼튼히 챙겨야 한다. 재정 건전성은 국가 신용등급을 결정하는 주요 요인이고, 신용등급은 국채 발행 비용에 큰 영향을 미친다.

한국은행이 발권력으로 양적완화에 나서면 어떤 문제가 발생할까? 통화량 급증으로 물가 상승 압력은 물론이고 원화 가치 급락에 따른 후유증까지 고려해야 한다. 국가 경제의 위험 관리를 위해서는 다양한 거시 건전성 정책 수단 확보와 정책 간 최적 조합을 이끌어내기 위한 정책 당국 간 협력도 중요하다. 자본 자유화로 대외 여건 변화에 따라 타국의 자본이 자기 안방 드나들듯 우리 시장을 들락거린다. 자본이 밀물과 썰물처럼 들어오고 나감에 따라 금융과 외환 시장의 불안은 증가할 수 있다. 이런 불안을 방지하기 위한 방어벽으로 다양한 거시 건전성 정책을 마련하고, 유사시 금융 위기에 대비하기 위한 총알을 제대로 갖추는 글로벌 금융 안전망을 잘 구축해 보호막을 몇 겹으로 두텁게 마련하는 것은 국가 경제를 지키고 국민의 삶을 안전하게 유지하는 데 매우 중요한 일이다.

정부는 외환보유액 대비 단기 채무 비중, 외환보유액 대비 3개월치 수입액, 통화량 대비 외환보유액 비중, 경상수지 등과 같은 지표를 항상 모니터링해야 한다. 그리고 정책 당국과 규제 당국이 상이해 정책 간 시각차가 존재할 수 있으므로, 통화 정책, 재정 정책, 기타 거시 건전성 정책 간에 최적의 조합을 이루기 위해서는 정책 당국 간의 긴밀한 협력이 필수적이다.

우리는 지금 어떤 삶을 살고 있나? 목표를 향한 쉼 없는 경쟁 속에서 많은 사람들이 숨을 헐떡이며 좌절한다. 맹목적으로 설정된 목표를 향해 무작정 달리고, 왜 그러한 삶을 살아야 하는지 진지하게 고민하지 않으면 표류할 수밖에 없다. 경제정책도 마찬가지다. 긴 안목 없이 단기 목표에 급급할 때 그 정책은 신뢰를 잃게 된다. 정부든 개인이든 어떤 목표에 도달하고자 한다면 먼저 목표의 우선순위를 정하고, 이를 달성하기 위한 최적의 수단 조합을 찾아, 일관된 노력으로 목표를 향해 나아가야 한다. 틴베르헌의 법칙을 상기하며 여러 방면에서 수단을 모색한다면 어려운 고비를 지나 우리가 도달하고자 하는 목표에 닿을 수 있지 않을까. 그러한 삶의 지혜가 필요한 때이다.

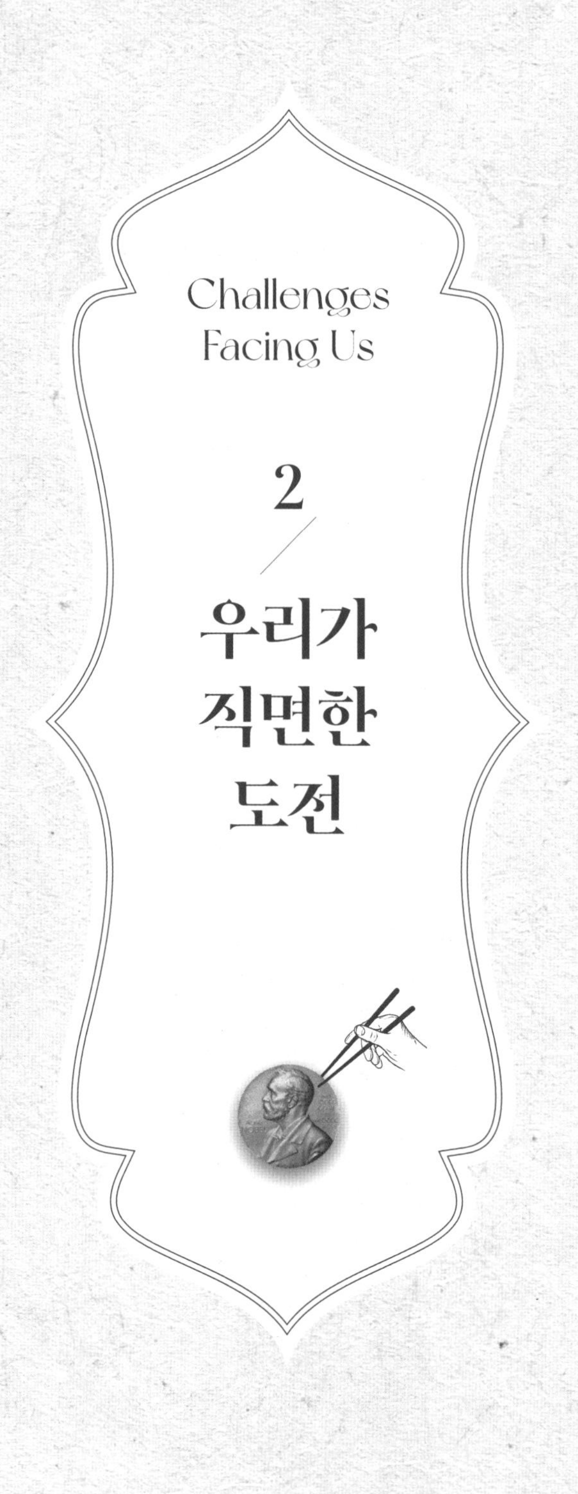

Challenges Facing Us

2

우리가 직면한 도전

Paul Romer

폴 로머의 보건 경제 상생론

바이러스의 시대,
생존의 비법은 무엇인가

미국의 경제학자이자 뉴욕 대학교 경영대학원 교수다. 기술 혁신이 장기 거시경제에 미치는 영향을 연구한 공로로 2018년에 윌리엄 노드하우스(William Nordhaus)와 함께 노벨 경제학상을 받았다. 주로 경제성장을 연구하며 내생적 성장이론의 발전에 기여했다. 1997년에는 『타임』이 선정한 가장 영향력 있는 미국인 25명 가운데 한 명으로 뽑혔다.
뉴욕 대학교 교수로 임용되기 전 시카고 대학교와 캘리포니아 대학교 버클리, 스탠퍼드 대학교 경영대학원에서 경제학을 가르쳤다. 후버 연구소, 스탠퍼드 대학교의 국제개발연구소와 경제정책연구소에서 선임연구원으로 지냈다. 2016년 10월부터 2018년 1월까지 세계은행의 수석 경제학자였으며, 세계은행이 발표한 기업환경평가에서 칠레의 순위가 떨어진 이유가 평가 조작 때문일 수 있다고 말한 뒤 수석 경제학자직에서 물러났다.

보건과 경제는 함께 가야 한다

마스크를 끼고 산 지도 꽤 오래되었다. 코로나19로 각국은 마스크, 세정제 같은 개인 보호 장비와 진단검사, 음압병상 같은 의료 시스템을 향상시키는 데 많은 돈을 썼다. 치료제와 백신을 개발했음에도 바이러스를 완전히 종식시키는 것은 불가능하다. 세상이 발전한 것처럼 보이지만 각국이 실시하는 대책을 보면 1차 세계대전 무렵 발생한 스페인 독감 시대의 세계와 크게 달라지지 않은 것 같다. 노벨문학상 수상자인 알베르 카뮈(Albert Camus)의 소설 『페스트』가 떠오른다.

『페스트』의 배경은 알제리의 도시 오랑이다. 이 작은 도시에서 갑자기 전염병 페스트가 창궐하자 도시는 폐쇄되고, 사람들은 공포에 휩싸인다. 주인공 의사들이 페스트에 맞서 싸우는 모습은 확진자 수가 기하급수적으로 증가하는 많은 나라의 모습과 닮은 꼴이었다. 뉴욕에서는 환자를 수용할 병상이 부족해서 급조한 대형 병원선이 등장했고, 에콰도르에는 시체가 즐비했다. 바이러스를 막기 위한 사회적 거리 두기로 경제활동에 제약이 가해지자 비극이 발생하기 시작했다. 바이러스를 완전히 퇴치하지 못한 가운데 세계 각국은 생계와 생명 모두를 생각하는 묘수를 찾아야 했다. 각국이 실시한 여행 제한, 임시 휴교, 방역은 바이러스의 확산을 제한하기 위해 불가피한 조치였다. 사회 붕괴를 방지하고 백신을 개발하는 데 필요한 시간을 벌어야 했다.

코로나19 발발 당시에는 여러 가지 측면에서의 불안이 존재했다. 우선 과거의 금융 위기 때와 달리 코로나19 사태는 실물 부문에서 시작되었기 때문에 단순한 금융 위기가 아닌 세계경제 전반의 실물 위기로 확산될 수 있었다. 생산과 투자 활동이 둔화되고 글로벌 공급망이 교란되는 한편, 국제교역 감소로 실물 부문의 급격한 위축이 초래되었다. 다른 한편으로는 소상공인 · 자영업자 · 중소기업 등 취약 부문부터 위기가 전이될 위험이 있어 모든 경제 주체에 위기가 파급될 수 있었다. 과거 금융 위기는 대기업이나 대형 은행에서 촉발됐지만, 코로나19는 소상공인과 같은 서민경제를 취약하게 만들었다. 폭넓고 광범위한 처방이 필요한 이유였다.

코로나19 이후 세계인의 건강을 위한 의료 분야 R&D(연구개발) 투자의 중요성이 더욱 부각되고 있다. 경제학에서 R&D의 중요성을 강조해 노벨 경제학상을 받은 폴 로머 뉴욕 대학교 교수는 내생적 성장이론으로 유명하다. 로머는 경제성장의 원인이 외부가 아니라 내생적 결과물이라는 것을 강조했다. 그는 R&D를 예로 들며 국가 간 성장 격차가 발생하는 이유를 기술력의 차이로 설명했다. 경제성장에서 기술을 미지의 외부 요인(외생 변수)으로 간주하던 통설을 깨고 R&D를 통해 혁신을 불러일으키자는 그의 이론은 상당한 설득력이 있다.

내생적 성장이론은 아이디어를 더 중요한 생산요소로 부각시켰다. 아이디어는 기술뿐만 아니라 기술 발전을 가능하게 하는 문화적 · 제도적 측면까지 포괄하는 개념이다. 로머에게 코로나19 대처법을 내생적 경제성장 이론으로 설명해달라고 요청한다면 그는 이렇게 답할 것이다.

"더 많은 R&D에 세계가 경쟁적으로 투자하고, 그 결과를 독점하지 않고 공유해야 합니다. 어떤 사람은 혁신가가 되어 큰 보상을 받아야 한다고 생각하는데, 사람을 끄는 유인이 돈이 전부는 아닙니다. 두 번의 세계대전 동안 인류의 생활을 바꿔놓은 수많은 중대한 발견이 있었습니다. 애국심도 유인이고 인류애도 유인이지요. 돈 이외의 많은 것이 사람들에게 동기가 됩니다. 더 나은 세상을 만들려는 모든 이의 선한 의지가 어려움을 극복할 수 있는 무기라고 생각합니다."

그의 말에 동조한 것일까? 프랑크 발터 슈타인마이어(Frank-Walter Steinmeier) 독일 대통령은 한 TV 연설에서 전염병의 유행은 전쟁이 아니고 인류애의 시험대라고 말했다. 그는 불안과 불신이 팽배한 사회를 원하지 않는다고 이야기했다. 코로나19 사태가 어떻게 진행될지는 정치인과 전문가의 결정에만 전적으로 달려 있는 것이 아니므로 성숙한 시민의식에 방점을 찍어야 한다고 강조했다.

위기를 통해 우리는 서로에게 기대어 사는 것의 의미를 알게 됐다. 함께 연결된 세상의 '상호 의존성'이란 의미를 되새겨 보니 경제 변수 간의 내생적 관계를 다루는 로머의 성장이론과 맞닿아 있다. 어떤 사람이든, 어떤 국가든, 어떤 경제든, 고립된 섬이 아니라 서로 연결된 선 위에 있다.

코로나19로 생계와 감염 저지를 동시에 추구해야 하는 시점에서 여러 고민을 하지 않을 수 없다. 로머는 "보건만 강조하는 정책은 경제 위기를 초래할 수 있는 만큼 보건과 경제가 함께 가는 정책을 추진해야 한다"고 강조한다. 인류애는 가슴으로 느끼기도 하지만 경제적인 동기에서 발로하기도 한다.

당시 트럼프(Donald Trump) 미국 대통령은 사회적 거리 두기에 관한 연방 지침을 완화하는 방식으로 경제활동 정상화를 유도하려 했다. 이는 로머의 조언과 궤를 같이한다. 로머는 내과 의사이자 경제학자인 앨런 가버(Alan Garber) 하버드 대학교 교무처장과 함께《뉴욕타임스》에 게재한「코로나19가 우리 경제를 죽일 것인가(Will Our Economy Die From Coronavirus?)」란 제목의 공동 칼럼을 통해 나름의 주장을 폈다. 로머는 봉쇄 정책을 고수한다면 경제가 죽을 것이라고 단도직입적인 의견을 밝혔다. 칼럼의 한 대목을 보자.

"금세기 가장 위협적인 존재인 코로나19는 보건 위기와 경제 위기를 동시에 촉발시켰다. 사회적 거리 두기는 생명을 구할 수 있는 긴급 조치이긴 하지만 경제를 거의 중단 직전에 처하게 할 수 있다. 몇 달 안에 바이러스 확산을 제한하면서도 대부분의 사람이 일터로 돌아가 일상생활을 재개하도록 하는 종합적인 방안을 추진해야 한다."

R&D의 중요성을 강조한 로머는 진단 시약과 개인 보호 장비의 대량 생산이 전제돼야 한다고 강조했다. 그는 기술 혁신에 바탕을 둔 원활한 바이러스 진단은 감염자 식별과 격리 조치를 수월하게 할 수 있는 기반이 된다고 역설한다. 이를 통해 면역력 있는 사람이나 비감염자들은 모두 직장으로 돌아가 다른 사람들에게 미치는 위험을 최소화하면서 일상적 활동을 재개하도록 해야 한다는 것이다. 또한 의사, 간호사, 응급 구조원 등 건강관리 종사자들에게 개선된 형태의 개인 보호 장비를 먼저 공급해야 한다고 덧붙였다.

작은 정부를 주장하는 시장론자와 큰 정부를 외치는 정부론자의 이분법을 싫어하는 로머는 시장경제에서 기업들은 안정적인 수요를 충족시킬 수는 있지만 위기를 예상하고 관련 장비를 비축하진 않는다며, 위기 상황에서 정부만이 조정 역할을 하고 자금을 조달할 수 있다고 강변했다.

방역 전략의 목표

프린스턴 대학교가 개최한 웹 세미나에서 로머가 발표한 내용을 보며 그 주장의 근거를 좀 더 살펴보자. 그는 코로나19 이후에 경제를 어떻게 재가동하느냐에 방점을 두고 말했다. 그는 방역 전략의 목표로 R_0라는 기초 감염 재생산지수(Basic Reproduction Number) 개념을 사용한다. 이는 처음 전염병이 전파될 때 병에 걸린 한 사람이 평균적으로 몇 명을 감염시키는지 추정하는 개념이다. R_0가 3이면 1명은 4명에게, 그 4명은 16명에게 전파하며 바이러스는 기하급수적으로 늘어날 것이다. 만약 R_0가 1이라면 1명의 감염자는 새로운 1명의 2차 감염자를 발생시키고, 동시에 자신은 회복하거나 사망한다. 결과적으로 이 집단에는 총 1명의 감염자만 남고, 감염자의 수는 늘어나지도 줄어들지도 않게 된다.

방역 전략의 목표는 결국 R_0를 1 이하로 끌어내리는 것이다. 그렇게 되면 확진자 수는 점차 줄어들고 상황은 해결 국면으로 흘러간다. 로머는 R_0를 1 이하로 끌어내리는 방법으로 방치, 사회적 거리 두기, 검역과 격리를 제시한다. 방치는 면역이 있는 사람을 많이 만드는 방법으로, 이른바 집단면역(Herd Immunity)을 증가시키려는 전략이다. 이 이론은 한번 병을 앓고 난 사람은 면역이 생긴다는 전제에서 출발한다. 환자 1명이 3명에게 전염을 시킨다고 하자. 그 3명 중 2명이 이미 면역 상태라면 병은 1명에게만 전염될 것이다. 따라서 한 사회의 면역자 비율을 x라고 하면 R(재생산지수)=$R_0(1-x)$이다. 이로부터 R〈1이 될 조건을 구하면 x〉$1-1/R_0$가 된다. R_0가 2.5일 때 이 값은 0.6, 즉 전 국민의 60%가 감염되어 면역을 얻고 나면 R_0의 값은 1 이하로 떨어지게 된다는 것이다. 어떤 전염병에서 적어도 인구의 어느 비례 이상으로 면역이 생기게 되면 이론상으로는 한 사람의 감염자가 만들어낼 수 있는 새로운 감염자의 평균 숫자가 1 이하로 감소한다.

하지만 치명률이 높다면 문제다. 국민 대다수가 면역이 생기면 감염병이 옮겨갈 사람이 줄어들 수 있다. 면역이 있는 사람을 늘리는 가장 좋은 방법은 백신을 접종하는 것이다. 소아마비가 세계적으로 거의 사라진 이유는 어릴 때 접종하는 세이빈이라는 백신 덕분이다. 지금도 일부 국가에는 소아마비가 존재하기는 하지만, 이전처럼 널리 퍼지지 않는 것은 집단면역의 힘이 크다. 코로나19 발발 초기에 영국 공중보건 문건(Public England Document) 기사를 보면 12개월 동안 영국인의 80%가 코로나19에 감염될 것이라고 했다. 독일의 앙겔라 메르켈(Angela Merkel) 전 총리도 자국민의 70%가 결국 코로나19에 걸리게 될 것이라고 이야기했다. 다만 80%의 감염자는 감기처럼 가볍게 앓다가 회복되므로 위험성이 적은 젊은 세대는 감염이 되도록 그대로 두고, 증상이 심하지 않으면 검사를 하지 않아도 된다는 의견이었다.

당시 영국의 보리스 존슨(Boris Johnson) 총리는 이 견해를 따라 초기에 여러 국가에서 시행하는 방법과 완전히 다른 집단면역 모델을 추구했다. 사망률이 낮고 회복이 쉬운 젊은 세대는 격리하지 않고 사회활동을 하게 하고, 70세 이상의 사람들과 지병이 있는 사람은 집안에 격리시켜 사망 위험을 줄이고자 했다. 영국 국민 대다수는 이 소식을 듣고 젊은 사람들도 사망에 이를 수 있는데 전 국민을 병으로 몰아넣는 것이냐며 비판했다. 보건당국은 집단면역을 하려는 것이 정부의 목표가 아니라면서 뒤로 물러섰다. 스웨덴도 이 방법을 따르다 화를 자초했다. 이 방법은 감염자를 추적해 격리하고 거리 두기를 시행하는 방법으로는 한계에 이르렀다고 생각되면 사용할 수 있을지 모르겠으나, 위험성이 큰 정책으로 판명되었다. 우리나라 인구는 약 5160만 명이고, 이 중 70%가 감염된다면 3612만 명이 감염된다. 이 중 치명률이 1%라면 36만 명이 사망해야 집단면역이 형성된다.

사회적 거리 두기의 효과와 한계

사회적 거리 두기는 대부분의 국가가 사용한 방법이었다. 평소 1명이 3명을 전염시킨다고 할 때 그 3명을 만나기 어렵게 만들면 R_0를 1 이하로 떨어뜨릴 수 있다. 감염자를 줄이는 봉쇄 정책은 지금까지 많은 국가에서 시행하고 있는 방법이다. 그러나 백신이나 치료제가 개발되지 않는 이상 바이러스를 근절하기 어렵고, 결국은 면역 비율이 일정 수준 이상이 될 때까지 전염은 계속될 수밖에 없다. 물속에서 숨을 아무리 오래 참는다 해도 물에서 나올 수밖에 없는 한 근본적 해결책이 되지 않는다. 사회적 거리 두기를 지속하면 경제는 점차 망가지고, 버티는 데는 한계가 있다.

게다가 감염자 수가 적을 때는 검역과 격리가 확실한 효과를 발휘하지만 감염자 수가 어느 정도 이상 증가하면 감염자와 접촉자를 모두 찾아내서 고립시키는 것은 거의 불가능하다. 속전속결이 필요한 이유다. 좀 더 이론적으로 살펴 실익과 한계를 알아보자. 확진자 중 p의 비율을 격리해서 전파를 시키지 못하도록 잡아둘 수 있다면 $R=(1-p)R_0$이 될 것이다. p가 0.6, 좀 여유 있게 0.7쯤 된다면 R을 1 미만으로 잡아둘 수 있다. 확진자의 동선을 파악해서 접촉자를 검사하고, 자가격리를 이용해서 60~70% 정도 전파 비율을 줄일 수 있다면 방역에 성공할 수 있다고 우리 정부는 믿었다. 미국이나 유럽 국가는 사회 분위기상 이를 따라 하기 어려운 환경이라 이 방법을 사용하지 않았다. 우리는 결국 봉쇄령에 가까운 과격한 수준의 사회적 거리 두기를 할 수밖에 없게 됐다.

그러나 이 방법도 전파속도를 늦추는 정책일 뿐이어서 감염원이 사라지지 않는 한 위협은 계속된다. 사회적 거리 두기를 풀려면 검역과 격리가 충분히 행해질 수 있는 체제가 마련돼야 하는데 그게 쉽지 않다. 사회적 거리 두기를 풀었다 조였다 하는 상황이 오래 지속될수록 경제는 회복하기 힘든 치명상을 입게 된다.

그럼 이 문제를 어떻게 풀어야 할까? 로머는 상시 검사 비중을 획기적으로 높여 사회적 거리 두기를 없애는 방식으로 경제를 빨리 회복시킬 수 있다고 주장했다. 상시 검사 비중만으로도 R_0를 1 이하로 억제할 수 있게 되면 사회적 거리 두기가 필요 없게 되고, 그에 필요한 비용은 사회적 거리 두기 준수보다는 감당할 만하다는 것이다. 그는 일일 검사 비율이 7% 정도가 되면 검사 후 격리만으로 문제 해결이 가능하다고 주장한다.

우리나라 5160만 인구의 7%면 361만 명이 되니 그의 말이 불가능한 이야기로 들린다. 하지만 이 숫자는 아무런 사전정보 없이 무작위 검사를 하는 경우를 가정한 것이다. 실제로는 위험 직업군이나 장소에 집중하면 효율성을 높일 수 있다고 그는 말했다. 확진자 동선을 추적하고, 신천지 교인이나 콜센터, 요양원과 같은 위험 그룹에 집중하는 식으로 효율성을 높이자는 것이다. 만약 하루 20만 명씩 검사가 가능하다면 다수가 모이는 시설을 중심으로 정기 검사를 할 수 있다. 다행히 백신과 치료제가 개발되어 사회적 거리 두기 정책을 풀 수 있는 여건이 되었다. 그 이전에는 생활 방역과 상시적 검사능력의 획기적 확대로 어려움을 헤쳐 나가야 했다.

우리나라의 방역 상황과 로머의 지혜를 겹쳐 본다. 입국 금지나 락다운(봉쇄)과 같은 강력한 방역 조치 없이도 2년 가까이 견딜 수 있었던 가장 큰 이유는 국민의 마스크 쓰기였다. 결국 국민들의 단합력과 의식 수준이 코로나19 위기를 헤쳐나오는 데 가장 큰 역할을 했다고 할 수 있겠다.

또 다른 팬데믹이 온다

엔데믹 시대를 맞이하여 로머는 우리에게 어떤 말을 들려주고 싶었을까? 심증, 기대, 희망에 의한 방역이 아닌 과학적 근거에 기초한 방역이 필요하다는 것 아닐까? 방역 전문가들은 코로나19 종식을 위해서는 과학적인 데이터에 근거한 방역 조치가 필요한 때라고 주장한다. 사람들이 많이 이용하는 지하철, 버스, 학교, 교회, 병원, 숙박시설 등에서 세균 오염도 활성화와 세균 수를 나타내는 수치를 제대로 측정하고 제시할 필요가 있다. 백신 부작용 위험 속 방역패스 강화로 일부 직장인들은 사회생활을 포기해야 했다.

지금까지의 인류 역사를 보면 백신 사용은 인구 규모를 감안할 때 매우 유익했으며 비용 측면에서도 효율적이어서 그 어떤 수단과도 비교할 수 없는 정당성을 확보했다. 모더나는 원래 미국 하버드 의대의 줄기세포 연구자가 10년 전 세운 회사이다. RNA 합성과 변형에 대한 노하우를 10년 동안 확보한 덕분에 중국 연구진이 2020년 1월 코로나19 바이러스의 유전 정보를 공개하자마자 바로 백신을 만들 수 있었다. 세계 최대급 제약회사인 화이자의 부사장은 2020년 1월 독일의 한 무명 바이오테크 기업 바이오엔테크 최고경영자에게서 전화를 받는다. 코로나19 백신을 같이 개발해보자는 내용이었다. 화이자 측은 바이오엔테크가 보유한 mRNA 기술로 백신을 만든 전례가 없었던 데다 사스(SARS)와 메르스(MERS)처럼 코로나19 역시 곧 끝날 것이라고 생각해서 제안을 거절했다. 이후 다시 연락이 오자 화이자 측은 제안을 받아들였다. 바이오엔테크는 터키 이주 노동자 가정 출신의 박사 부부가 2008년 창업했다. 이들 부부 과학자는 결국 9개월 만에 백신 개발에 성공했다.

백신에 대한 연구개발 투자가 미래 사회의 안정을 이끈다. 빌 게이츠(Bill Gates) 마이크로소프트 창업자는 2022년 2월 미국 CNBC와의 인터뷰에서 또 다른 팬데믹이 닥칠 것이 거의 확실하다고 말했다. 새로운 팬데믹은 코로나19와는 다른 병원체에서 비롯될 가능성이 높다고 한다. 게이츠는 이번 코로나 사태에서 증명됐듯 인류는

6개월 이내에 백신을 만들어낼 수 있다며 인류의 팬데믹 대응은 더욱 빨라질 것이라고 예측했다.

바이러스는 투자에 대해서도 많은 시사점을 준다. 코로나19로 넘치는 유동성하에서 비대면 주식의 상승률은 놀라웠다. 유동성을 업고 각국의 부동산도 급등했다. 그러다 유동성 흡수를 위한 큰 폭의 금리 상승으로 넷플릭스를 필두로 비대면 상황에서 수혜를 받았던 주식들의 주가가 추풍낙엽처럼 떨어졌다. 끝없이 오르던 바이오테크 주식의 주가가 한없이 무너지면서 한국에 과연 진정한 바이오테크 주식은 있나 고민하게 된다. 혹시 관계자나 투자자들이 머니게임에 몰두한 것은 아닐까. 주식시장에 어찌어찌 상장해서 상장한 돈으로 바이러스 억제, 암 치료 신약 개발이란 희망고문을 하고 돈이 떨어지면 유상증자나 전환사채를 발행하는 게 지금껏 바이오 기업들의 행태였다. 각성할 일이다.

게이츠의 말처럼 인류는 바이러스의 도전과 응전을 거치며 발전을 지속할 것이다. 이번에 그랬듯, 앞으로도 그러할 것이다. 앞으로 인류의 풍요로움은 바이러스에 대한 예방과 치료가 전제되지 않고는 보장이 불가능할 것이다. 보건과 경제가 함께 가야 한다는 로머의 이야기가 더욱 의미 있게 다가오는 이유다.

Milton Friedman

밀턴 프리드먼의 헬리콥터 머니

인플레이션은 어디서 시작되었나

1930년대 대공황 이후 힘을 얻게 된 케인즈 학파에 맞서는 20세기 자유주의 경제학의 대가다. 자유방임주의와 시장제도를 통한 자유로운 경제활동을 주장했으며 1976년 노벨 경제학상을 받았다. 경기를 부양하거나 안정시키기 위해 정부가 임금이나 물가를 조절하는 재정 정책을 실시해도, 그 효과가 나타날 때까지 장기간의 시차가 있으며 제대로 작동하지 않는다고 비판했다. 대신 지속적으로 통화량을 늘리는 통화 정책을 강조했다. 1962년 아내 로즈 프리드먼과 함께 쓴 책 『자본주의와 자유』에서 당시의 사회복지제도가 개인주의의 전통적인 가치에 반한다고 비판하면서 이를 부의 소득세(한 개인의 소득이 최저생계비나 소득공제액에 미치지 못하면 최저생계비와 실제 소득 간의 차액을 정부가 보조하는 세제, 우리나라의 근로소득장려세제도 같은 취지)로 대체할 것을 주장했다.

인플레이션과 금리 조정의 역사

2022년 미국의 소비자물가지수(CPI)는 1981년 이후 41년 만에 최고로 폭등했다. 인플레이션이 심화하면 근로소득으로 먹고 사는 일반 국민은 똑같이 일을 해도 버는 돈은 줄어드는 현상이 생긴다. 소비자의 구매력은 떨어지고 국민들의 삶은 피폐해진다.

인플레이션은 경제적 현상이지만, 정치적 파급력도 만만찮다. 카자흐스탄에서는 반(反)정부 시위가 전개됐는데, 기폭제는 연료 가격 급등이었다. 조 바이든(Joe Biden) 미국 대통령의 지지율이 40% 이하로 주저앉은 근본 원인으로 미국 언론들은 '물가 대응 실패'를 꼽는다. 이처럼 정권의 운명까지 바꿔놓을 만큼 파급력이 커 각국의 중앙은행은 인플레이션을 억제하기 위해 총력을 기울인다. 미국 연준(연방준비제도이사회, Fed)의 존재 이유도 단 한 가지다. 미국 경제가 '물가 안정'과 '최대 고용'을 유지해 세계 1위 자리를 지켜나가는 것이다. 인플레이션 우려가 커지면 중앙은행은 금리를 올려 유동성을 줄여나간다.

연준이 '인플레 파이터'의 모습을 확실히 보여준 건 1970년대다. 당시 미국은 베트남전에 참전하며 무분별하게 달러를 찍어냈다. 이때만 해도 국제 통화시장은 달러를 기축통화로 활용하는 것과 동시에 금 1온스의 가치를 35달러에 고정시키는 금본위제도의 특성을 동시에 갖고 있었다. 그런데 미국이 전쟁을 명목으로 달러를 무분별하게 찍어내면서 달러 가치가 하락하자 달러를 갖고 있던 많은 나라가 금으로의 교환을 요구했고, 당시 리처드 닉슨(Richard Nixon) 미국 대통령은 긴급성명을 통해 달러와 금의 교환을 중지시켰다(1971년 8월 닉슨 쇼크). 달러를 금으로 회수하지 못하게 되면서 전 세계는 유가 급등 등 인플레이션 위협에 놓이게 됐다.

급격한 인플레이션이 일어난 지금과 아베노믹스가 세상을 휩쓸던 6년 전의 상황은 하늘과 땅 차이다. 2016년 당시 세계를 둘러보아도 경제가 제대로 된 나라가 안 보였다. 유럽, 미국, 중국, 일본 모두가 물가가 낮은 상황(혹은 물가가 하락하는 디플레이션)에서 넘치는 빚에 허덕이고 있었다. 화폐는 신뢰를 바탕으로 만들어진다. 정부가 신뢰에 금이 가는 정책들을 계속 실시하는 상황에서 '화폐의 신뢰성'에 의문이 드는 것은 당연하다. 모든 게 화폐 현상이라고 강조한 통화주의 경제학자 밀턴 프리드먼이 떠오른다.

그가 쓴 『화폐경제학』 중에서 한 이야기를 살펴보자. 캐롤라인 군도에 있는 한 섬의 원주민들은 석회석으로 만든 거대한 돌을 화폐로 사용했다. 섬에는 가장 큰 돌화폐를 가진 부자가 있었다. 아무도 그가 가진 돌화폐를 본 적은 없었다. 몇 세대 전 그 큰 돌화폐를 옮기다 바다에 빠트렸기 때문이었다. 우연히 그 사실을 마을 사람들이 알게 되었다. 이후 어떻게 되었을까? 마을 사람들은 돌화폐가 바닷속에 있을지언정 그것은 그 부자의 것이라고 믿고 인정했다. 여기서 중요한 것은 화폐에 대한 사람들의 믿음이다. 화폐는 신뢰를 바탕으로 만들어지고, 신뢰가 유지되어야 화폐로서 존재할 수 있다는 것이 프리드먼이 이 이야기를 통해 전하고 있는 메시지다.

프리드먼은 중앙은행의 신뢰성을 유지하기 위해 K% 준칙을 주장했다. 경제의 흐름과 상관없이 매년 통화량 증가율을 K%로 일정하게 유지해야 사람들의 믿음이 생긴다는 것이다. 요즘처럼 현금을 많이 지니지 않고 화폐 유통 속도(돈이 거래를 위해 도는 속도)가 불안정한 상황에서 프리드먼의 이 준칙은 고수하기 어렵게 되었다. 프리드먼은 화폐 유통 속도가 안정된 세상을 가정한 것이다. 프리드먼이 K% 통화 준칙을 제기한 당시와 세상이 많이 달라져 중앙은행은 이제 통화량보다는 기준금리로 통화정책의 목표를 설정한다. 그도 그럴 것이 금융 위기 이후 일본과 유럽 일부 국가는 기준금리가 마이너스 금리로 떨어지기도 했다.

그런데 프리드먼에게도 예외는 있었다. 바로 헬리콥터 머니다. 이는 경기부양을 위해 중앙은행이 헬리콥터에서 돈을 뿌리듯 새로 돈을 찍어내 시중에 공급하는 비전통적인 통화정책을 말한다. 헬리콥터를 타고 돈을 뿌리자는 벤 버냉키(Ben S. Bernanke) 전 연준 의장의 아이디어도 프리드먼의 영향을 받은 것이다. 버냉키는 프리드먼의 제자였다. 기준금리가 제로이거나 마이너스가 된 후에도 경제가 잘 작동하지 않을 경우 어떤 조치가 가능할까에 대해서 많은 이야기가 오갔다. 이런 상황에서 프리드먼의 주장은 일면 설득력을 갖는다.

영국의 노동당 대표 제러미 코빈(Jeremy B. Corbyn)도 프리드먼의 이 이야기에 솔깃해 '인민을 위한 양적완화(People's Quantitative Easing) 정책'을 주장했다. 중앙은행이 도로 같은 인프라나 서민 임대주택에 투자하는 기금을 만들면 고용, 경제성장과 물가 인상을 견인할 수 있다는 생각에서였다. 그런데 이것은 사실상 쉬운 일이 아니다. 각 나라의 정부와 중앙은행이 헬리콥터 머니에 대해 합의해야 하는데, 이 둘이 경제를 바라보는 눈이 다를 수 있기 때문이다. 금융 위기 이후 2017년 미국이 금리를 올리기까지 세계경제가 침체되어 있어 수요를 견인할 주체가 많지 않았다. 따라서 자산가치를 올리면 간접적으로 수요가 창출될 걸로 믿는 버냉키의 견해보다, 직접적인 효과를 노리는 더 파격적인 프리드먼의 헬리콥터 머니에 사람들의 관심이 쏠릴 수밖에 없었다. 경제를 살리기 위해서는 대규모 소비가 필요하고, 이자율 인하가 제대로 말을 듣지 않는 상황이라면 더욱 그렇지 않았을까.

당시 세계경제를 다시 들여다본다. 유럽과 일본의 중앙은행은 오랜 기간 디플레이션 우려와 싸워왔다. 물가가 하락하는 디플레이션 현상이 소비 수요를 더욱 옥죄었다. 소비자가 지갑을 닫으면 큰일이 발생한다. 왜 상당수 나라의 가계 지출이 한계에 이르렀나? 많은 이들이 빚에 찌든 상황을 주목한다. 2008년 금융 위기 이후 정책수단이 제한된 상황에서 이상한 현상들이 경제에 발생해 우리를 놀라게 했었다. 불확실성이 만연한 '뉴노멀(New-normal, 시대의 변화에 따라 나타나는 세계경제의 새로운 질서)'이 회자되었고 인플레이션은 죽었다고까지 했다.

실업률이 역사상 가장 낮은 시기에는 임금이 상승해도 인플레이션이 발생하지 않아 물가상승률과 실업률과의 관계를 나타내는 필립스 곡선(Phillips Curve)이 누워버렸다는 표현도 나왔다. 《블룸버그 비즈니스위크》는 "자본주의가 인플레이션을 죽였나?"라는 표현을 사용했다. 당시 사람들은 대기업이 투자는 하지 않고 돈을 어딘가에 쌓아만 놓고 있다고 투덜댔다. 기업은 세계경제가 여러 요인으로 위축되고 경기가 불확실하다고 판단한 것이다. 기업의 위축된 심리에 활기를 불어넣고 수출과 투자를 증진할 필요성이 대두되었다.

당시 일본에서는 현재는 고인이 된 아베 총리가 특단의 조치를 내렸다. 이른바 아베노믹스로 불리는 이 정책의 핵심은 엔화 가치를 떨어뜨려 기업의 수출 경쟁력을 높이겠다는 것이다. 아베노믹스 실시 후에도 일본의 기업들은 벌어들인 돈을 생각만큼 투자하지 않았다. 리먼브라더스 사태 이후 세계적인 경기 반등은 약화되었다. 미국, 일본, 유럽에서 취한 대규모 양적완화 조치는 경제를 살리는 데 기여했지만 전반적 소득은 살아나지 못했다. 각국 정부는 일반적으로 수요 진작의 책임을 중앙은행에게로 돌렸다. 각국의 조치에 따른 경쟁력과 생산성 제고에 필요한 수급 상황의 개선은 눈에 띄지 않았다.

미국은 어떻게 그 많은 돈을 풀고 흡수할까?

세계는 항상 연준 의장의 입을 쳐다본다. 각 나라 통화의 미래를 두고 많은 이가 다양한 추측을 하는 가운데 달러 가치의 향방이 늘 열쇠를 쥐고 있어서다. 달러라는 화폐는 하나의 상품으로 세계를 떠돌면서 그 가치의 향방을 신경 쓰게 만드는 요물이다. 연준은 국채를 담보로 달러라는 상품을 빌려주고, 미국 정부는 그 대가로 연준에서 정한 이자를 지불한다. 사실 미국 국채는 미국 국민의 담세능력을 담보로 발행된 것이다. 결국 달러는 미국 국민의 채무이고, 달러가 발행될 때마다 미국 국민은 연준에 이자를 지불할 의무를 지게 된다.

미 달러화의 신뢰성을 의심하는 것은 미국 정부가 진 많은 부채를 미국 국민이 갚을 능력이 있는지 의심하는 것과 같다. 많은 나라가 채무에 찌들어 고통받는 상황이기 때문에 국민들이 국채 투자자로서 자국 정부나 중앙은행의 신뢰성을 의심할 수 있다. 내가 들고 있는 국채가 상환 가능한 것인지 생각해보는 것은 투자자로서 당연한 것이다.

금리가 제로인 상황에서 울며 겨자 먹기로 실시한 양적완화 정책이 선진국에서 유행병처럼 번졌지만, 경제성장에 대한 실효성과 부(富)의 분배에 대한 공정성에 의문을 표시하는 이들도 많다. 양적완화로 경제가 성장해서 부채를 갚을 능력이 증가하고 부채가 줄어들어야 하는데 각 나라의 실상은 그렇지 못했다. 미국이 코로나19 이후 엄청나게 풀었던 돈을 예상보다 빨리 거둬들이는 상황이 이어졌다. 리먼 브라더스 사태로 대표되는 글로벌 금융 위기 이후 코로나19 사태가 터지면서 약 13년 동안 양적완화가 계속됐다.

2022년 연준의 대차대조표를 보니 기가 막히다. 코로나가 터지기 전에 보유 자산이 4조 달러였는데, 그 두 배를 훨씬 넘었다. 얼마나 많은 채권을 사들이고, 그만큼 시중에 돈을 풀었다는 것인가? 글로벌 금융위기 시에 풀었던 돈을 2017년 10월부터 서서히 거둬들이기 시작했지만, 이후 코로나19 사태가 터졌다. 자본주의 역사상 이렇게 많은 돈이 풀린 적은 한 번도 없었다. 코로나19는 많은 나라의 경제 활동을 방해했고 금융시장의 중대한 변동을 초래했다. 13년 동안이나 계속된 양적완화의 시대에 한국을 포함해 전 세계의 주식과 부동산 가격이 계속 올랐다. 누군가는 조정받는 주가를 보고 자산 인플레이션의 역사는 끝나가고 있다고 주장한다. 2022년은 미국의 입장에서 금리를 대폭 올려 풀린 돈을 거둬들이고 중앙은행의 자산을 매각한다는 점에서 중요하다. 이 모든 것은 인플레이션이 예상보다 심각해졌기 때문이다.

최대의 경제 화두가 '인플레이션'과 '금리 인상'인 현재, 앞으로의 경제 상황을 알기 위해 과거의 역사를 되짚어볼 필요가 있다. 어떻게 인플레이션과 디플레이션은 번갈아가며 계속 나타났을까?

1979~1982년: '인플레 파이터'의 등장

1970년대 후반, 급격한 인플레이션이 미국을 덮쳤다. 당시 미국은 평균 14.5%에 이르는 등 두 자릿수 물가상승률이 고착화됐다. 베트남 전쟁 패배의 후유증도 컸지만, 연준 스스로 인플레이션보다는 성장에 신경을 쓰면서 금리를 인하한 영향도 있었다. 1979년 연준 의장에 취임한 폴 볼커(Paul Adolph Volcker)는 이 같은 '하이퍼 인플레이션'과의 전쟁을 선포했다. 그는 1979년 7월 청문회에서 "우리가 보는 대로 모든 수단을 다해야 할 것"이라며 "인플레이션과 싸우는 것을 최우선 과제로 삼겠다"고 다짐했다. 그리고 그해 10월 6일 볼커는 지금의 기준금리 격이었던 연방기금 금리를 15.5%로 하루 새 4%p 인상했다. 이를 당시 언론은 '토요일 밤의 학살'이라 불렀다. 볼커는 이듬해에는 금리를 20%까지 끌어올렸다. 금리가 급격히 뛰면서 경기는 곤두박질쳤다. 기업들은 고금리에 죽겠다고 아우성쳤고, 빚더미에 올라앉은 농민들은 워싱턴 D.C. 연준 이사회 건물로 몰려와 시위를 하기도 했다.

인플레이션도 잡아야 했지만, 급격한 금리 인상은 정부를 난감하게 만들었다. 금리가 치솟으면서 경기가 악화되자 지지율이 하락했기 때문이다. 결국 지미 카터(Jimmy Carter) 대통령은 1981년 치러진 대선에서 재선에 실패했다. 이 때문에 볼커의 초고금리 정책은 '볼커 쿠데타'라고도 불린다. 2019년 12월 8일 볼커의 별세 소식에 카터 전 대통령은 성명을 통해 "볼커는 키가 큰 것만큼이나 고집이 셌다"며 "연준 의장으로서 그의 정책은 비록 정치적으로 값비싼 대가를 요구하는 것이었지만 올바른 일이었다"고 평가하기도 했다.

1981년 취임한 로널드 레이건 대통령도 볼커의 고금리 정책에 반대했지만, 볼커는 고금리 정책을 더욱 독하게 추진했고 금리를 21.5%까지 끌어올렸다. 볼커가 연준 의장에 취임할 당시 연간 두 자릿수가 넘었던 미국의 물가상승률은 결국 1983년께 4% 밑으로 떨어졌다. 하지만 볼커의 초고금리 정책으로 카터 정부 외에 중남미 금융시장도 큰 대가를 치렀다. 저금리를 이용해 단기 채무를 들여왔던 중남미 국가들이 금리가 오르고 경기가 침체되자 어려움에 처한 것이다. 물가를 끌어내리고자 했던 의도는 기대하지 않았던 결과를 낳은 것이다.

1988~1990년: 블랙 먼데이와 자산 버블

이후 미국 경제에 인플레이션 그림자가 드리운 건 1980년대 후반이다. 1987년 10월 19일 미국의 다우존스지수가 하루 새 22.5% 폭락한 이른바 '블랙 먼데이'가 터지면서 금융시장이 패닉에 빠지자, 연준 의장에 취임한 지 불과 두 달가량 된 앨런 그린스펀(Alan Greenspan)이 대규모 유동성 공급을 했기 때문이다. 블랙 먼데이 직후 연준은 3개월물 국채 금리를 하루 만에 1.75%p 떨어뜨릴 만큼 대규모의 자금을 방출했다.

연준의 기민한 움직임 덕에 전 세계로 확산하던 주가 급락은 진정세를 보였다. 이후에도 그린스펀은 금융시장 안정을 위해 세 번의 금리 인하를 단행, 연방기금 금리를 7.25%에서 6.5%까지 끌어내렸다. 하지만 이게 인플레이션과 자산 버블이 되어 돌아왔다.

그린스펀은 1988년 6.5% 선이던 금리를 1989년 3월 9% 초반대로 인상했다. 이듬해 8월 걸프전이 시작되면서 경기가 침체에 빠졌지만, 그린스펀은 금리 인상을 밀어붙여 인플레이션을 잡는 데 성공했다. 하지만 이 과정에서 미국의 지역 금융기관인 저축대부조합들이 대거 자금경색 위기에 몰렸다. 미국 정부는 긴급 원조에 나섰고, 1988년부터 1991년까지 전국적으로 869개의 저축대부조합이 정부의 자금 지원을 받았다.

그린스펀은 1990년대 중반에도 인플레이션 방어를 위해 금리 인상을 단행했다. 저축대부조합 사태가 금융정책 완화로 진정된 뒤 또 다시 인플레이션 우려가 고개를 들 때였다. 당시 3% 선이던 금리는 0.5%p씩 세 번, 0.75%p 한 번을 포함해 14개월 동안 일곱 차례 기습 인상해 6%까지 뛰었다.

이 충격으로 채권 가격은 폭락했고, 투자은행 골드만삭스가 큰 손실을 입고 외부에 도움을 받아야 했다. 이때의 충격은 '채권시장 대학살(Bond Market Bloodbath)'로 불린다. 중남미를 포함한 신흥국도 또 한 번 직격탄을 맞았다. 중남미 국가의 주가는 저금리 기간 유입된 미국 자금 덕에 폭등했지만, 금리 인상 후 자금이 썰물처럼 빠져나가 반토막이 났다.

2008~2018년:
제로금리 시대 도래

2000년대 들어서는 닷컴(IT)버블 사태를 막기 위한 금리 인하로 또 한 차례 인플레이션이 찾아왔다. 연준은 2004년 들어 금리 인상 신호를 보냈고, 그해 6월부터 금리를 올리기 시작했다. 상승세는 완만했다. 2년간 17차례에 걸쳐 한 번에 0.25%p씩 올렸다. 세계경제가 호황이던 때라 직접적인 여파는 크지 않았다. 문제는 그 이후에 벌어졌다. 빌 클린턴 정부(1993~2001년)가 펼친 저금리에 기반한 무주택자의 내 집 마련 정책이 화근이었다. 집값의 대부분을 대출로 빌려줬는데, 2006년부터 집값 거품이 꺼지고 금리가 오르면서 이른바 서브프라임 모기지 사태가 터졌다. 이는 2008년 글로벌 금융 위기로 이어졌다.

2006년까지 연준 의장을 지냈던 그린스펀은 1990년대 경제 붐 중심에 서면서 '마에스트로'라는 별명을 얻었지만, 저금리 기조를 유지하면서 글로벌 금융 위기의 단초를 제공했다는 비판도 받는다. 2006년 연준 의장에 취임한 버냉키는 충격 완화를 위해 금리 인하와 동시에 강력한 양적완화로 돈을 풀기 시작했다. 버냉키는 금융 위기 당시 5.25% 선이던 금리를 10여 차례에 걸쳐 제로금리(0.0~0.25%)로 낮췄다. 버냉키는 2조 달러가 넘는 돈을 뿌려 금융 위기의 수렁에서 글로벌 경제를 건져낼 수 있었다. '헬리콥터 벤'이라는 별명도 더욱 공고해졌다.

금융 위기 이후 사실상 제로금리를 유지하던 미국이 금리 인상을 시작한 건 2015년부터다. 그해 12월 9년여 만에 금리를 0.25%p 오른 0.5~0.75%로 인상했다. 당시 재닛 옐런(Janet Yellen) 연준 의장은 "금리 정책 정상화의 개시를 너무 오래 미룰 경우 추후 인플레이션을 막기 위해 상대적으로 급작스럽게 긴축정책을 취해야 하는 상황에 빠지게 된다"며 선제적 금리 인상론을 폈다. 본격적으로 금리를 인상한 건 2018년 2월 제롬 파월(Jerome Powell) 현 연준 의장이 취임한 이후부터다. 파월은 네 차례에 걸쳐 금리를 2.25%까지 인상했다.

파월은 그해 10월 "기준금리가 여전히 중립금리와 멀리 떨어져 있다"며 금리 인상을 계속하겠다는 의사를 밝혔다. 이 때문에 미국 주식시장은 급락장이 연출되기도 했다. 연준의 금리 인상으로 경제 성장세가 둔화될 수 있다는 우려가 시장 불안을 야기한 것이다. 트럼프 대통령이 이를 반길 리 없었다. 시장의 반응도 싸늘했다. 결국 파월은 자신의 말을 뒤집고 2018년 금리 인상에 종지부를 찍었다. 2018년 12월 한 차례 추가 인상을 한 뒤 미국의 금리는 2~2.5%에서 멈췄다.

2022년:
다시 찾아온 인플레이션, 공짜 점심은 없다

현재 파월은 볼커와 마찬가지로 유례가 없는 인플레이션에 직면해 있다. 코로나19 영향이다. 2021년까지만 해도 파월은 인플레이션 우려를 우려로 치부했지만 2022년에 들어서며 인플레이션에 따른 금리 인상에 단호한 모습을 보인다. 인플레이션을 막기 위한 미국의 금리 인상 시계가 예상보다 빨라지고 있는 만큼 금융시장과 신흥국은 또다시 충격을 받을 수 있다. 미국 주식시장이 급락을 거듭했고, 암호화폐 시장의 변동성도 커졌다. 볼커 시대까지는 아니겠지만, 연준의 대응이 우리의 예상보다 훨씬 강력할 수 있다는 것을 시장은 인지했다. 과거에도 경험했듯이 미국이 금리 인상을 시작하면 한국을 비롯해 신흥국은 타격을 받을 가능성이 상당하다.

우리나라는 정부와 가계부채가 급증한 상황이어서 미국의 빠른 금리 인상이 악영향을 미치기 쉽다. 이쯤에서 프리드먼의 명언을 상기해보자. 그는 "공짜 점심은 없다(There is no such thing as a free lunch)"라고 말했다. 세상의 이치를 잘 표현한 말이다. 양적완화, 헬리콥터 머니, 금리 인상에도 반드시 대가가 따를 것이다. 세계경제의 향방을 한 치 앞도 내다볼 수 없는 상황이지만 그럼에도 불구하고 우리는 뚜벅뚜벅 걸음을 내딛어야 한다. 모든 게 서로 연결되어 있기에 억울해도 누구를 원망할 수 없는 상황에서 우리에게 세찬 바람이 몰아치고 있다.

풍요로움은 적정한 인플레이션과 상관관계가 높다. 높은 인플레이션도 디플레이션도 세상을 어둡게 만드는 요인이다. 2008년 글로벌 금융 위기 이후 디플레이션에 시달려온 세계경제는 인플레이션 시대로 전환했다. 인플레이션 환경은 저금리 기조의 종언이다. 좋은 자산 배분으로 변동성에 맞서고, 단기가 아니라 중장기 수익을 추구해 보는 편이 인플레이션 시대에 살아남는 방법이 될 수 있다.

Peter Arthur Diamond

피터 다이아몬드의 탐색 마찰 이론

경기가 완벽하게 좋으면 실업률이 0%가 될까

예일 대학 수학과를 졸업하고 MIT에서 경제학 박사학위를 받았다. 노동시장과 연금제도, 사회보장 정책을 집중 연구했다. MIT 교수로 재직 중이며 노동 분야에서 미국 내 최고 석학으로 손꼽힌다. 경제정책이 실업에 미치는 영향을 주제로 한 노동시장 연구로 많은 성과를 인정받았다. 2010년 데일 모텐슨(Dale Mortensen), 크리스토퍼 피사리데스(Christopher Pissarides) 교수와 노벨 경제학상을 공동 수상했다. 1986년에 계량경제학회 회장, 2003년 미국경제협회 회장을 역임했고, 미국 주요 경제, 사회, 학회 단체의 중요 멤버로 활동하면서 학계와 정계에서 지명도가 높다.

일자리 미스매치는 왜 발생할까?

경기가 완벽하게 좋을 때는 실업률이 0%일까? 경기가 나쁠 때는 빈 일자리가 금방금방 채워질까? 그렇지 않다. 실업에는 세계경제가 침체되어 일자리를 찾기 어려워서 생기는 경기적 실업이 있는가 하면, 산업구조의 변화로 채산성이 떨어져 설비를 다른 나라로 옮기면서 기존의 직원들이 직장을 잃게 되는 구조적 실업, 농한기에는 일손이 필요 없어져 발생하는 계절적 실업도 있다.

2010년 노벨 경제학상을 받은 피터 다이아몬드는 그중에서도 구직과 구인이 지속되는 가운데 노동자와 고용자 사이에 이런저런 조건이 맞지 않아 생겨나는 자발적 실업에 주목했다. 국제노동기구(ILO, International Labour Organization) 보고서는 기업이 일자리 공석이 늘어나는데도 불구하고 적합한 노동력을 찾지 못해 사람을 뽑지 않으면서 실업률이 엄청나게 치솟고 있다고 경고한다. 이런 현상을 어떻게 바라보아야 할까? 상품시장에서 수요와 공급은 가격에 따라 비교적 신축적으로 균형을 찾아 나간다. 하지만 노동시장에서 자신이 원하는 직장을 언제나 찾을 수 있고, 기업이 원하는 사람을 언제든지 고용할 수 있는 경우는 드물다. 그래서 실업자는 늘 존재한다. 왜 그럴까?

인륜지대사인 결혼 문제를 생각해 보자. 결혼이 선택인 시대가 되었지만 여전히 결혼을 하고 싶어 하는 사람들은 존재한다. 젊은 남녀는 짝을 찾기 위한 탐색 과정을 반복하며 서로 맞지 않아 헤어지는 여러 번의 시행착오를 겪는다. 그사이 금전적, 시간적인 손실도 본다. 이런 탐색 비용은 당사자는 물론이고 부모에게도 큰 부담이다. 결혼에 성공하지 못한 사람들은 쓰린 마음으로 비용까지 써가면서 탐색을 계속해야 한다. 이들은 매칭의 어려움에 직면한 사람들이다. 어떤 사람들은 결혼정보회사를 통해서 짝을 찾기도 하는데, 비용이 만만치 않다. 서로의 이상적인 조건을 반영해 탐색 비용을 줄이고 가급적 짝을 빨리 찾아주는 것이 결혼정보회사의 1차적 목표다.

결혼이라는 공통의 목적을 가진 남녀가 스스로 이를 성취하기 어렵다면 결혼정보회사 같은 누군가의 도움을 받아야 한다. 이런 논리는 고용시장에서도 흔히 볼 수 있다. 한쪽은 구인난을, 다른 쪽은 구직난을 겪는 경우가 생긴다. 중소기업들은 일손이 부족하다며 아우성인데, 청년실업은 계속된다. 많은 기업이 고용 과정에서 매칭 문제에 직면한다. 기업은 더 나은 인재를, 근로자는 더 나은 직장을 끊임없이 탐색한다. 어떤 사람이 일자리를 구하고 있다고 해도 자신을 고용해 줄 기업이 어디 있는지 모르면 정보의 비대칭성이 생긴다. 구직 활동을 위한 거래비용도 발생하기 때문에 구인과 구직의 과정이 매끄럽지 않다. 구인과 구직의 수요와 공급이 충분해도 고용으로 연결되지 않고 실업이 생기는 경우, 그래서 '탐색 과정'에 정책의 초점을 둬야 실업 문제를 해결할 수 있는 것이다.

피터 다이아몬드, 데일 모텐슨, 크리스토퍼 피사리데스는 눈높이가 다름에서 발생하는 엇박자를 '탐색마찰'로 설명했다. 그들의 탐색마찰 이론(Search Friction Theory)에 의하면 노동의 수요와 공급이 만나는 지점에서 일자리가 생겨나지 않는다. 그들은 정보의 비대칭성, 구직 활동의 거래비용 때문에 일자리 미스매치가 발생해 시간과 자원이 낭비될 때, 그에 따른 탐색 비용을 줄여나가는 것이 인적 자원 배분의 효율성을 증진하고 국가경제를 위하는 길임에 동의한다. 세 학자는 1970년대 초부터 탐색마찰 이론을 활용한 실업문제 연구를 활발히 진행했다. 그 결과 1970~1980년대에 많은 연구결과를 내놓았다. 2010년 노동시장에 대한 선구적 분석의 공헌을 인정받아 이들은 마침내 노벨 경제학상을 공동으로 수상했다.

시장에 일자리에 대한 정보가 불충분하고 구직과 구인 비용이 증가할수록 노동자와 기업이 자신에게 가장 유리한 직장과 인력을 찾는 기간이 길어지는데, 이렇게 발생하는 실업을 마찰적 실업이라고 한다. 마찰적 실업을 없애는 것은 불가능하지만 구직자와 구인자 사이의 정보 교환이 원활하도록 돕고 눈높이를 조절해 나간다면 이로 인한 실업률을 상당 부분 줄일 수 있다. 그래서 기업과 정부가 더 많은 돈과 시간을 들이는 것이 불가피하다. 기업은 구인 광고나 인재 채용 과정에 많은 자원을 투입하고 전문가를 채용해 인재를 영입하고, 정부는 취업자 재교육을 통해 기업에 맞는 일꾼을 키우고 고용센터를 운영하면서 구직자와 구인자를 적절히 연결시키는 등의 노력이 필요하다.

구직자와 구인자 사이에도 궁합은 있다

다이아몬드의 노동시장에 대한 연구는 '효율성을 추구하는 시장경제도 현실에서는 자원배분이 항상 효율적이지 않다'는 자원배분의 비효율성에 기반을 두고 있다. 상품을 살 때도 이런저런 거래비용이 든다. 소위 '발품을 판다'고 한다. 하물며 노동시장과 주택시장은 탐색 비용이 많이 드는 대표적인 시장이다. 노동시장에서 임금은 수요와 공급을 원활하게 하는 유일 요소가 아니다. 일자리를 옮기는 사람들이 늘 있고, 일하면서도 새로운 일자리를 찾아나서는 사람이 있기 마련이다. 사람은 자신이 몸담고 있는 회사가 괜찮은가에 대한 고민에 종종 빠지게 된다. 안정적인 균형 실업과 일정한 빈 일자리 수, 임금의 차이가 발생하는 것이 노동시장의 진짜 모습이다. 어떤 구직자는 임금 이외에도 입사하고자 하는 기업의 평판이나 직원에 대한 복지 후생에 관심을 기울이기도 한다.

피터 다이아몬드는 상품시장과 노동시장에서 이처럼 '서로 다른 향기'를 실감했다. 임금 인상만으로 실업을 해소할 수 있다고 보는 것은 그래서 오산이다. 서로 맞지 않는 커플은 오래가지 못한다. 연애 과정에 많은 노력과 시간을 들여도 서로 눈높이가 맞지 않으면 백만 송이 장미는 휴지통으로 간다. 구직을 단념한 사람이나 실업자들이 구직에 투자한 본전을 생각하는 것은 당연하다. 아직 젊은 청춘들은 그래서 아무 일자리나 우선 선택하고 보는 대신 자신에게 적합한 일자리가 나올 때까지 기다리는 '직업 탐색'을 하게 된다. 시간과 돈을 과감히 투자하거나 시험을 준비하면서 체계적으로 준비하기도 한다.

탐색마찰 이론을 좀 더 생동감 있게 살펴보자. 결혼처럼 구직자와 구인자는 각각 일자리 궁합을 살핀다. 기업과 구직자는 계약서에 바로 사인하지 않는다. 더 효율적인 인력, 더 좋은 임금 조건을 두고 시간과 자원을 투입하는 탐색전을 지속적으로 펼친다. 이 과정에서 구직자는 일자리를 제안받기도 하는데, 이 제안은 받아들여지거나 거절될 수 있다. 어느 순간 이 탐색전은 최적의 순간에서 중지되고 양측이 매칭되기에 이른다. 탐색 기간이 길수록 구직자의 직 · 간접적인 비용은 증가한다. 더 좋은 직장을 찾기 위해서 쓴 비용과 들어갈 수 있는 회사에 입사를 포기하면서 발생한 기회비용이 실업 상태가 지속되면 아까운 생각이 든다. 구직 기간이 늘어나면 마음이 초조해지고 결국 비용도 더 이상 감당하지 못해 임금에 대한 기대 수준을 낮출 가능성도 높다. 나이가 차면 결혼 시장에서 눈높이가 낮아지는 현상과 비슷한 것이다.

기업도 사람을 찾는 기간이 길어질수록 필요한 자리를 공석으로 두는 비용이 증가하게 되므로 임금 인상 제안을 받아들일 가능성이 커진다. 결국 양쪽의 요구가 서로 부합할 때 적당한 임금 수준과 실업 기간의 포기가 결정되는 셈이다. 실질 임금 수준, 기대 임금, 실업의 가치, 직장 탐색 비용 등이 상호작용하는 과정에서 일자리의 창출과 소멸이 끊임없이 이루어지고 있다. 노동인구가 유입되고 빠져나가는 일종의 흐름은 지속적으로 형성된다. 결국 이런 경우를 탐색마찰 이론에 비추어 보면 실업의 원인은 일차적으로 구직자와 구인자가 감내하는 비용의 불일치이고, 취업은 그 조정과정의 결과라고 하겠다.

일자리가 있는데도 실업률은 증가한다고?

마찰적 실업은 그래서 어느 정도 불가피하다. 궁합이 더 맞는 짝을 찾아가는 과정이기 때문이다. 다이아몬드는 어느 정도의 실업은 경제에 긍정적인 효과를 가져온다고 믿는다. 실업이 존재하면 기업은 빈 일자리를 더 쉽게 채울 수 있고, 구직자도 빈 일자리가 많을수록 취업하기 쉬워지기 때문이다. 그렇다면 마찰적 실업은 언제 문제가 될까? 다이아몬드는 실제 기업이 채용하려는 인원 대비 실업자 수를 노동시장을 바라보는 중요 지표로 본다. 채용자 수보다 실업자 수가 역사적 평균보다 상당히 높으면 기업의 입맛에 맞는 구직자가 부족하다는 것이고, 장기 실업으로 재취업에 걸맞은 기능이나 지식을 가지지 못한 사람들이 고용시장에 넘쳐난다는 이야기다. 따라서 정부가 이를 해결하기 위해 들여야 할 비용은 더욱 증가하게 된다.

다이아몬드는 오바마 행정부에서 연방준비제도이사회(FRB) 이사로 지명됐지만 공화당의 반대로 임명이 무산되었다. 실업을 바라보는 미국 정당의 눈 때문이다. 공화당은 장기간 실업수당 혜택을 주면 실업률이 높아지고 직업 탐색 기간도 길어질 수밖에 없다고 본다. 높은 실업수당이 오히려 실업률 해결을 저해한다는 아이러니가 발생한다고 믿는 것이다. 실업수당이 오르면 국가부채도 따라서 늘어난다. 실업수당을 받는 사람은 경기가 좋아질 때까지 기다리고자 할 것이다. 하지만 당장 사람이 필요한 기업은 적합한 사람을 뽑기 위해 임금을 올리게 되고 전체 고용 비용의 상승으로 인해 상대적으로 불필요한 인력은 줄여버린다. 그 결과 실업이 더 늘어날 수도 있다. 공화당이 다이아몬드를 반대한 이유는 겉으로는 금리나 금융에 관한 경험 부족을 내세웠지만, 실제로는 다이아몬드가 재정 건전성을 무시하고 경기부양에 찬성하는 입장을 나타냈기 때문이었다.

2011년 미국 경제의 상황은 매우 좋지 않았다. 경기적 실업의 해결이 급선무인 상황에서 다이아몬드가 실업을 줄이기 위해서 완화적 통화재정정책을 펴야 한다고 주장한 것은 설득력이 있었다. 하지만 공화당은 다이아몬드가 실업수당을 줄이는 것에 찬성하지 않는다고 보았고, 이런 그의 시각을 못마땅하게 생각했다. 다이아몬드는 실업수당은 사회안전망 차원에서 바라보아야 하며, 장기적으로 실업률을 감소시키는 데 기여한다고 여겼다. 물론 단기적으로 실업수당을 받아 탐색 기간을 늘릴 가능성이 있다는 사실을 배제한 것은 아니다. 실업수당이라는 대표적인 노동시장 정책의 효과에 대해서는 이견이 많다. 그래서 미국 정부는 지금도 실업수당 수급 자격과 기간을 엄격하게 제한하고, 실업수당 금액을 조정하고, 실업수당 충당을 위한 근로소득세를 조정하는 등의 정책 변화 논의를 계속하고 있다. 실업수당은 구직자와 구인자의 일자리 탐색의 의지와 강도, 임금 교섭, 노동시장 참여 여부 결정에 큰 영향을 미치기 때문에 지속적인 연구가 필요한 것이 사실이다.

빈 일자리와 실업 간의 반비례 관계를 보여주는 그래프로 베버리지 곡선(Beveridge Curve)이 있다. 베버리지 곡선은 1958년 필립스 곡선과 같은 시기에 발표됐지만 상대적으로 주목받지 못했다. 한국은행이 미국, 일본, 독일, 스페인, 한국 등 5개국의 베버리지 곡선 추이를 분석한 결과, 한국, 미국, 스페인 3국은 글로벌 금융 위기 이후 베버리지 곡선이 우측으로 이동했고, 일본과 독일은 좌측으로 이동했다. 베버리지 곡선이 우측으로 이동했다는 것은 빈 일자리가 생겼는데도 실업률이 증가했다는 의미다. 퇴직 등으로 일자리가 생겼지만 신규 고용이 그만큼 늘지 않았거나, 고학력 대졸자들이 양질의 일자리에만 몰리는 현상이 복합적으로 영향을 줬을 가능성이 크다.

유쾌한 '유스퀘이크'를 기대하며

글로벌 금융 위기와 유럽 재정위기를 거치면서 주요국의 노동시장 미스매치 현상은 대체로 심화되는 것으로 나타났다. 학력 인플레와 기업이 찾는 인재상 간의 차이로 우리나라 청년층의 일자리 미스매치 지수는 OECD 회원국 중 매우 높은 수준이다. 베버리지 곡선을 이론적으로 발전시킨 다이아몬드는 한국의 청년실업을 바라보며 어떤 생각을 할까? 치열해진 경쟁 속에서 취업 탐색에 더 많은 시간과 비용을 투자해야 하는 게 요즈음 젊은이들의 현실이다. 다른 구직자들도 그런 구직자들과 경쟁하기 위해서 더 많은 시간과 비용을 투자하는 악순환이 '스펙 쌓기'라는 소모전으로 나타났다. 그래서 스펙을 안 보겠다는 기업도 등장했다. 사회적으로 '탈 스펙'을 강조하는 분위기 속에서 기업의 채용 전형이 오디션 프로그램을 방불케 한다.

이런 상황에서 마찰적 실업을 자연적이고 일시적인 실업으로 치부해버릴 수 없기에 다각적인 정책이 필요하다. 기존의 노동시장이 과도하게 보호되어 고용 유연성이 떨어진다면 신규 채용은 더욱 어려워진다. 채용이 되더라도 적정 보호 수준이 아닌 보호의 사각지대에 놓이기 쉽다. 연공서열 위주의 임금 구조도 기업이 새 피를 수혈하는 것을 어렵게 만든다. 청년실업이 모두 마찰적 실업에 속하는 것은 아니지만, 상당 부분을 차지하고 있다. 청년 취업난의 가장 큰 이유는 양질의 일자리가 부족한 가운데 경기침체로 기업이 채용을 꺼리기 때문이다. 여하튼 '고용 없는 성장' 문제 해결을 위한 논의가 지속되고 있는 상황에서 피터 다이아몬드가 노동시장 탐색 비용을 줄이기 위한 제도 개선방안을 강조하고 있다는 데 귀 기울일 필요가 있다.

청년의 관점을 고려하지 않고 선심성에 그친 청년 일자리 정책 실패는 청년 개개인에게 온전한 일자리를 갖지 못하게 할 뿐 아니라 국가 경제에도 심각한 악영향을 미친다. 우리나라는 청년 일자리 정책이 제대로 현장에서 작동하지 못한 대표적인 나라이다. 2010년 이후 2020년까지 최근 11년간 연평균 15~29세 청년 실업률을 비교해 본 결과를 보자. 우리의 청년 실업률이 전체 실업률의 2.4배, 비청년 실업률의 3.4배에 달해 OECD 가입국 중에서 매우 높은 편에 속한다. OECD의 청년 기준인 15~24세를 적용한 2010~2020년 청년 실업률 연평균 상승 속도는 0.76%로 이는 OECD 38개국 중 10위에 해당하며, '전체실업률 대비 청년 실업률' 평균배율은 2.8배로 5위 수준이다. 청년들이 이처럼 최악의 취업 한파를 겪고 있는 가운데 언론은 체감 실업률은 그 이상이라고 보도하기도 했다.

청년실업이 이렇게 극심한데 중소기업은 오히려 인력부족에 허덕인다. 수십만 명의 대졸 청년 구직자들이 일자리를 찾지 못한다면 성장률에도 악영향을 미칠 게 분명하다. 정부는 신성장 산업 육성을 통한 양질의 일자리 창출, 대학 정원의 합리적 조정을 통한 고학력 인력의 과잉 공급 조절, 직업훈련 시스템 확충을 통한 기업 수요에 부응하는 인력 양성, 실직자의 재취업과 창업 지원, 중장년층 구직 기회 확대를 위한 다양한 방안을 지속적으로 강구해야 한다.

마찰적 실업에 대해서는 '수요와 공급의 데이터베이스' 구축이 일자리 미스매치 해결에 도움이 될 것이다. 일자리 수요와 공급의 데이터베이스가 말 그대로 이상적으로 구축된다면, 근로자 개인은 적성에 맞는 일자리를 찾을 수 있고, 기업은 소중한 인력을 적재적소에 배치하는 데 도움을 받을 수 있다. 그렇게 되면 실업률이 감소하고 사회 전체의 경제적 효율성이 높아질 것이다. 기업 경영자는 과도한 임금 상승 자제, 연공서열형 임금 구조 타파, 정규직과 비정규직 간 임금 격차 해소에 더 많은 노력을 기울여야 한다. 구직자들도 대기업으로만 몰리지 말고 적성에 맞는다면 우수한 중소기업에서 일할 수도 있다는 자세를 가져야 한다. 물론 세계 경기도 좋아져야 함은 두말 할 것도 없다.

유스퀘이크(youthquake)란 말이 있다. 옥스퍼드 사전이 선정한 2017년 올해의 단어로, 젊음(youth)과 지진(earthquake)의 합성어이다. 2017년 영국 선거에서 젊은이의 정치적 영향력이 커졌고, 프랑스와 뉴질랜드에서는 30대 지도자가 선출되는 현상이 있었다. 높은 청년 실업, 기성세대에 대한 불신으로 변화를 갈망하는 젊은이들의 목소리가 높아지고 있는 상황에서 이러한 현상은 자연스러운 발로였다.

유스퀘이크는 사실 패션 잡지 「보그」가 1960년대에 처음 사용한 말이다. 당시엔 정치적 의미보다 문화와 가치관 측면에서 기성세대에 대한 도전의 의미가 컸다. 호황으로 완전고용과 정기급여를 받는 젊은이들 덕에 활기찬 60년대가 열린 상황에서 이 단어가 사용되었으나 지금은 전혀 다른 상황이다. 60년대보다 지금의 세상은 전반적으로 풍요로운 상황이나, 대다수의 젊은이들은 그렇게 느끼지 못하고 있는 형편이다. 세대 간 부의 편중이 갈수록 심화되고 있다. 예를 들어 1960년대 영국의 20~25세 가구의 주택비용을 차감한 중위 소득은 전체에서 60%대 소득 수준이었으나 지금은 하위 30%대 수준 이하로 급격히 하락했다. 집값 폭등 현상까지 감안한다면 청년들이 느끼는 상대적 박탈감은 말로 표현할 수 없을 정도이다.

OECD에 의하면 청년층은 고용 기간이 짧아 실업수당 요건을 충족하지 못하는 경우도 상당한 것으로 분석되고, 30세 이상보다 불이익이 크다. OECD 전체 청년의 1/3이 빈곤선 이하로 살고 있다. 일부 청년들은 공적 부조에 의하여 보조를 받고 있는 상황이지만 이는 충분하지 않다. 이탈리아의 경우만 보더라도 노인 빈곤율 감소보다 청년 빈곤율 감소가 더 어려운 상황이다. 청년을 위한 특단의 대책을 위해 청년의 참여와 제언이 제도적으로 보장되어야 할 것이다.

불확실한 환경 속에서 청년은 갈 곳을 잃고 있다. 좀 더 튼튼하고 안정된 직장을 찾는 청년의 눈높이를 탓하기에 앞서 이제는 일자리 미스매치 해소를 위해 청년이 중소기업을 외면하는 원인의 근본을 찾고 문제를 해결해 나가야 하지 않을까. 평범하게 일하고, 가정 꾸리고, 집 사는 게 꿈인데 그게 막혀 있다면 미래가 안 보이는 것과 마찬가지다. 청년에게 희망을 불어넣는 것이 미래의 풍요로움을 사는 길이다.

Simon S. Kuznets

사이먼 쿠즈네츠의 인구 혁신론

독신에게 세금을 무는 것은 정당한가

러시아 출신의 미국 경제학자다. 국민소득 이론과 국민소득 통계에 관한 실증분석으로 1971년 노벨 경제학상을 받았다. 컬럼비아 대학교에서 공부해 1926년 박사학위를 받았고, 존스홉킨스 대학교 교수를 거쳐 하버드 대학교 교수를 지냈다. 경제성장을 경험적으로 분석해 경제·사회 구조와 발전의 경과에 대한 이해를 체계화했다. 정확한 경제모형 설계의 중요성을 강조했으며, 경제모형이 인구구조, 기술, 노동의 질, 정부 구조, 무역, 시장에 대한 정보를 포함해야 한다고 주장했다. 경제의 순환적 변동이 인구와 밀접한 관련이 있음을 설명한 '쿠즈네츠 사이클'을 창시했다. 경제성장과 소득분배 간의 관계에 대한 '역(逆) U자 가설'로도 유명하다.

당신에게 독신세를 물린다면?

서른 무렵에 일과 결혼에 모두 성공하는 사람은 거의 없는 것 같다. 요즘 결혼은 확실히 필수가 아닌 선택 사항이 되었다. 그런데 자녀를 낳지 않는 미혼자에게 '독신세'를 물리겠다고 한다면 어떤 반응이 나올까? 턱도 없는 소리라고 화를 버럭 낼 것 같다. 하지만 독신세가 그렇게 허무맹랑한 소리만은 아니다. 역사에서도, 현대의 다른 국가에서도 시행한 바가 있기 때문이다. 역사적으로는 고대 그리스와 로마에서 독신세의 기원을 찾을 수 있다. 당시 일정 연령이 넘어도 결혼을 하지 않는 남자에게 국가는 선거권을 박탈하거나 독신세를 물리고, 자식이 없으면 상속권을 인정하지 않았다. 현대에서는 유럽과 미주 일부 국가에서 저출산을 막기 위해 독신세를 거둔 사례가 있다.

만약 우리나라에서 독신세를 도입한다면 어떨까? 그렇지 않아도 취업난과 높은 집값 등에 치여 연애, 결혼, 출산을 포기하는 삼포세대가 늘고 있는 상황에서 그런 제도가 도입된다면 서러운 독신자들의 반발이 거세지 않을까? 독신세와는 별도로 조세제도에서 자녀 유무나 결혼 유무에 따라 세금에 차등을 두는 국가는 흔히 찾아볼 수 있다. 대부분의 선진국에서는 자녀가 있고 없음에 따라 조세에 차이가 있다. 이에 반해 우리나라는 OECD 주요 나라와 비교할 때 독신 가구와 자녀 둘을 둔 기혼 가구 간의 조세 부담 격차가 매우 낮은 편이다. 2022년 OECD 임금 소득 과세(Taxing Wages) 보고서에 의하면 양자간 차이가 약 11%p이나 우리나라는 4%p이다.

아시아의 풍부한 생산가능인구(15~64세)는 지난 20년간 세계무역과 GDP에서 아시아가 차지하는 비중을 키운 주요 원동력이었다. 그런데 인구 감소가 아시아를 비롯한 세계경제의 미래에 충격을 가할 것이라는 전망이 심심찮게 나온다. 노동생산성을 높이면 되지 않겠냐고 반문하지만 불안감은 사라지지 않는다. 세계 인구변화에서 가장 낙관적인 시나리오를 받은 국가는 미국이다.

문득 버락 오바마(Barack Obama) 전 대통령이 2014년 말 최대 500만 명의 불법 이민자 추방을 유예하는 이민개혁안을 발표했던 것이 떠오른다. 불법 이민자 중에 젊은 층이 많기 때문에, 길게 보면 이들이 미국을 튼튼하게 하는 토대가 된다고 본 것이다. 이에 대해 공화당이 장악한 26개 주 정부는 소송을 제기했고, 이민자 문제는 입법으로 해결해야 할 과제이지 행정명령으로 풀 과제는 아니라는 의견을 내놓았다. 급기야 2016년 6월 말 미국 연방대법원이 절차상의 이유로 오바마의 이민개혁안을 무산시켜 불법 이민자 구제에 실패했다. 트럼프 전 대통령은 이민을 봉쇄하고자 했다. 이슬람권으로부터의 이민 봉쇄 정책은 오랜 심의 끝에 연방대법원에서 간신히 옹호 판결을 얻었다. 바이든 행정부의 이민정책은 다양성을 강화하는 포용적인 방향으로 전환하고 있다.

저출산과 고령화의 여파로 우리나라의 경우 생산가능인구가 크게 감소할 전망이다. 고용노동부에 따르면 생산가능인구 100명당 부양해야 하는 65세 이상 노인 인구는 2020년 21.7명에서 2030년

38.5명으로 확대될 것으로 보인다. 2030년 생산가능인구는 3343만 7000명으로, 2020년(3663만 9000명)보다 320만 2000명 줄어들 것으로 전망됐다. 경제는 인구이고, 인구는 국력이라는 주장이라는 입장에서는 큰 문제이다.

난민 유입이 경제에 미치는 영향

고개를 돌려 난민 문제로 골머리를 앓고 있는 유럽을 살펴보자. 2022년 전쟁을 피해 탈출한 우크라이나 난민의 유입으로 유럽 경제가 큰 시험대 위에 올랐다. UN 산하 국제이주기구(IOM)에 따르면 러시아의 우크라이나 침공 이후 우크라이나를 떠나 국외로 탈출한 난민 수는 900만 명에 육박했다. 2015년 중동과 북아프리카에서 난민들이 유럽에 밀려들었을 때도 그 숫자는 130만 명이었다. 물론 당시에 그들은 전혀 돌아갈 의사가 없다는 점에서 지금의 우크라이나 난민과 다르긴 했다. 대규모 난민 수용은 단기적으로 재정 부담을 초래하지만, 장기적으로는 경제발전에 긍정적 효과를 가져올 수도 있다.

2015년 당시 독일도 향후 생산가능인구가 줄어들 것을 예상해 난민에 대한 우호적인 조치를 단행했다. 당시 독일 은행 포스트방크는 난민 유입에 따라 2030년까지 수도 베를린, 포츠담, 함부르크 같은 주요 도시의 집값이 상승할 것으로 전망했다. 또한 난민이 저출산 문제를 어느 정도 완화하고, GDP의 4%가량을 차지하는 건설업 부문의 투자를 촉진시킬 것으로 예상했다. 정부 지출 증가, 최저임금제 실시에 따른 내수 호조와 함께 독일 경제성장의 동인으로 작용할 것으로 전망한 것이다. 독일의 난민 개방 정책에는 인도적 시각 외에 정치적 계산이 깔려 있었다. 2015년 사상 최대 규모인 110만 명의 시리아 중동 난민이 독일에 유입된 배경을 당시 앙겔라 메르켈 총리의 입을 통해 직접 들어보자.

> "독일이 난민들을 성공적으로 수용한다면, 오늘의 도전이 미래의 기회가 될 것으로 확신합니다. 난민 수용과 사회 통합까지 상당한 시간과 노력, 자금을 투입해야 합니다. 이를 우리가 부담해야 하고 힘든 시기를 보내야 하는 것도 사실입니다. 독일은 강한 국가입니다. 충분히 잘 대처할 것입니다."

그녀는 유럽으로 유입되는 시리아 난민이 '유럽 사회의 불안이 아닌 기회'가 될 것으로 인식했다. 저출산 고령화 문제에 대한 독일의 대책은 난민 수용이라는 것이 그녀의 일관된 신념이었다. 2060년경에는 독일 인구가 최대 20% 감소하고, 노동인구가 30% 정도 줄어들 것이라는 관측이 나오는 상황에서 가만히 있을 수 없다고 본 것이다. 물론 반대 여론도 만만치 않았다. 그 결과 2016년 3월 독일 3개 주에서 개최된 주의회 선거 결과, 메르켈 총리가 이끄는 기독민주당이 패배하고 반난민 극우 정당인 'AfD(독일을 위한 대안당)'이 약진했다. AfD는 불법 난민을 막기 위해 필요하다면 국경 관리 요원들에게 총을 쏠 수 있는 권한까지 부여해야 한다고 주장했다. AfD는 "외출 때 안전을 보장받고 싶다"고 말하는 여성을 등장시킨 광고를 내보내며 난민 범죄자 추방을 요구했다. 물론 메르켈도 모든 난민을 수용하자고 주장하는 것은 아니었다. 시리아처럼 큰 위험에 빠진 국가에 대해서만 망명을 허가하자는 것이었다.

중동과 아프리카 사람들은 생존을 위해 유럽에 정착하고 누구나 기피하는 일을 하면서 허름한 집에 살고 있다. 값싼 단순 노동에 종사하며 경제에 기여하지만 한편으로는 실업률 증가의 원인이 되기도 한다. 상당수 유럽인들은 난민이 일자리를 뺏는 것으로 인식한다. EU의 유럽경제전망 보고서는 2015년 진행되었던 역대 최대 난민 유입이 EU 경제에 미치는 효과를 분석했다. 그 결과 2017년 EU 전체의 GDP를 0.2~0.3% 증대시킨 것으로 전망했다.

인구 증가의 저주보다 무서운 '인구 감소의 재앙'

경제와 인구의 관계를 좀 더 들여다보자. 고전학파 경제학자인 토머스 맬서스(Thomas R. Malthus)의 『인구론』은 우울한 경제 이야기다. 산업혁명에 따른 인류의 비약적인 발전을 예상하지 못했던 맬서스는 인구 증가가 경제발전을 저해하는 주범이라고 봤다. 인구의 자연적인 증가는 기하급수적인데 식량 생산의 증가는 산술급수적이므로 인간의 빈곤은 자연법칙의 결과라고 말했다. 산업혁명 이후 맬서스가 예상치 못한 생산성 증가가 발생하자 경제학자들은 인구를 구매력과 생산을 이끄는 주요 요인으로 인식하게 되었다. 인구가 힘이 된 것이다.

경제적으로 어느 정도 안정된 후, 세계 인구 증가율은 실제로 썩 괜찮았다. 그러나 선진국 경제는 새로운 문제에 봉착했다. 세계 인구는 증가하는데 선진국은 저출산 고령화로 재정 부담이 커진 것이다. 의학의 발달로 사람의 평균 수명이 늘어나는 고령화 현상은 연금과 의료비용에 부담으로 작용한다. 노인 부양도 짐이다. 특히 빠른 고령화 속도에 미처 대비하지 못한 상황에서 세대 간 갈등 문제가 악화될 가능성도 농후하다. 선진국일수록 여성의 지위 향상과 함께 아이를 낳지 않는 저출산 문제가 흔하다. 혹자는 맬서스의 '인구 증가의 저주'보다 무서운 '인구 감소의 재앙'이 발생할 것으로 여기고 있다.

일본의 노인층은 한국의 노인층보다 경제적 상황이 나은데도 불구하고 오래전부터 빈곤화가 진행 중이다. 가족이나 지역 사회와의 관계가 점점 이완돼 노인들은 장래를 염세적으로 바라본다. 홀로 죽음을 맞는 고독사도 흔하지만, 범죄를 저질러 수감 생활을 한 노인의 상당수가 석방 후 5년 내에 다시 감옥으로 돌아간다. 일본의 한 연구소는 30년 후에 1000여 개의 마을에서 출산 적령기의 여성이 사라지고, 지방자치단체 중 절반이 인구 감소로 인해 2040년경 소멸할 가능성이 있다고도 예상한다.

한국은 어떤가? 한국은 초저출산율로 지구에서 가장 먼저 사라질 나라로 회자된다. 지금의 인구 추세가 지속되면 2750년 인구가 '0'이 되어 대한민국이 사라질 수도 있다고 한다. 초등학교 6학년과 1학년 학생의 숫자를 비교해 보라. 훗날 한국에 독신세가 도입되고, 국민연금 납부액이 증가하고, 은퇴 후 받을 수 있는 수령액이 감소하고, 연금을 받기 시작하는 연령도 미뤄졌다고 생각해 보자. 재정이 악화되면서 대다수 복지정책이 중단되고, 각종 인프라는 돈이 없어 노후화되고, 버려지는 지방의 집들이 늘어날 것이다. 아이 울음이 그친 쓸쓸한 살풍경이 우리 앞에 파노라마처럼 펼쳐진다면 우리에게 조국은 무슨 의미인가?

경영학의 대부 피터 드러커(Peter F. Drucker)는 인류 최대 혁명은 '인구가 줄어드는 혁명'이라고 지적했다. 일본에서 이러한 인구 혁명이 나타나 잃어버린 세월을 세어보라. 피터 드러커는 일본 사회가 인구 감소로 인해 성장하기 어려운, 극단적으로 불안정한 사회로 가고 있다고 말하면서 세계가 일본화되는 것을 경계했다. 저출산 · 고령화는 인구의 중간에 위치한 중위 연령을 끌어올린다. 아이를 낳지 않아 중위 연령이 50대로 간다고 하자. 인구의 절반을 차지하는 은퇴자와 어린이를 뺀 나머지 인구가 모든 일을 떠맡아야 한다. 일하는 사람이 줄어든다는 것은 세금 감소와 국가 재정 악화로, 구매력 감소로, 경제 · 사회의 활력 저하로 직결되고 결국 국력이 약화된다는 것을 의미한다.

노벨 경제학상을 수상한 사이먼 쿠즈네츠(Simon Kuznets)는 맬서스와 반대되는 입장에서 인구를 바라본다. 쿠즈네츠는 GDP의 개념을 도입한 인물로 유명하지만, 인구 변동이 일정한 주기로 성장률에 영향을 미친다는 '쿠즈네츠 파동'으로 더 널리 알려진 인물이다. 쿠즈네츠의 책을 읽어보면 인구 증가와 혁신을 통해 국가를 번영시키려는 '진보의 향기'가 스며 있다. 그는 현대 경제에서 인구의 증가는 경제성장을 가로막는 것이 아니라 오히려 촉진시킬 수 있다고 주장했다. 인구가 많을수록 혁신의 가능성도 커진다고 했다.

쿠즈네츠는 인구가 계속 증가하면서 1인당 생산이 적어도 30년에서 40년 이상 지속적으로 증가할 때 근대적 경제성장이 가능한 것으로 보았다. 쿠즈네츠의 주장이 성립하려면 인구가 증가하면서 동시에 1인당 GDP가 증가하고, GDP가 인구 증가 속도보다 빨리 증가하지 않으면 안 된다. 생산기술의 혁신을 불러일으키는 기술 진보가 그래서 쿠즈네츠에게는 중요하다. 그는 인구 규모가 클수록 기술 진보가 일어날 가능성이 크다고 보았다. 그 결과 1인당 GDP도 늘어나 부양할 수 있는 인구가 증가한다고 본 것이다.

누군가는 경제를 움직이는 파도가 경기의 파도가 아니라 인구의 파도라고 말한다. 이 주장에 의하면 생산가능인구가 줄어들어 하강하는 경제 엘리베이터를 생산성 증가나 통화·재정 완화 정책을 써서 어떻게든 끌어올려 보려고 애쓰는 정부의 노력이 큰 성과를 얻기 힘들어 보인다. 일본이나 유럽의 사례를 보면 내려가는 경제 엘리베이터를 쉽게 막을 수 있을 것 같지 않다. 인구 절벽 이야기가 나오는 와중에 학생들이 줄어들어 그 많던 학교가 통합되고 교사

채용 규모가 확 줄어든 우리나라를 생각해 보자. 인구가 줄어들고 학생이 줄어들면 많은 대학의 학생 수도 부족해지게 된다. 그렇다면 대학의 구조조정이 멀었다고 할 수 있을까? 그 많은 기존의 대학교수는 어떻게 하고, 또 대학교수가 되려는 새로운 피는 어떻게 수혈하나? 문명이 발전하면서 놀라운 기술 진보를 이룩했지만 오히려 삶은 인구 부족으로 불안해지고 있다.

자녀를 10명씩 낳아 키우던 가난한 시절도 있었다. 당시는 아이가 고비용의 대상이 아니라 제 밥벌이를 하는 노동 자산이었다. 먼 훗날 고독의 살벌함과 싸울 후손을 생각해 보자. 아이가 주는 행복감을 기쁘게만 받아들이지 못하는 사회를 만들고 있는 것은 어쩌면 우리 모두의 잘못이다. 비용이 많이 들어 아이 안 낳겠다는 개인의 합리성을 비난할 수는 없지만, 그로 인해 우리 사회는 분명 어둡게 변할 것이다. 자식에 대한 과잉보호와 지긋지긋한 경쟁의 아귀다툼 속에서 저출산이 숙명이 되고 있는 상황은 쿠즈네츠의 믿음과는 다르게 흘러가고 있다.

세계가 인도를 주목하는 이유

UN은 2050년 65세 이상 인구를 16%로 추정하고 있다. 15세 미만 어린이 수는 북아메리카, 북아프리카, 중동, 아시아 개발도상국에서는 증가하겠지만 다른 지역에서는 크게 감소할 것으로 내다본다. 세계적으로 향후 20년간 젊은 층 규모는 감소한다고 한다. 젊은 층이 부족해 노동력과 구매력이 함께 떨어지는 이중 악재에 세계가 직면한다니 소름이 끼친다. 세계적으로 40~65세 인구는 2050년까지 21% 증가할 전망으로, 이들이 소비시장에 미치는 영향이 절대적일 것으로 보인다. 그래서 부유한 국가의 중년층과 노년층을 공략하는 것이 바람직하다는 주장이 제기된다. 대륙별로 인구 추세의 변화는 인구 유입, 가임 여성 수, 출산율 전망에 크게 의존한다. 앞으로 젊은 이민자는 북아메리카, 싱가포르, 호주 등으로 유입될 전망이다. 가임 여성의 경우에는 북아프리카, 중동, 인도 같은 아시아 개도국에서 그 수가 증가하는 반면, 서유럽, 아시아 부국, 동유럽, 중국에서는 감소할 것으로 예측된다.

여기 세계가 주목하는 나라가 있다. 바로 인도다. 중국 경제가 둔화되기 시작하면서 세계의 이목이 인도로 집중되고 있다. 인도의 경우 경제 수준과 교육 수준 증가로 여성의 출산율이 빠르게 감소하고 있지만, 인구는 늘어날 것으로 전망된다. 늘어나는 가임 여성 수가 출산율 하락을 상쇄하여 인구가 증가할 것이라는 관측이다. 중국과 인도는 1950년대부터 인구수, 국토 면적, 개발 목표 등에서 비교돼 왔으며 인도의 인구수가 2027년께 중국을 추월할 수 있다는 전망도 제기됐다.

그래서일까? 세계 주요 기업들이 인도로 향한다. 애플의 인도 사랑은 유난하다. 애플 최고경영자인 팀 쿡(Timothy D.Cook)은 인도 시장을 애플이 성장할 수 있는 중요한 시장으로 인식한다. 그는 그 근거로 인구배당효과를 든다. 고출산 농촌경제에서 저출산 도시경제로 전환될 때 출산율 하락 초기에 생산가능인구 비율은 높아지고 부양률은 낮아져 저축률이 증가하고 높은 경제성장이 가능하다는 것이 인구배당효과의 근거다.

중국에 비해 인도에서는 젊은 계층이 차지하는 비중이 훨씬 높다. 인도는 아직 고령화 사회 초입에 진입도 하지 않았다. 게다가 인도는 수출 주도의 중국과 달리 내수 위주의 경제성장을 추구하여 대외 충격에 상대적으로 안정적이다. 앞으로 인도 내수 시장은 1991년 경제개혁 이후에 태어난 세대들이 견인해 나갈 것이다. 이들은 기성세대와 달리 높은 교육 수준을 바탕으로 소비 지향적인 생활을 추구할 것으로 보인다.

세계은행과 IMF는 「글로벌 모니터링 리포트: 인구 변화 시기의 개발 목표」 보고서에서 세계적인 노령화 추세를 경고하며 난민이나 이민 인구를 받아들일 것을 권고한다. 2050년 세계 전체 인구에서 저소득 국가의 인구가 차지하는 비율은 현재 9%에서 14%로 증가할 전망이다. 《월스트리트 저널》은 저소득 국가에서 선진국으로 이주하는 이민자 행렬이 이어질 것으로 내다보고 있다. 이민자 혹은 난민 수용이 저성장 침체기를 걷고 있는 주요 선진국에 새로운 성장 동력이 될 수 있다는 주장이다. 세계은행은 동아시아에서 상대적으로 선진화된 한국과 일본이 노동시장을 개방하고 아시아의 젊은 이민자를 받아들이라고 조언한다. 이민청을 설립하자는 주장이 있는 반면, 청년실업 문제, 외국인 노동자 범죄, 순혈주의를 내세우는 반대의 목소리도 크다.

이러한 상황에서 한 가지 생각해볼 거리가 있다. 누군가 미국과 일본의 경기부양 효과의 차이가 왜 나는지를 진지하게 물었다고 하자. 미국의 경기부양은 어느 정도 효과를 발휘했다. 그런데 왜 일본의 경기부양 정책은 효과가 미진한 것일까? 많은 원인이 있을 수 있겠지만 일본의 저명한 경제학자는 그 원인을 인구에서 찾고 있다. 그는 생산가능인구의 감소가 지속되는 한 경기부양책은 한계가 있으며, 그것이 일본 디플레이션의 진실이라고 말한다. 중국 경제의 최대 위험 요소는 60년 만에 최저치를 기록한 출생률로 중국이 '세계의 공장' 역할을 가능케 했던 값싸고 풍부한 노동력은 옛말이 될 가능성이 높아졌다. 인구가 풍요로움을 당기는 부의 지도를 바꾼다는 주장이 그래서 가능한가 보다.

John F. Nash

존 내시의 게임 이론과 내시 균형

나만 살려고 하면 모두가 죽는다

미국의 수학자로 1950년대에 시작된 게임 이론을 수학적으로 접근했다. 그 공로를 인정받아 1994년에 헝가리계 미국 경제학자 존 허샤니(John C. Harsanyi), 독일 수학자 라인하르트 젤텐(Reinhard Selten)과 함께 노벨 경제학상을 공동 수상했다. 카네기멜론 대학교에서 공부했고 프린스턴 대학교에서 '비협력 게임(Noncooperative Games)'으로 박사학위를 받았다. 복잡한 이해관계를 가진 경쟁자들 사이에서 벌어지는 경쟁을 게임 이론의 수학적 원리로 확립했다. '내시 균형'으로 알려진 그의 이론은 경쟁자들 사이에서 벌어지는 위협과 그에 대한 대응의 역학 관계를 설명한다. 이론의 한계에도 불구하고 기업 전략가들이 이를 널리 활용하고 있다.

오바마 전 대통령의 요청과 스티브 잡스의 거절

정부도 일자리를 만들지만 거기에는 한계가 있다. 어느 나라든 기업이, 그것도 중소기업이 일자리의 보고이다. 기업이 잘돼야 나라가 산다는 것은 그래서 진리다. 기업의 존재 이유가 무엇이냐를 두고 말이 많지만 기업은 엄연히 이윤을 추구하는 경제주체다.

버락 오바마 전 대통령이 애플 창업자 스티브 잡스(Steve Jobs)에게 '애국심'을 기대하고 읍소를 했던 적이 있다. 미국 내의 일자리를 늘리기 위해 해외에 있는 공장을 미국으로 옮겨달라고 사정한 것이다. 그러나 스티브 잡스의 대답은 '노(No)'였다. 대통령의 애국심 어린 호소에도 기업가가 흔쾌히 '예스(Yes)'라고 답하길 기대할 수는 없다. 이윤을 추구하는 글로벌 기업의 CEO라면 주주의 이익이나 다른 가치도 신경 쓸 수밖에 없기 때문이다. 스티브 잡스의 대답은 "세계 최고의 제품으로 세계의 소비자에게 보답하겠습니다"였다. 기술 수준이 크게 차이가 나지 않는다면 생산되는 제품의 가격이 싸야 한다. 생산원가에서 인건비의 비중이 크다면 기업은 싼 임금을 찾아 떠나기 마련이다.

영국의 데이비드 캐머런(David Cameron) 전 총리는 조세회피처를 떠도는 기업들이 얼마나 미웠던지 그들의 극단적인 이윤 추구 행위를 맹렬히 비난했다. 그러나 외국인 투자를 유인하고, 일자리를 촉진하고, 글로벌 경쟁에서 승리하려면 영국의 법인세는 낮아져야 한다고 주장한다. 코로나19 백신으로 더욱 유명해진 미국 제약회사

화이자는 과거 높은 법인세 때문에 미국 탈출을 시도해 보톡스로 유명한 아일랜드의 엘러간(Allergan)과의 합병을 발표하기도 했다. 이는 2015년 당시 최대의 인수합병(M&A) 사례로 회자되었다. 미국의 명목 최고 법인세율은 35%이지만 아일랜드의 법인세율은 12.5% 수준이기 때문에 화이자가 본사를 아일랜드로 옮기면 법인세를 연간 10~20억 달러 줄일 수 있다. 이에 오바마 대통령은 대대적인 조세회피 규제를 발동했다. 기업 합병을 무력화하기 위해 합병을 하더라도 미국 측 소유 지분이 80% 이상이면 본사가 어디에 있든 상관없이 미국 회사와 동일한 회사로 적용하기로 한 것이다. 그 결과 합병은 무산되었다.

이 아이러니한 상황에서도 국가와 '맞짱'을 뜰 수 있는 힘을 지닌 글로벌 기업과 부유한 개인은 세금을 절약하는 '조세 조약 쇼핑'을 하며 이곳저곳을 기웃거렸다. 어느새 몰라보게 높아진 몸값을 자랑하며 말이다. 2009년 재정위기에 봉착한 유럽 국가들은 2012년부터 다국적 기업을 바라보는 국민 여론을 감안하고 세수도 확보하기 위해 단호한 조치를 강구했다. 일명 'BEPS(Base Erosion & Profit Shifting, 세원잠식과 소득 이전) 프로젝트'다. 글로벌 기업이 세금을 줄이기 위해 세율이 높은 국가에서는 비용을 부풀려 처리하고, 소득은 낮은 세율을 적용하는 국가로 이전하는 조세회피 행위를 하자 이를 근절하기 위한 대응 방안을 마련한 것이다. G20(주요 20개국)의 특명으로 OECD가 만든 이 계획은 '다국적 기업만 배불리는 유해한 조세 인하 경쟁(Harmful Tax Competition)을 하지 마라'는 OECD의 눈물

어린 호소로, 각 나라 법령이나 조약에 포함되어야 할 의무 사항까지 담고 있다. 애플, 구글, 스타벅스 같은 글로벌 기업이 세금 쇼핑을 했고, 유럽에서 세금과 관련한 소송을 진행했다. BEPS라는 법망이 아무리 촘촘해도 글로벌 기업은 분명 그걸 뚫고 나갈 묘안을 찾아낼 거라는 의심의 눈초리가 매섭다.

IT 기업은 가상의 세계에서 일하는 경우가 많기 때문에 벽돌과 모르타르로 만든 공장이 필요 없는 경우가 많다. 아마존, 이베이, 페이팔 같은 세계적인 기업의 본사는 법인세가 낮은 룩셈부르크에 몰려 있었다. 예컨대 어느 기업이 본부는 룩셈부르크에 두고, 영업은 프랑스에서 하면 프랑스 과세 당국은 세원을 잃게 되는 식이다. 해외 인터넷 사이트에서 물품을 직접 구매하는 해외 직구족은 사실 가지도 않은 룩셈부르크에서 카드를 긁고 있는 것과 마찬가지다. 애플 아이튠즈도 룩셈부르크에 사실상 우체통 하나 달랑 있는 매우 작은 사무실을 유럽 본부로 두고 있다니 기가 찰 노릇 아닌가.

BEPS에도 불구하고 문제는 여전히 남았다. 일반적으로 법인세는 기업의 고정사업장 소재지에서의 이윤에 부과되는데, 고정사업장이 없이 네트워크를 통해 이윤을 창출하는 디지털 비즈니스에 고정사업장 문제를 어떻게 해결하느냐가 쟁점이 된다. 서버를 둔 곳을 고정사업장으로 본다면 고정사업장 개념이 너무 좁아진다는 약점과 마주하게 된다. 또한 그 서버를 둔 곳이 조세회피처이거나 법인세가 아주 낮은 곳이라면 불공정 문제는 여전히 남는다. 온라인 거래는 물리적 사업장 없이 거래가 가능하다. 인터넷상 거래라 어디서 거래가 일어났다고 특정하기도 어렵다. 세금을 물릴 나라가 불분명하다.

그래서 다국적 IT 기업은 전 세계에서 발생한 이익을 법인세율이 낮은 나라에 서버를 두고 몰아주려 한다. 기업이 비용은 세율이 높은 국가에서 처리하고 이윤은 세율이 낮은 서버가 있는 국가로 이전해 세금을 줄이니 여전히 불공정 과세가 해결되지 않는다. 디지털 재화나 서비스에 대한 과세는 구조적으로 복잡하여 어떤 활동이 디지털 비즈니스인지 범위를 확정하고 정의하는 것 자체가 쉽지 않다. 이러한 비즈니스에 세금을 부과하기 위해서는 소셜 미디어, 검색, 온라인 마켓플레이스 등 부가가치를 생산하여 과세대상이 되는 활동의 범주를 명확하게 정의해야 한다.

아일랜드처럼 법인세율이 낮은 국가에 다국적 기업이 법인을 설립하여 이윤을 몰아주는 등의 행태에 대해 프랑스, 영국 등 많은 국가가 비난하고 나섰다. 인터넷 다국적 기업이 독립적인 사업수행 주체인 고정사업장을 의도적으로 설치하지 않고, 파리지사처럼 최소 기능만 수행하는 대리 회사를 둔다고 했을 때, 프랑스에서 거둬들인 이익을 아일랜드 같은 낮은 세율을 적용하는 본사에 보내면 프랑스 입장에서 화가 나지 않겠는가. 프랑스와 영국 등은 이러한 상황이 명백히 조세 정의에 위반된다고 이의를 제기했다. 이에 따라 EU(유럽연합)는 구글, 애플, 아마존 등 플랫폼 대기업들이 과세율이 낮은 EU 국가가 아닌, 실제 이익을 얻는 국가에 세금을 내도록 하는 세제개편 계획을 준비했다. OECD는 과세 기준인 '고정사업장'

개념을 확대하는 방안에 착수하나, 잠정적으로 G20을 통해 매출액과 초과 이윤에 기반한 디지털세에 전격 합의하게 된다.

구글세 세부사항 불합의에 못 참은 프랑스

프랑스가 2019년 도입한 디지털 서비스세(Taxe sur les Services Numériques)를 살펴보자. 이는 OECD에서 디지털세에 대한 합의가 예정대로 이루어지지 못한 결과에 따른 것이다. 프랑스의 디지털세는 특정 국가가 다국적 IT 기업에게 국가 내 디지털 서비스 매출을 기준으로 세금을 매기는 제도다. 법인세는 이윤을 대상으로 하는데, 매출을 기준으로 세금을 내게 하니 쟁점이 남는다. 기업의 본사나 공장이 그 나라에 없더라도 디지털 서비스를 제공하여 수익을 올렸다면 매출에 대해 세금을 물리는 것이다. 디지털세는 법인세 등 기존 세금을 대체하는 게 아니라 별도로 부과된다. 거대 IT 기업이 프랑스에 고정사업장을 두고 있지 않다는 이유로 세금을 덜 내고 있다는 게 프랑스 정부의 주장이다. 프랑스는 과세대상 기업에서 창출한 디지털 서비스 수익의 3%를 세금으로 떼어 간다.

IT 기업은 코로나19로 막대한 이익을 올리고 있지만, 그 이전부터 정당한 만큼의 세금을 내지 않았다. 프랑스는 당초 2020년 1월부터 디지털 서비스세를 시행하려 했으나 한 차례 부과를 유예했다. 도널드 트럼프 미국 행정부가 미국 기업을 겨냥한 세금 제도를 도입하지 말라며 보복관세 카드를 꺼내들어서였다. 프랑스 당국의 디지털 서비스세 기준에 들어가는 기업은 구글, 애플, 아마존, 페이스북 등 대부분 미국 기업이다. 당시에 이들 기업의 이름을 따서 일명 GAFA세를 부과하였던 것이다. 트럼프 행정부는 보복관세 근거로 '무역법 301조'를 들었다. 미국 정부가 교역 상대국의 불공정한 무역 제도나 관행에 대해 관세 부과 등 보복 조치를 할 수 있게 하는 조항이다. 디지털 서비스세가 미국 기업을 겨냥해 미국에 차별적이라고 해석될 경우 경제 제재 조치에 나설 수 있다는 게 미국의 주장이었다. 트럼프 행정부는 프랑스가 과세를 강행할 경우 프랑스산 화장품과 가방, 치즈, 와인 등 13억 달러어치 제품에 보복 관세를 물리겠다고 공언했다. 미국과 프랑스는 OECD에서 합의안을 마련하자며 '일단 휴전'했다.

OECD안은 법적 구속력은 없지만 국제 표준으로 통한다. 프랑스는 OECD가 2020년 안에 디지털 거래 수익 과세 체계 가이드라인을 마련하지 못하면 디지털 서비스세 부과를 예정대로 강행하겠다는 조건을 걸었다. OECD는 2020년 10월에 디지털세 합의에 대한 목표를 세웠으나 코로나19로 인해 늦추어져 마침내 2022년 7월, 각국이 수용할 디지털세 입법지침이 마련되었다. 매출이 크고 이익률이 높은 거대 다국적기업의 초과 이익 일부에 대하여 상품과 서비스가 최종 소비된 시장소재지국에 과세권이 재배분된다는 내용이다. 프랑스, 영국, 스페인, 이탈리아가 각각 시행하던 디지털 서비스세는 OECD · G20이 마련한 디지털세 시행으로 이에 흡수된다.

내시 균형, 가장 현실적인 차선

인접한 곳에 비슷한 재무구조를 가진 몇 개의 주유소가 있다고 하자. 이 중 하나의 주유소가 가격을 내려 고객을 유인하면 다른 주유소도 같은 방식으로 대응한다. 결국 할인 전략이 먹히지 않게 되고, 할인 전보다 주유소들은 이득을 못 볼 수도 있다. 기름 가격이 떨어져 소비자 후생이 나아질 수는 있지만, 서로를 뜯어먹는 치킨게임 탓에 일부 주유소는 결국 도산하고 만다.

게임 이론에 등장하는 죄수의 딜레마를 살펴보자. 이 이론은 서로 협력하면 둘 모두 최선의 선택을 할 수 있는데, 자신의 이익만을 추구하다가 상대방뿐만 아니라 자신에게도 나쁜 결과를 초래하는 현상을 설명해준다. 두 죄수가 한 범죄의 용의자로 어느 날 동시에 경찰에 잡혀 간다. 경찰이 이렇게 말한다.

> "지금부터 당신들을 떼어놓고 심문할 텐데, 만약 둘 다 순순히 범행을 자백하면 징역 3년을 구형하겠소. 하지만 한 사람은 자백하고 다른 사람은 부인한다면 자백한 사람은 방면해주고 부인한 사람에게는 법정 최고형인 무기징역을 구형할 거요. 그리고 만약 둘 다 부인한다면 당신들이 저지른 사소한 잘못이라도 들춰 징역 3개월을 구형하겠소."

이때 두 사람 사이에 동료가 자백하지 않을 거라는 확신만 있다면 최선의 결과인 징역 3개월만 구형받을 수 있다. 하지만 둘이 떨어져 있는 상황에서 두 사람은 각자 걱정한다. '동료가 나를 저버리고 자백하면 어쩌지?' 그렇게 되면 자신은 무기징역에 처하게 되는 것이다. 결국 두 죄수 모두 범행을 자백할 확률이 높아진다. 이것이 바로 두 죄수가 처해 있는 딜레마다.

죄에 대한 처벌을 회피하는 방법을 논하고자 이 예를 든 것이 아니다. 함정에 빠져 비생산적인 결과를 초래하지 않도록 하기 위한 경제학의 게임 이론을 설명하기 위해서다. 자백을 해서 감형을 받는 것이 현실적인 차선이라고 생각할 수 있다. 서로 '자백하지 않는 객관적 최선'이 있다 하더라도 '자백을 하게 되는 차선'을 선택할 수밖에 없는 현실을 우리는 종종 목격한다. 이것을 경제학에서는 '내시 균형(Nash Equilibrium)'이라고 설명한다.

내시 균형은 상대방이 전략을 바꾸지 않는 한 내가 다른 전략을 선택할 이유가 없는 상태다. 바로 지금 택한 선택을 바꿀 이유가 없기에 매우 강력한 균형이 된다. 두 죄인이 사전에 미리 만나서 자백하지 않기로 약속하고 서로를 굳게 신뢰한다면 가장 좋은 결과를 얻을 수 있겠지만, 실제로는 자백하는 게 그나마 나은 상황일 수 있다. 현실에서는 이보다 더 못한 상황이 벌어지는 경우도 많다. 자기만 살겠다고 사소한 문제에도 상대를 고발하지 못해 안달인 경우도 있다. 고발장을 접수한 경찰관이 와서 둘 모두 잘못했다고 연행해 간다면 예기치도 않은 나쁜 결과다.

내시 균형은 영화 「뷰티풀 마인드」의 실제 주인공이자 노벨 경제학상 수상자인 미국의 수학자 존 내시가 22세에 발표한 박사학위 논문에서 사용한 개념이다. 내시는 머리가 좋았지만 감성이 부족해 인간의 행동을 이해하기 어려웠다. 그럼에도 불구하고 수학을 세상을 바라보고 이해하는 도구로 사용한 그에게서 '현실적 인간의 향기'가 묻어난다. 세상에는 때로 최선보다 차선을 선택하는 것이 나은 경우도 있다. 이상과 현실은 다른 것이 일반적이기에 더욱 그렇다. 때로는 최선이 무엇인지 몰라서 못하는 것이 아니라 최선에 이르는 과정에 도달하기가 불가능하거나 현실적이지 않아서 차선을 택하기도 한다.

효율성을 중시하는 전통경제학에서 다른 사람의 후생을 감소시키지 않고서는 자신의 후생을 증대시킬 수 없는 상황을 '파레토 최적(Pareto Optimum)'이라고 한다. 공정한 소득분배를 전제로 경제라는 게임을 한다면 파레토 최적은 이상이다. 죄수의 딜레마에서 둘 다 자백을 하지 않는 경우이다. 그러나 실제로 우리는 차선을 택하는 내시 균형을 채택하기 쉽다. 최적의 결과를 얻기 위해서는 더 강한 믿음과 단결이 필요한데 그것이 쉽지 않기 때문이다. 다양한 목소리가 있고, 세계가 국가 간 힘의 격차의 원리에 지배되는 상황에서 이상을 좇기란 말처럼 쉽지 않다. 영화 「뷰티풀 마인드」에서 내시는 단호하게 말한다.

"애덤 스미스는 틀렸어! 문제는 경제야. 불필요한 경쟁과 경쟁의 과부하를 줄여야 해!"

경쟁보다 협력이 더 나은 결과를 가져다준다고 본 것이다. 영화는 과점 상태에서 상대방과의 협력을 전제로 균형을 이뤄가는 게임 이론의 상황을 그리고 있다. 게임 이론은 경쟁을 통해 효율을 높이는 것이 바람직할 경우에는 옳지 않을 수도 있다. 나 혼자만 잘살면 그만이라는 사고가 만연한 각박한 현대사회에서 우리가 나쁜 균형을 향해 가고 있는 것은 아닌지, 내시가 꾸짖을 것만 같다.

죄수의 딜레마에 빠진 세상과 최저 법인세 합의

다시 법인세 이야기로 돌아가 보자. 개별 국가 간의 국제 경쟁체제에서 상대 국가가 항상 협력적일 거라고 기대하기는 어렵다. 각 나라들은 그런 상황을 고려해 각자 자국의 이익을 추구하게 된다. 전 세계적으로 규제 완화와 친기업 정책을 앞다투어 실시하고 있다. 그 결과 전 세계적으로 1990년대에 비해 국민소득에서 기업에 돌아가는 몫의 비중(자본 소득분배율)은 증가하고 근로자의 노동에 돌아가는 몫의 비중(노동 소득분배율)이 지속 감하는 추세였다. 이런 상황을 두고 OECD는 다각적으로 원인을 분석했고, 그 해결책으로 사회적 약자를 배려하는 포용적 성장을 제시했다.

그러한 가운데 각 나라는 '바닥으로 가는 경쟁'을 지양하고자 조세 피난처로 여겨지는 일부 선진국과 개발도상국에 경고장을 보낸다. 유해한 조세 경쟁을 벌이는 것을 못 봐주겠다는 것이다. 유해한 조세 경쟁이란 각 나라가 국제 자본을 많이 유치하기 위해 외국자본이 자국 내에서 벌어들이는 소득에 대해 여러 가지 조세 혜택을 경쟁적으로 제공하는 현상을 말한다. 유해한 조세 경쟁으로 일시적인 경제적 이득을 취할 수 있을지는 모르겠지만, 궁극적으로는 심각한 세수 손실을 입고, 실물경제에서 공정한 경쟁이 저해되고, 조세회피 내지 탈세가 발생한다는 게 OECD의 시각이다. 한 나라가 법인세를 인하하면 다른 나라도 내시 균형의 원리에 의해 내리려고 경쟁하는 상황에서, 만약 이런 경쟁이 유해하다고 판단될 경우에는 OECD와 같은 국제기구가 이니셔티브를 쥐고 호령할 수밖에 없다. 그래야 세계경제 평화가 유지되기 때문이다.

주요 7개국(G7)이 법인세 인상 협상을 시작한 것은 2013년이다. 구글, 아마존, 애플, 페이스북 등 미국의 대형 IT 기업들이 유럽 시장을 빠르게 잠식하고 있었다. 이들 기업은 법인세율이 다른 유럽 국가의 절반 수준인 12.5%였던 아일랜드에 본부를 두고 조세 회피를 한다는 비판에 직면해 있었다. 국제적 법인세 논의를 잠시 두고 법인세 인상론자와 인하론자의 견해를 살펴보자.

법인세 인하론의 근거는 법인세 인하가 투자와 고용을 촉진하다는 주장이다. 기업의 국제경쟁력 유지 차원에서 법인세 인하는 불가피하다는 입장이다. 복지 재원 마련을 위한 법인세 인상은 오히려 국내 투자를 감소시키는 반면 해외투자를 촉진시켜 일자리 감소와 청년실업 문제를 야기한다고 역설한다. 법인세가 높아지면 제품 가격 상승으로 그 부담의 절반이 소비자와 근로자에게 전가된다는 분석도 제기한다. 국내 주요기업 수익의 대부분이 국내 법인보다는 해외법인에서 발생하고 있고, 법인세율이 인상된다면 기업의 해외 이전 가능성이 높아진다는 입장도 설명한다.

그럼 법인세 인상론자의 관점은 무엇일까? 법인세 인하 혜택을 수출 대기업이 독점했고 대기업은 투자를 하지 않고 사내유보금으로 적립한다는 것이다. 양극화가 심화되는 상황에서 공평과세, 조세정의 실현을 위해서는 세금 여력이 충분한 대기업에 증세를 하는 것이 바람직하다는 입장이다. 우리나라 법인세율이 OECD 평균 수준에 가깝다 하더라도 실질적으로 세금을 내는 실효세율은 낮은 수준이고 법인 세수 비중이 높은 이유는 대기업의 경제력 집중의 결과라는 근거도 있다. 기업과 가계소득의 격차가 확대되면서 조세 형평성 차원에서 기업의 세부담 증가 필요성이 제기된다는 근거도 내세운다. 이런 법인세 논의를 별개로 하더라도 국가 간에 법인세 인하 경쟁이 오랜 기간 지속되었고 조세회피처를 이용하는 기업들의 행태는 꼴불견으로 인식되어 왔다.

다국적기업이 세계 어디서 활동하든 각국 정부가 최저 법인세 15%를 부과하는 방안에 2021년 6월 G7(주요 7개국)과 11월 G20이 차례대로 전격 합의했다. 8년간이나 교착 상태여서 먼지가 수북히 쌓인 최저 법인세 협상의 정치적 타결이 세상을 놀라게 했다. 디지털세는 200억 유로(2030년 이후 100억 유로) 이상의 매출이 일어난 다국적 기업을 대상으로 통상 이윤(10%)을 넘는 초과 이윤에 대해 일정 비율(25%)을 세금으로 부과하는 것을 한 축으로 한다. 당초와 달리 가

전, 화장품 같은 소비재 산업을 포함한다. 7억 5천만 유로 이상의 다국적 기업을 대상으로 하는 법인세 최저세율은 디지털세의 다른 한 축이다. 이는 '기업이 소재한 곳에서 과세한다'는 국제 법인세의 근간을 100년 만에 흔드는 조치다. 재닛 옐런 미 재무장관의 이야기를 들어보자.

"인터넷 대기업과 같은 많은 미국 기업이 지금보다 더 많은 세금을 내야 한다는 의미도 있지만, 최저법인세율 지지가 미국의 기업과 근로자들에게 도움이 될 것입니다."

협력의 상징인 펭귄을 바라봐야 할 때

전국의 학부모들이 사교육을 시키지 않기로 약속한다면 과다한 사교육으로 인한 고통은 사라질 것이다. 그런데 현실적으로 이러한 합의는 어렵다. 내 자식 좋은 대학 보내서 좋은 직장 잡게 하려는 게 부모 마음인데, 하지 말라고 해서 그들이 사교육을 하지 않을까? 오죽하면 과외금지법이 위헌 판결을 받았을까? '다른 사람도 하는데 나라고 못할 게 뭐야?'라는 생각으로 너도나도 사교육을 시키게 되면서 온 국민이 힘들어졌다. 죄수의 딜레마 속에서 나쁜 균형으로 기울게 된 것이다. 좋은 결과를 얻은 사람은 그나마 위안을 얻는다. 개인적으로 봤을 때는 그런 행동을 취한 것이 이익이기 때문이다. 하지만 사회 전체적으로는 자원을 낭비한 결과를 초래했다.

대기업과 중소기업이 함께 가자고 동반성장위원회를 세운 지도 오래다. 그 무엇보다 중요한 것은 기업 생태계 내부의 협력을 이끌어내는 것이다. 기업이 서로를 격려해야 초경쟁 상황에서 살아남을 수 있다. 기업 스스로 그렇게 생각해야 한다. 중소기업이 살아야 중소기업에 다니는 근로자의 임금이 오르고 소비자 전체 구매력도 증가한다. 그래야 대기업도 산다. 대기업과 중소기업이 함께 합리적인 의사결정을 통해 공정하고 투명한 생태계 시스템을 구축해야 상생할 수 있다는 믿음을 기업들 스스로 가져야 한다. 그것이 원가를 절감하려는 경쟁에서, 죄수의 딜레마에서 기업이 벗어나는 길이다. 기업의 임금 총액이 고정되어 있다면 일부 대기업 경영자나 노조의 과도한 임금 상승은 청년 고용에 어려움을 야기할 수 있다. 새로운 세대들과의 공생의 관점에서 고용과 임금 문제를 바라봐야 한다.

같은 논리가 정부에도 적용된다. 각 나라가 수출경쟁력을 갖기 위해 자국 통화의 약세를 유발하는 '환율 전쟁'을 경쟁적으로 벌인다면, 세계무역은 오히려 축소되고 경기침체가 지속될지 모른다. 표심을 자극하는, 지속 가능하지 않은 인기 영합주의 정책을 남발하는 것도 재정을 고려하지 않고 국가부채만 늘리는 죄수의 딜레마라는 것을 인식해야 한다. 이 모든 것은 실타래처럼 서로 뒤엉켜 있어 세상을 복잡하게 하고 있다. 협력의 상징인 펭귄의 모습을 바라보라고 강조한 존 내시의 목소리가 호소력 있게 들린다. 우리는 서로를 믿는 세상을 만들어가야 한다. 포용의 힘으로 말이다.

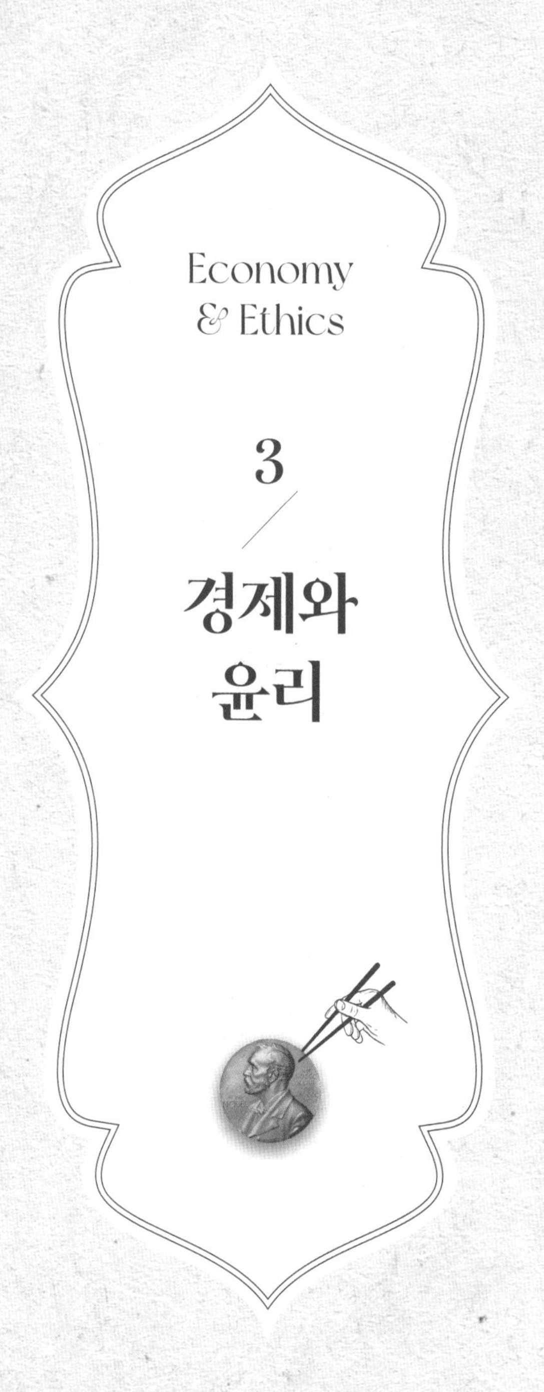

Economy
& Ethics

3 / 경제와 윤리

Oliver E. Williamson

올리버 윌리엄슨의 거래비용 이론

좋은 생태계 조성으로 기업이 부유해진다

미국의 경제학자로 거래비용 관점에서 기업 탄생과 성장을 연구한 공로로 2009년 엘리너 오스트롬(Elinor Ostrom)과 함께 노벨 경제학상을 수상했다. 불완전한 시장 때문에 발생하는 거래비용에 주목하고 대기업이 가장 효율적인 기업이라는 이론을 전개했다. 대기업 규제가 필요하더라도 인위적인 분리나 규모 제한은 바람직하지 않다고 주장했다. MIT를 졸업한 후 스탠퍼드 대학에서 MBA를 마쳤고, 카네기멜론 대학에서 경제학 박사학위를 받았다. 펜실베이니아 대학교와 예일 대학교를 거쳐, 캘리포니아 대학교 버클리에서 교수로 재직했다.

생태계 경제 속 대기업과 중소기업의 의미

우리나라 기업의 99.9%를 차지하는 중소기업들은 장사하기 힘들다고 푸념한다. 그들은 돈 잘 벌면서 돈을 쌓아놓기만 하는 대기업을 '놀부 심보'를 가졌다고 여긴다. 일반적으로 사람들은 중소기업을 '흥부'로 보고 보호와 육성이 필요한 대상으로 여기는 정서를 갖고 있다. 중소기업이 전체 일자리의 83%를 제공하고 있음에도 불구하고 대기업의 얌체 짓에 눌려 기를 펴지 못하니 그런 감정이 생긴 것 같다. '9983(한국 기업의 99%가 중소기업이고, 전체 근로자의 83%가 중소기업에 종사한다는 뜻)'은 그래서 중소기업을 상징하는 말로 회자된다.

이런 와중에 '큰 것이 효율적'이라는 '통 큰 사내의 향기'를 풍기는 경제학자가 있다. 노벨 경제학상을 수상한 올리버 윌리엄슨은 대기업을 옹호하며 대기업이 가장 효율적인 기업의 조직 형태라고 주장했다.

그의 주장을 이해하기 위해 자동차 회사를 예로 들어보자. 시장에는 자동차 회사와 함께 일하는 무수한 협력 업체가 있다. 자동차 회사는 완전한 자동차를 만들기 위해 원활한 부품 공급을 받고 협력 업체와 좋은 거래 관계를 형성해야 한다. 그래도 안심이 안 되면 부품 업체를 통째로 사서 그룹 안에 편재할 수도 있다. 시장에서는 이런 이유로 생산자가 원재료 업체를 사기도 하고, 유통망이 못 미더울 경우 유통 업체를 사기도 한다. 불확실성에 대비하기 위한 기업의 이러한 조치는 수직적 통합, 혹은 수직적 계열화로 불린다. 윌리엄슨은 협력 업체가 못미더울 때 대기업의 수직적 계열화가 일어나는 것을 효율성의 관점에서 불확실성을 제거시키는 방법으로 여기고, 대기업의 횡포로 보지 않는다.

우리는 주변에서 대기업의 횡포를 어렵지 않게 접하고 있다. 예를 들어 한 대기업에만 제품을 공급하는 중소기업이 있다고 하자. 이를 시장에서는 대기업의 '수요독점'이라고 한다. 대기업이 이를 악용해 납품가를 후려치면 거래처가 하나인 중소기업은 어쩔 수 없이 당할 수밖에 없다. 대기업에 대한 규제가 필요한 대목이다.

윌리엄슨도 이처럼 대기업이 독과점으로 힘을 남용하는 경우 그 행위를 규제할 필요성은 인정했다. 하지만 그렇다고 해서 대기업의 규모를 제한하는 것은 좋지 않다고 보았다. 그는 주장의 근거로 수요독점과 반대되는 상황인 공급독점을 들었다. 공급을 독점하고 있는 중소기업이 배짱을 부려 공급가를 올려달라고 한다면 대기업은 값을 올려줘야 하는 위험에 노출된다. 이런 일이 반복되면 대기업은 불확실성을 제거하고 거래비용을 줄이기 위해 협력 업체인 중소기업을 사버리는 대형화의 유인을 갖게 된다.

중소기업에 온정적인 사람은 이쯤에서 윌리엄슨을 싫어할 수도 있겠다. 수직적 계열화가 아니라면 대기업은 협력 업체와 어떤 관계를 설정할 수 있을까? 윌리엄슨은 대기업과 중소기업 간 관계가 위압 · 온정 · 신뢰의 관계일 수 있는데, 그중 신뢰 관계가 가장 바람직하다고 주장했다. 긍정적인 예로 그는 도요타를 들었다.

"도요타의 핵심 협력 업체들은 오랜 기간 도요타와 거래하면서 부품업체로서의 역량 강화를 위해 도요타로부터 직접 노하우를 전수받았다. 일반 범용 기술과 핵심 경쟁 기술을 구분해 핵심 경쟁 기술에 대해서는 적극 외주(아웃소싱)를 주는 쪽이 바람직한데, 도요타는 그런 방향으로 협력 업체를 상대했다. 그래야 중소기업도 기술력을 가지고 자생력 있게 사업을 할 수 있다. 도요타는 결국 중소기업을 육성하는 데 큰 역할을 했다."

대기업과 중소기업의 상생을 위해서는 신뢰가 무엇보다 중요하며 2020년 들어 '생태계 경제'가 화두가 된 후 윌리엄슨의 말은 더욱 의미심장하게 들린다. 하지만 현실에서는 그렇지 못한 사례가 훨씬 많다. 윌리엄슨은 포드와 제너럴모터스의 행태를 비판하며 이렇게 말했다.

"과거 포드와 제너럴모터스 같은 미국 자동차 회사들은 중소기업과의 관계에서 고압적인 자세로 일관해 스스로 기업 경쟁력 약화를 초래한 것을 깊이 반성해야 한다. 미국 자동차 회사들이 망한 것은 협력 업체에 고압적인 자세로 일관했기 때문이다. 그들은 자신만만하게 빚까지 끌어들여 중소기업을 인수하고 덩치를 키우는 데 급급했다. 불행의 서막이었다."

그는 성공적인 수직적 계열화, 대기업과 협력 업체 간 합리적인 거래양상으로 거래비용이 얼마나 감소하느냐에 따라 기업 성패의 명암이 갈린다고 주장했다. 그는 한국의 대기업과 중소기업 간에도 고압적 계약관계가 아닌 신뢰에 기반을 둔 생태계 경제에 합당한 계약 관계를 맺는 것이 장기적으로 더 효율적이라고 지적했다.

글로벌 공급망의 두 얼굴과 히든 챔피언

일본의 수출 규제 이후 우리 소재·부품·장비(소부장) 핵심 품목의 일본 의존도가 낮아졌다. 그럼에도 불구하고 원가를 생각하면 모든 것을 우리나라에서 생산할 수 없다. 2021년에는 중국의 요소 수출 규제로 국내에서 요소수 파동이 일어났다. 2020년에는 와이어링 하니스라는 중국산 자동차 부품 공급 문제 때문에 현대자동차의 생산이 멈추기도 했다. 자동차 생산공정 자체가 수작업이 많다 보니 국내 인건비로는 감당하기 어려워 우리나라에서 와이어링 하니스 생산을 중단하게 된 것이다. 현대차그룹은 부품 공급을 다변화했지만 코로나19 변수를 맞아 중국에서의 공급 차질로 공장을 중단해야 했다. 차량용 반도체 공급 부족이 장기화되어 자동차 생산에 차질이 생기자 현대차그룹은 차량용 반도체 생태계 조성을 위해 국내 반도체 설계 기업(팹리스)과 손잡았다. 한국 전기차 배터리의 위상이 높아졌지만 소재의 국산화는 가격경쟁력 문제로 어렵다.

글로벌 공급망과 윌리엄슨의 거래비용을 함께 생각해 보자. 글로벌 공급망은 거래비용 관점에서 양날의 칼이 될 수 있다. 경유 자동차 운행 차질을 빚었던 요소수 확보 대란으로 전략물자의 차질 없는 공급의 중요성이 더욱 부각되었다. 기업은 데이터를 통해 공급망 위험성을 조기에 식별해 공급망 효율성과 위험 영향을 파악하고 대비해야 한다. 국가도 주요 전략물자에 대해서 마찬가지로 파악하고 대비해야 한다. 세계적인 기업의 공급망 가치사슬에 합류하는 것도 매우 중요하다. 덴마크 풍력터빈 제작사 베스타스와 손잡은 씨에스윈드는 베스타스의 미국 공장 인수로 세계 1위 풍력터빈 타워업체라는 위상을 공고히 했다. 글로벌 공급망은 우리를 힘들게도, 기쁘게도 만든다.

독일의 경영학자이자 런던 비즈니스 스쿨의 교수인 헤르만 지몬(Hermann Simon)이 사용한 '히든 챔피언(Hidden Champion)'이란 용어가 한국에서도 널리 쓰이고 있다. 히든 챔피언은 세계시장에서 톱3 안에 들면서 매출이 40억 달러 이하이고, 일반에게 잘 알려지지 않은 기업을 의미한다. 수년 전 강한 잠재력이 있는 중소기업 육성 대책을 악용해 수출을 2조 원이나 뻥튀기해 금융회사에 수천억 원대의 손실을 입힌 수출 가전업체 모뉴엘(Moneual) 사건이 있었다. 분식회계로 사기 대출을 받은 디지텍 시스템스(DigiTech Systems)라는 중소기업 사냥꾼에 놀아나서 사실상 불가능한 거액을 대출해주고 뒷돈을 받은 국책은행 직원이 뇌물수수 혐의로 구속되기도 했다.

정부 보조금이나 정책 금융을 교묘히 악용하는 사례는 이 밖에도 얼마든지 많다. 이런 중소기업들과 일부 선량하지 못한 정책 금융 담당자는 정부 예산을 눈먼 돈쯤으로 여긴다. 대기업을 심술궂은 놀부로, 중소기업을 착한 흥부로만 바라볼 것인지 의문이 가는 대목이다. 중소기업도 대기업 못지않게 국민의 등골을 휘게 만드는, '제비 다리를 부러뜨린 놀부' 이상의 존재일 수 있는 것이다.

피터팬 증후군에 걸린 기업들

인터넷 시대에도 윌리엄슨의 이론이 적용될까? 혹자는 인터넷 시대에 기업은 핵심 역량에만 집중하고 나머지는 아웃소싱을 주는 것이 거래비용 절감 차원에서 오히려 낫다고 주장한다. 네트워크 시장의 비용 절감 효과를 옹호하는 입장을 들어보자.

> "대기업이 통제하는 수직적 가치 사슬은 구식이다. 새롭게 떠오르는 소비자 주도의 가치 생태계를 보라. 소비자가 재화와 서비스를 설계, 제조(창출), 판매(공급)하면서, 중간 단계는 필요 없어졌다. 경제가 검소해졌다. 검소한 경제는 수억 달러의 가치와 수백만 개의 직업을 만든다. 이제 대기업의 거대한 R&D 예산과 폐쇄적 조직 구조에 의해 유지되는 대량생산 모델은 비용과 환경에 민감한 소비자의 필요를 충족하기 어렵다."

컴퓨터와 인터넷을 통해 전 세계가 더욱 빠른 속도로 연결되면서 해외로 업무를 아웃소싱하는 것이 얼마든지 가능해졌다. 인터넷으로 연결된 유연한 네트워크 시장에는 충분한 자질을 갖춘, 대체할 수 있는 공급자나 협력 파트너가 얼마든지 있다. 업종마다 차이는 있겠지만 네트워크 시장에서 거래하면 분명히 거래비용이 줄어든다는 인식이 늘어난 것은 사실이다. 한쪽에서는 거대 IT 기업들의 초대형화도 동시에 나타나고 있다. 자, 이제 기업의 거대화에 대한 찬반론을 떠나 좀 더 깊이 들어가 보자. 기업의 자산 규모가 커지면 좋기만 할까?

우리 정부는 매년 자산총액 10조 원(2016년 8년 만에 5조에서 10조로 상향 조정) 이상인 기업집단을 대기업집단(공시대상기업집단)이자 상호출자제한 집단으로 지정한다. 대기업집단 지정의 기준이 되는 자산이 경제 규모가 증가한 시대 상황을 반영하지 않고 있다는 주장을 받아들인 결과이다. 대기업집단 지정 기준은 그동안 경제 여건의 변화에 따라 반복적으로 변경되었는데, 이 때문에 사회적 합의 비용이 발생하고 변경 주기와 변경 기준에 대한 예측 가능성이 떨어진다는 비판이 제기되어 왔다. 하지만 고정된 자산총액 기준은 대기업집단 지정 기업 수를 계속 증가시켜 과잉규제 논란을 일으킨다. 상호 출자 제한 기업 집단 지정 기준이 자산총액 기준에서 국내총생산(GDP) 연동 방식(GDP의 몇 %)로 바뀔 전망이 대두되는 이유이다.

2022년 4월에는 국내 최대 가상화폐 거래소인 업비트를 운영하는 두나무가 대기업집단으로 지정되었다. 두나무 자산이 10조 원을 넘어섰기 때문이다. 또한 게임업체 크래프톤, 오케이금융그룹, 농심,

KG그룹이 기업공개 뒤 대기업집단으로 지정되었다. 과거 카카오와 셀트리온이 대기업집단으로 신규 지정된 날, 금융시장은 이들의 대기업집단 지정을 호재로 받아들이지 않았다. 대기업집단으로 지정되면 계열사 간의 상호출자, 신규순환출자, 채무보증이 금지되고, 소속 금융 · 보험사의 의결권 행사가 제한되고, 여러 공시 의무가 부과된다. 여하튼 무수한 법령과 규제가 추가되어 부담으로 작용한다. 규제를 피하기 위해 대기업집단에 지정되지 않으려고 M&A를 하지 않거나 사업 확장에 소극적으로 임하는 기업도 있다. 이럴 경우 사업을 확장해 키우기보다는 현실에 안주하게 되어 소위 '피터팬 증후군'에 빠지기도 한다. 무거운 책임을 피하기 위해 어른이 되어서도 그냥 어린이로 머물고 싶어 하는 심리를 미국의 심리학자 댄 카일리(Dan Kiley)는 '피터팬 증후군'이라고 정의했다.

피터팬 증후군이 대기업만의 문제일까? 대기업으로 성장한 중소기업이 보호의 울타리가 그리워 중소기업으로 되돌아가는 중소기업형 피터팬 증후군이 글로벌 강소기업인 히든 챔피언을 육성하는 데 장애가 된다는 주장이 제기된 지도 오래다. 대기업의 진출을 방지하는 중소기업적합업종 지정도 피터군 증후군과 연관된다. 가장 큰 문제로는 소비자 후생의 저해가 꼽힌다. 2013년 지정된 중고차 판매업이 대표적이다. 대기업 진출이 가로막힌 사이 중고차 판매업 전반에 대한 신뢰가 크게 떨어졌다. 고객에 대한 강요, 불투명한 가격 결정 등이 문제가 되면서 판매업체를 거치지 않고 중고차를 직거래하는 비중이 갈수록 늘었다. 이런 제한이 없는 중국 같은 경쟁국의 배만 불려주는 부작용을 낳기도 했다. 이런 점을 감안해 2022년 3월 정부는 중고차 판매업을 생계형 적합업종으로 지정하지 않기로 결정했다. 현대차와 기아차가 중고차 시장에 진출하지 못하도록 하는 빗장이 풀린 것이다.

히든 챔피언의 강국, 독일

히든 챔피언의 강국 독일은 어떨까? 독일의 히든 챔피언은 한국의 히든 챔피언과 달리 규모가 훨씬 크고 창업 단계부터 글로벌화 전략을 추진한다. 가족형 장수 기업이 많은 독일은 기업 규모에 관계없이 상속받은 후 7년간 사업을 계속하며 일정 수준의 고용과 사업 자산만 유지하면 100% 세액공제 혜택을 받았다(2014년 12월 일부 위헌 판결).

독일은 가업 승계를 부의 대물림이 아닌 기업의 영속성 관점에서 접근한다. 승계된 기업이 기업 경쟁력을 유지하고 일자리를 창출하며 세금을 제대로 내고 국가경제에 이바지한다고 믿는다. 독일에는 중소기업 육성 정책 외에 기업 규모별 차별 정책이 존재하지 않는다. 일각에서는 우리나라도 기업의 규모가 커짐에 따라 늘어나는 성장 장애물을 줄여나가는 노력이 필요하다고 주장한다. 대기업집단 지정제도는 해외에서 찾아보기 힘든 우리나라 특유의 '경제력 집중 억제제도'다. 중소기업 적합업종 지정제도를 둘러싼 찬반양론도 마찬가지다. 중소기업 적합업종을 보호해 대기업이 들어오는 것을 막아야 한다는 입장과 그렇게 하면 중소기업이 안주하면서 피터팬이 될 수밖에 없다는 논쟁이 지속된다.

우리나라는 대기업에 대한 사회 정서가 그다지 좋지 못하다. 그들을 갑질의 주체로 본다. 이에 반해 독일은 그런 인식이 거의 없다. 독일은 1990년 통일 후 사회적인 통합을 성공적으로 이루어왔다. 200여 년에 걸친 산업화 역사를 가진 독일과 달리 한국은 불과 반세기 동안 압축 성장 과제를 협의하고 이를 추진할 법이나 제도를 마련해야 한다고 주장한다. 이 과정에서 대기업 중심의 경제성장을 해왔고, 당연히 중소·중견기업은 뒤처질 수밖에 없었다. 대기업과 중소기업 간의 불공정거래 행위가 어제오늘만의 일이 아닌 이유다. 혹자는 대기업의 납품 단가 후려치기 관행과 중소기업에 대한 기술 탈취가 여전하며, 초과이익 공유제 같은 자율적인 동반성장 정책의 실적이 미미하다고 지적한다.

글로벌화된 세상에서 기업 경쟁력 없이는 국민도 나라도 존재하기 어렵다. 언제까지 대기업들이 원가절감을 위해 해외로 진출하는 데 따른 국내 산업의 공동화가 발생하게 둘 것인가? 우리나라에서는 과거와 달리 '중소기업 → 중견기업 → 대기업'으로 성장하는 사례가 줄어들고 있다. 중소기업의 대부분이 현실에 안주한다. 한국의 대기업이 글로벌 기업으로 도약하려면 중소기업과 동반 성장하는 전략이 필요하다. 글로벌 경쟁 구도가 기업 간 경쟁에서 기업 네트워크 간 경쟁으로 변모하고 있기 때문에 대기업과 중소기업의 상생이 더욱 절실하다.

윌리엄슨이 거래비용을 강조한 것은 효율성 때문인데, 기업가의 혁신만큼 효율적인 것이 없다고 그도 인정했다. 저성장 구조가 고착화되는 시점에서 새로운 혁신적 돌파구는 기업 네트워크 간 상생에서 찾아야 한다. 리스크를 적극적으로 공유하려는 분위기, 호기심을 유발하는 교육 기회 부여, 기술혁신과 R&D 협력, 제품의 설계 · 생산 · 판매에서의 협업을 통해 열심히 하면 할수록 서로에게 이익이 된다는 믿음을 주어야 한다. 그런 가치를 창출하는 능력을 키우는 '성과 창출형' 협력이 대기업과 중소기업 간 신뢰에 기초한 상생의 결과를 유도할 수 있다.

세계 초일류 기업인 마이크로소프트는 자사 규모에 비해 100배 이상이나 큰 기업 생태계를 보유하고 있다. 마이크로소프트의 빌 게이츠는 반독점법보다 훨씬 무서운 건, 누군가의 혁신이 하루아침에 '윈도 제국'을 파괴할지 모른다는 사실이라고 고백했다. 그는 기업 생태계가 효율적으로 작동하고 지속적인 혁신을 통해 발전하도록 지원하는 데 천문학적인 돈을 투자한다.

존 케인즈는 새로운 생각을 하는 것보다 옛 생각에서 벗어나는 것이 어려운 문제라고 말했다. 이제 과거의 구태에서 벗어나 윌리엄슨이 말하는 신뢰에 기반을 둔 상생의 힘으로 새로운 가치를 창출해나가자. 흥부와 놀부가 '형님 먼저, 아우 먼저' 하며 같이 박을 타는 장면을 떠올려 본다. 기업 생태계가 시대정신에 맞게 불신의 세계에서 벗어나 진정한 신뢰의 정신으로 나아가야 할 시기다.

ECONOMISTS ON THE TABLE

Robert C. Merton

로버트 머튼의 목표에 기초한 투자

천재는 투자에 성공할까

미국의 재정경제학 권위자다. 1966년 콜롬비아 대학교에서 수학을 전공한 뒤 캘리포니아 공과대학교에서 과학 석사학위를 받았다. 1970년 MIT에서 경제학으로 전공을 바꿔 박사학위를 받았다. 주식 옵션 평가의 주요 수단으로 채택된 '블랙-숄스 방정식'을 활용해 마이런 숄스(Myron Scholes) 스탠퍼드 대학교 교수와 파생상품 가치측정 공식을 공동 개발하고 전 세계 파생상품 시장을 급성장시켰다. 그 공로로 1997년 숄스와 함께 노벨 경제학상을 공동 수상했다. 수학을 금융에 어떻게 적용할 수 있을지 늘 고민했다. MIT 재학 당시 지도교수가 미국 최초로 노벨 경제학상을 받은 폴 새뮤얼슨이다.

남들보다 똑똑한 사람이 돈도 잘 벌까?

인간은 대부분 돈을 좋아한다. 천재 역시 돈 버는 데 혈안이 되는 경우가 흔하다. 한 번 성공하면 그 달콤한 유혹을 이겨내기 어렵다. 영국의 물리학자 아이작 뉴턴은 1720년대 주식 투자에 뛰어들어 한때는 엄청난 수익을 올려 투자 규모를 늘렸지만 결국은 원금까지 모두 날린 것으로 유명하다. 파산을 경험한 뉴턴은 주식시장에 이런 명언을 남겼다.

> "나는 별들의 움직임을 계측할 수 있지만, (주식시장에 뛰어드는) 인간의 광기는 계산할 수 없다(I can calculate the movement of the stars, but not the madness of men)."

뉴턴은 주식시장 역사상 3대 버블 가운데 하나로 꼽히는 영국 남해회사 주식을 샀다가 팔기를 반복한 후 자기 재산의 약 90%인 2만 파운드를 잃었다. 남해회사는 영국 정부로부터 서인도제도와 남미 지역의 무역독점권을 받은 회사다. 신대륙에서 막대한 금은보화를 발견하면 많은 돈을 벌 수 있다는 기대심리에 주식 투기 열풍이 일었다. 가장 이성적이고 과학적이라고 여겼던 뉴턴 역시 주식시장에서는 비이성적인 행동에 굴복한 나약한 인간에 불과했다.

샀던 주식을 처분해 이익을 얻더라도 그 주식이 계속 오르면 속이 타들어가는 게 인간이다. 몇 배의 수익을 냈다는 다른 사람 이야기를 들으면 상대적으로 적은 수익을 얻은 게 배 아프다. 제 돈은 물론 남의 돈까지 끌어들여 성공 신화를 계속 써나가고 싶은 것이 바로 비이성적인 인간의 심리다. 그러다 파멸이라는 수렁이 다가오면 공포에 떨며 가슴을 쥐어뜯는다. '나는 예외일 것'이라는 인간의 교만이 수없는 '불행한 주식 투자의 역사'를 쓰게 만들었다.

어떤 사람이 돈을 잘 버는 것은 그가 남보다 똑똑하기 때문일까? 남보다 똑똑해서 현실을 확률적으로 설명해주는 수학 모델을 발명했다고 치자. 시장도 수학 공식처럼 정확하게 예측할 수 있다는 교만한 생각을 하게 된다면 어떻게 될까?

로버트 머튼은 10대 때 주식 투자광이었다. 그는 공대 박사과정에 입학한 이후에도 주식 시세판 보는 것을 공대 공부보다 더 즐겼다. 그러다 경제학으로 전공을 바꿔 경제학 박사과정을 밟았다. 당시에는 주식 옵션 평가 모델의 대명사인 '블랙-숄스 방정식(Black-Scholes Model)'을 변형해 만든 파생상품 평가 모델이 유행했다. 월가에는 수없이 많은 파생상품이 쏟아져 나왔고, 투자은행들은 한동안 천문학적인 수익을 올렸다. 박사과정을 마친 로버트 머튼은 그의 이름을 보탠 블랙-숄스-머튼 모형을 만들어 파생상품 시장이 성장하는 데 큰 역할을 했다. 그 공로로 1997년 노벨 경제학상을 받았다. 블랙은 안타깝게도 1995년 암으로 사망해 사후에는 노벨상을 수여하지 않는 전통에 따라 수상하지 못했다.

머튼은 당대의 천재들이 모인 롱텀 캐피털 매니지먼트(LTCM)를 만들어 큰 수익을 냈다. 그는 30년 만기의 신규 발행 국채와 발행된 지 29년 6개월 된 국채의 아주 미묘한 금리 차이에 주목했다. 그리고 유동성과 인기가 높은 신규 발행 채권이 이미 발행된 채권보다 금리가 다소 낮고 채권 가격이 조금 비싼 것을 보고 차익거래를 이용하는 데 원금의 약 30배나 되는 엄청난 레버리지(차입금)를 사용했다. 엄청난 수익을 올리는 무위험 차익거래 기법(arbitrage)으로 세상을 다 가진 것만 같았다. 기쁨도 잠시, 의기양양해진 그에게 신은 저주의 화살을 보냈다. 시장 불안과 함께 변동성이 증가되어 천재들의 헤지펀드로 불렸던 롱텀 캐피털 매니지먼트의 높은 수익률 파티는 끝났다. 그들은 한순간에 파산했고 로버트 머튼은 개인적으로 투자했던 자산은 물론 평생 쌓아온 명성까지 다 날려버렸다.

이 두 가지 사례에서 우리는 무엇을 읽어야 하나? 파생상품은 시간을 먹고 산다. 1초마다 희비가 엇갈린다. 인간이 그 1초를 정확하게 파악할 수 있을까? 시간은 인간에게 무지를 경고한다. '과거에는 발생하지 않았다는 사실만으로 그런 위험이 미래에도 없을 것이라고 단정해서는 안 된다'는 단순한 진리를 말이다. 투자의 세계에서 리스크의 가장 큰 원천은 시간이다. 시간은 항상 그것이 지닌 가치보다 더 큰 대가를 치르도록 만든다. 미미하게 평가된 리스크도 레버리지가 커지면 엄청난 손실로 다가올 수 있다. 위험이 낮은 실물은 계속 보유하면 그만이지만 시간이 정해져 있고 과도한 차입을 한 상품은 어쩔 수 없이 팔도록 강제되기도 한다. 우리는 경제에서나 인생에서나 '시간과 차입'이라는 리스크를 발생시키는 요인에 대한 철저한 관리를 무엇보다 중시해야 한다.

물려줄 집을 장만하는 것보다 중요한 것

'더 높은 수익률을 얻기 위해서는 더 큰 리스크를 감수해야 한다. 더 높은 산을 오르려면 더 큰 고통을 감수할 준비가 되어 있어야 한다.'

우리가 가장 기본으로 생각하는 투자 원칙이다. 만약 당신이 위험 회피자이면서 과도한 수익을 바란다면 그건 불가능하다는 이야기다. 노벨 경제학상을 받은 천재는 자신이 세운 투자회사를 한 방에 날려버린 뒤 인생에서 무엇을 깨달았을까? 노장이 된 머튼의 새로운 관심사는 재무 설계다. 그는 '목표에 기초한 투자(Goal-based Investing)'를 통해 리스크를 관리하고 안정적인 현금 흐름을 만들어낼 수 있다고 믿는다.

머튼은 이제 이론과 모델을 절대적으로 신봉해서는 안 된다고 강조한다. 모델은 세상을 설명하기 위한 도구에 불과하다고 강변한다. 그에게 모델은 투자의 참고 사항일 뿐이다. 실패를 겪은 뒤 천재가 세상을 바라보는 눈은 확실히 변했다. 수익률이 아무리 좋은 상품이라도 과거의 좋은 수익률이 앞으로도 계속될 거라는 보장이 없다. 같은 항로를 오가는 비행기라도 조종사의 능력과 판단에 따라 안전한 여행이 될 수도 있고, 불편한 여행이 될 수도 있는 것처럼 말이다. 펀드를 살 때도 그저 기존의 모범 사례들을 참고할 뿐이다. 고령화 시대의 최대 위험 요인이 뭐라고 생각하는지 묻는다면 사람들은 아마도 건강하지 않은 상황에서 돈 없이 오래 사는 것이라고 대답할 것이다. 많은 사람이 장수하고 싶어 하지만, 자기가 보유한 자산이 많지 않은 경우에는 오히려 오래 사는 게 두렵다. 은퇴 후의 자금 설계가 그래서 중요하다. 백전노장 머튼에게 은퇴 후의 자금 설계를 제대로 하려면 어떻게 해야 하는지 조언을 구한다면, 그는 이렇게 말할 것이다.

"목표를 올바르게 세우는 것이 투자를 효율적으로 관리할 수 있는 기본이다. 그것이 '목표에 기초한 투자'의 개념이다. 퇴직연금을 예로 들어보자. 개인의 자산을 관리하는 금융회사들은 마치 퇴직연금의 목표를 일정한 부를 축적하는 것으로 이해한다. 아니다. 연금의 최우선 목표는 은퇴 이후에 고정 수입을 올려 일정한 현금 흐름을 유지하는 것이다. 목표를 어떻게 정하는가가 투자를 결정한다. 현재 연소득이 7000만 원이고 은퇴 후 희망 소득이 현재의 70% 수준이라고 하자. 그렇다면 퇴직 후 필요한 연금은 연 4900만 원이다. 국민연금이나 개인연금으로 일정액을 충당할 수 있다면 나머지는 투자를 통해 만들어야 한다. 당신은 이제 그 목표를 위해 얼마를 저축할 것인지, 위험자산인 주식 투자 비중은 얼마나 늘릴 것인지 결정할 수 있다."

최소한의 보수적인 목표를 잡아놓고 이를 달성하기 위해 저축하고 투자해야 한다는 것이 머튼의 설명이다. 그는 일단 은퇴 후 희망

목표 소득을 달성한 경우에는 주식을 비롯한 위험자산 투자를 전부 줄이고 안전자산에만 투자해야 한다고 덧붙인다. 은퇴 자금 마련의 목표가 생활수준을 유지하는 것이기 때문에 추가적인 리스크에 노출될 필요가 없다는 것이다. 그는 또 이렇게 말한다.

> "저축이 부족하다면 현재 보유하고 있는 주택이라는 자산을 활용해야 한다. 미래에 주택을 자식에게 물려주는 것보다 지금의 소득이 더 중요하다. 보유한 주택 자산을 유동화해서 매달 현금을 받을 수 있다면 이를 적극 활용해야 한다."

개인의 재무 설계에 가장 유용한 정보는 자신의 현재 소득이 얼마인지, 자신의 은퇴 예상 시기가 언제인지, 자신이 원하는 목표 소득이 얼마인지, 목표 소득을 달성하기 위해서는 저축을 얼마나 해야 하는지 등을 정확히 아는 것이다. 이를 바탕으로 개인은 저축을 더 할 것인지 아니면 목표 소득을 낮출 것인지를 정해야 한다. 역모기지론을 활용하는 것도 좋은 방법이다. 역모기지 제도를 적극 추천하는 머튼의 눈에 자식에게 집 한 칸이라도 물려주고 싶어 하는 대한민국 노부모들의 모습이 어떻게 보일까?

> "많은 세계인들은 돈이 궁해서 사는 것을 그저 '연명하는 것'으로 느낄 수 있다. 당신이 물려줄 것은 집이 아니라 당신이 온전히 사는 것이다. 집을 물려주는 것보다는 당신이 건강하고 행복

하게 지내는 것이 자식한테 더 큰 선물이라고 생각한다. 그게 목표에 기초한 투자의 가치다."

우리 정부가 주택연금 활성화 대책을 내놓은 지도 상당한 시간이 흘렀다. 주택을 담보로 가계부채를 갚고 남는 주택 자금은 일정 연령부터 연금으로 지급받아 노후도 대비할 수 있는 상품이다. 주택연금은 집값이 오르면 차액을 추후 돌려받지만, 집값이 떨어진다고 해서 연금 지급액이 줄어들지는 않는다. 대출까지 받아 주택을 구입한 사람이 대출금을 갚기 위해 집을 되파는 대신 주택연금으로 전환한다면, 주거 안정과 노후 준비에 훨씬 도움이 될 것이다.

코로나19 이후 전 세계적인 유동성 과잉으로 부동산이 급등했다. 자식에게 집을 챙겨주고 싶어도 그렇게 하기가 어렵고 100세 시대에 노후 걱정을 할 수밖에 없는 상황이다. 주택연금이란 만 55세 이상 중노년층이 소유 주택을 담보로 맡기면 평생 혹은 일정 기간 매월 연금 방식으로 노후 생활 자금을 지급받을 수 있는 정부 보증 금융상품이다. 월 지급금을 더 받기 위해선 주택연금 가입 시기가 중요하다. 가입 시점에 결정된 지급금이 유지되기 때문이다. 한국주택금융공사는 집값 시세와 기대수명, 금리를 고려해 적정 지급금을 산출한다. 부동산 가격이 떨어지거나 기대수명이 늘어나고 금리가 오르면 월 수령액이 줄어들 수밖에 없는 구조다.

만약 집값이 조정받을 가능성이 크다고 판단한다면 현재가 주택연금 가입 적기일 수 있다. 상속까지 생각한다면 집값이 상승하는 시기에 주택연금에 가입하는 것도 나쁘지 않다. 주택연금 가입자가 사망하면 담보로 잡았던 주택을 처분해 그동안 제공했던 연금액을 보전한다. 이때 가입자 생전에 지급한 연금 총액보다 주택 처분가격이 더 높다면, 차액을 자녀 등 상속인에게 제공한다. 반대의 경우에는 상속인에게 차액을 청구하지 않는다.

로버트 머튼은 다음과 같이 성숙한 투자자의 자세에 대해서도 강조한다.

> "은퇴 후 목표 수입을 정해 놓고 개개인에 맞춤화된 은퇴 계획을 짠다. 그러면 자연스럽게 안전자산과 위험자산이 나누어진다. 인생에서 중대한 변화가 생기면 그에 맞게 목표를 조절하고 투자 계획도 변경하면 된다. 자신이 원하는 은퇴 소득을 얻기 위한 방법은 세 가지밖에 없다. 더 오래 일하거나, 더 저축하거나, 더 많은 리스크를 감당하는 것이다."

고령화 시대 연금 개혁의 과제

투자를 하면 비이성적인 상황에 매몰된다. 주식이 오르면 너도 나도 주식 투자를 하는 군중본능(Herd Instinct)에 휩쓸려 주식에 발을 담근다. 샀던 주식을 처분한 뒤에도 주가가 계속 오르면 너무 일찍 처분해 더 큰 수익을 놓쳤다고 후회한다. 주변 사람들이 큰 부를 이루기라도 하면 자기도 모르게 시기하고, 참다못해 다시 주식시장에 뛰어든다. 그동안 놓친 수익을 한꺼번에 만회하려는 욕망에 돈까지 차입한다. 그 후 버블이 터져 주가가 폭락하는데도 과거 주가 수준에 집착한다. 쉽게 손절매를 하지 못하고 주가 폭락이 거의 마무리될 무렵에야 겨우 손을 털고 나온다.

투자에 성공하려면 결국 욕망을 절제하고 자신만의 투자 원칙을 세우는 것이 무엇보다 중요하다. 로버트 머튼의 '목표에 기초한 투자' 원칙을 개인, 정부, 기업에 각각 적용해보면 어떨까? 개인의 경우에는 물론 연금저축이나 공적연금, 확정급여형 연금을 통해 소득을 꾸준히 늘려나가야 한다. 하지만 국가나 기업의 경우에는 고령화나 저금리로 인해 자산 운용이 쉽지 않아 원금을 보장하거나 확정급여형 연금을 유지하기가 사실상 어려운 것이 현실이다.

기업의 퇴직연금은 어떤가? 머튼은 만족스럽지 않은 금리로 인해 기업의 퇴직연금 운용 실적이 좋을 수 없으므로 확정급여형(DB) 연금제도가 계속 유지되기 어렵다고 강조한다. 확정급여형 연금제도는 근로자가 퇴직할 때 받을 퇴직급여가 사전에 확정된 퇴직연금제도다. 기업이 매년 부담금을 금융회사에 적립해 책임지고 운용하며, 운용 결과와 관계없이 근로자는 사전에 정해진 수준의 퇴직급여를 수령한다. 반면 고용주와 근로자가 비용을 함께 부담하고 근로자가 운용하는 확정기여형(DC) 연금제도는 운용 주체가 근로자라 세제 혜택을 제외하고 운용성과의 책임이 근로자에게 간다.

머튼은 퇴직연금이 확정급여형에서 확정기여형으로 바뀌는 것이 전 세계적인 추세라고 진단했다. 고령화와 저금리로 근로자의 노후를 보장하는 것이 기업에게 부담이 되기 때문이다. 최고경영자들이 기업을 경영하는 리스크보다 연금 리스크를 끌어안고 가는 것을 더 두려워한다면 문제다. 은퇴 후 근로자와 경영인, 국가와 국민은 '제도의 지속 가능성'을 두고 생각이 다를 수 있다. '약속을 지키라'는 입장과 '지속 불가능하다'는 입장 사이에 갈등이 생길 수밖에 없다. 평균수명을 60대, 70대로 보고 설계한 연금제도가 100세 시대에 유지될 수 있을까? 원리금을 보장하는 연금 상품이 판매 금지되는 것도 같은 이유에서다.

국민연금 개혁을 방치하면 후세대의 보험료 부담이 증가하는 것은 불을 보듯 뻔하다. 정부가 연금개혁을 최우선순위에 두어야 하는 이유다. 국민연금법에는 5년마다 인구 · 임금 상승률 · 국가재정 전망 · 기금수익률 같은 지표의 변화를 반영해 70년간 연금재정을 따져 제도를 개혁하도록 되어 있다. 의학이 발전하면서 더 많은 은퇴 자금이 필요한 지금, 궁핍하지 않은 풍요로운 노후를 보내기 위해 '목표에 기초한 투자'를 당장 시작해야 한다.

Robert J. Shiller

로버트 실러의 비이성적 충동

탐욕과 공포는 경제를 어떻게 움직이는가

미국의 경제학자로 2013년 유진 파마(Eugene F. Fama), 라스 피터 핸슨(Lars Peter Hansen)과 함께 노벨 경제학상을 수상했다. 코네티컷 대학이 선정한 '세계에서 가장 영향력 있는 경제학자 100명' 중 한 명이다. 미시건 대학교와 MIT에서 공부했고 펜실베이니아 대학교 와튼스쿨을 거쳐 예일 대학교 교수로 재직 중이다. 고전경제학의 기본 전제인 '합리적 인간' 대신 실제 사람들의 행동 방식에 바탕을 두는 행동경제학의 대가다. 사회심리학을 전통 경제학과 결합시켜 버블 형성과 붕괴, 서브프라임 사태 등 굵직한 경제현상을 정확히 예측하며 주목받아 왔다. 2000년 펴낸 『비이성적 과열』은 미국 주택시장의 거품을 경고한 책으로, 세계적인 베스트셀러가 되었다. 미국 주요 대도시 집값을 집계하는 '케이스-실러 주택 가격 지수'를 창안했다.

멈추면 비로소 보이는 '거품'

2022년, 모든 것이 오르는 세상이 펼쳐졌다. 국제유가가 가파르게 치솟아 국제유가가 장중 배럴당 130달러를 돌파했다. 2008년 이후 14년 만에 처음이다. 문득 코로나19 발발로 유가가 끊임없이 하락했던 시절을 생각해 본다.

"지난 2020년 4월 20일 미국 뉴욕 석유 시장에서 서부텍사스산 원유(WTI) 5월 인도분 가격이 전날(18.27달러)보다 55.90달러 하락한 배럴당 -37.63달러로 거래를 마쳤다. 원유를 살 때 돈을 지불하는 것이 아니고 1배럴당 37달러를 받는다는 얘기다."

마이너스 원유 가격은 코로나19의 영향으로 수요는 급감했는데, 공급이 줄지 않아 원유 저장시설이 부족해져서 원유 보관료가 올라가고 있기 때문에 손해를 보고라도 팔아야 하는 입장에서 발생한 것이다. 육상의 원유 저장시설이 부족해져서 운항하지 않는 원유 운반선을 저장시설로 썼던 시기가 불과 얼마 전의 일이다. 물론 그 이전에도 저유가의 시대는 상당히 오래갔다. 그때는 저유가가 세계경제의 '리스크 요인'이었다. 산유국들의 구매력 축소로 석유 수요가 감소하고 교역이 위축되고 있다. 그 이전에 하늘 높은 줄 모르고 치솟는 유가로 고생하던 시절을 생각하면 격세지감이었다.

다시 고유가가 돌아온 지금, 연어가 강물을 거슬러 올라가듯 시간을 거슬러 올라가 본다. 2008년 한 해 동안에는 2003년 9월 이후 5년간 5배나 뛴 과도한 유가 상승이 인플레이션을 낳고 경기침체를 유발할 것이라는 이야기가 심심치 않게 들려왔다. OPEC 의장은 리비아의 감산 위협으로 그해 여름 유가가 배럴당 170달러까지 오를 것이라고 발표했다. 투기 세력과 결합되었는지 계속 치솟는 원유가격에 '제3차 석유위기'설도 흘러나왔다. 당시 미 의회는 선물시장에서의 투기거래를 제한하는 법률을 발의했고 국회의원들은 유권자의 표를 계산하는 데 바빴다. 한쪽에서는 과도한 선물규제가 효율적 시장원리에 위반되고 자본을 다른 나라로 이탈시킬 것이라는 주장을 제기했다. 다른 쪽에서는 저소득층과 중산층의 고통이 되는 고유가가 투기 세력의 배를 불린다며 '규제 강화'라는 맹공의 펀치를 주문했다.

당시 원유시장은 수요 증가의 속도에 비해 공급 능력이 제대로 따라가지 못했다. 무엇보다도 제반 여건이 유가 상승에 우호적이어서 선물시장 상승에 베팅을 한 세력은 고속도로를 하염없이 질주할 것으로 기대했다. 튤립 뿌리 몇 개가 집값에 상응하던 시절이 있었던 것처럼 끝없는 유가 상승은 '멈추어야만 비로소 보이는 거품'이었다. 주가가 계속 오를 것이라는 기대감으로 너도나도 무작정 주식시장에 뛰어들던 1996년, 미국 전 연준 의장 앨런 그린스펀은 "주식시장이 '비이성적 과열'에 빠졌다"는 간결한 말로 뜨겁던 증권시장을 잠재웠다. 당시의 연설에서 그는 이렇게 말했다.

"어떻게 우리는 비이성적 과열이 부당하게 자산가치를 상승시키는 때를 알 수 있을까? 비이성적 과열이 바로 지난 10년간 일본이 겪은 경기 위축과 같은 장기 불황을 초래할 수도 있다. 우리처럼 중앙은행에서 근무하는 사람들은 붕괴되는 자산 가격 거품이 생산, 일자리, 물가 안정을 위협하게 해서는 안 되게 할 책무가 있다."

비이성적 과열은 계속된다

중앙은행은 물가 안정은 물론 금융 안정에도 책임이 있다. 그의 이 지극히 합당한 말에 같은 날 각국의 주식시장은 신경질적으로 화답했다. 일본(-3.2%), 홍콩(-2.9%), 독일(-4%), 영국(-4%), 미국(-2.3%)의 주가가 일제히 떨어진 것이다. 그린스펀은 그날 자택에서 넘치는 맥주잔의 거품을 입술로 쓱 훔쳤을까? 그때의 주가 하락 사태는 기억 저편으로 사라졌지만 '비이성적 과열'이라는 말은 이후 증시가 과열될 때마다 기억의 습작처럼 우리를 찾아온다.

코로나19 발발로 2020년은 경기침체의 해였다. 중국을 제외한 대부분의 경제가 역성장했다. 주식시장의 상황은 달랐다. 2020년 미국의 나스닥은 44%, S&P500 지수는 16% 상승했다. 우리나라 코스피 지수는 31%, 코스닥 지수는 45% 상승했다. 그러나 2022년이 되자 S&P500 지수는 상반기 20.6% 하락해 1970년 상반기 이후 가장 큰 폭으로 떨어졌다. 나스닥 지수는 상반기 22.4% 하락해 2008년 글로벌 금융위기 이후 가장 부진했다. 주가는 그렇게 때로는 끝없이 오를 것 같기도, 끝없이 내릴 것 같기도 한 요물이다.

그린스펀으로부터 영감을 받은 것일까? 노벨 경제학상을 수상한 로버트 실러는 『비이성적 과열』이라는 말을 부활시켜 자신의 책 제목으로 썼다. 이 책에서 그는 미국 시민들이 어떻게 비이성적으로 대출을 받아 부동산 시장에 불나방처럼 뛰어들었는지 분석했다. 2000년 초반의 닷컴 버블, 2008년의 서브프라임 모기지 사태도 미리 예측했던 실러는 2015년 『채권시장은 얼마나 무서운가?(How Scary is the Bond Market?)』라는 저서에서 미국의 채권 가격이 과도하게 높은 수준이라며 붕괴 가능성을 이야기했다. 그는 부동산 시장을 정밀하게 분석하기 위해 자신의 이름을 딴 지수를 이용한다. 미국 주택시장 동향을 알아볼 수 있는 대표적인 경제 지표 가운데 하나인 '케이스-실러 주택 가격 지수(Case-Shiller Housing Price Index)'가 바로 그것이다. 1980년대에 로버트 실러 교수가 웰즐리 대학교의 칼 케이스(Karl E. Case) 교수와 함께 만든 지수로, 신용평가기관인 S&P가 추가로 참여해 미국 주요 도시의 주택 가격 변화를 주기적으로 보여준다. 이 지수로 경제학자로서 그의 명성이 어느 정도인지 알 수 있다.

코로나19 이후 유동성 증가에 따라 미국의 자산시장 거품론을 부르짖는 실러 교수는 특히 집값이 가장 과열되었다고 주장한다. 코로나19라는 비상사태에서 재정이 풀리고 금리가 대폭 낮아진 데다 재택근무가 확산되면서 복잡한 도심 아파트에서 넓은 교외주택으로 이동하려는 수요를 자극한 것이 주요 요인이었다. 실러 교수의 경고가 인상적이다.

"지난 100여 년간 데이터를 보더라도 주택 가격이 이렇게 높았던 적은 없었다. 현재는 주택 가격이 붕괴(2005년)하기 2년 전인 2003년을 연상시킨다."

세계 각국 정부나 중앙은행은 주택 가격 급등에 우려의 눈초리를 보내고 있다. 하지만 주택시장의 거품이 언제 꺼질지는 누구도 모른다. 탄탄한 경제성장이 견인한 과거 호황기 때 연준은 금리를 올려 거품을 터뜨리는 역할을 자임했다. 즉, 과거에는 자산 거품이 호황에만 나타났다. 지금은 경기침체인데도 더욱 활개를 친다. 저금리와 유동성 팽창이 자산시장 거품만 계속 키울 것이라고 판단되면 연준이든 한국은행이든 돈줄을 서둘러서 죌 수밖에 없다. 버블은 '심리적 전염병'이다.

자산가치가 내재가치보다 지나치게 높은 버블을 누구도 정확히 측정하기 어렵다. 예를 들어 부동산의 경우 '연소득 대비 주택 가격 비율(PIR)'이 버블 여부를 판단하는 비교 지표라고 하자. 이때 해당 지역의 인구밀도 같은 다른 지표를 갖다 대면 버블 여부에 대한 판단은 달라질 수 있다. PIR이 동일해도 인구밀도가 다른 경우 버블을 획일적으로 판단하기 어렵다는 의미다. 부동산이 지위재의 역할을 하여 대도시 지역인 뉴욕, 런던, 파리의 고급 아파트 가격이 높다고 한다면, PIR만으로 판단하는 것도 무리일 수 있다. 일류 도시의 고급 주택 수요는 한정된 재화에 대한 수요로 경기와 무관하다는 주장이 그래서 제기된다. 고소득자가 기꺼이 고가를 지불하고 집을 산다면 PIR만으로 고평가되었다고 주장하기 어려운 점이 있다.

로버트 실러는 버블을 '심리적 전염병'으로 묘사했다. 사람들이 합리성을 제쳐두고 '이야기'로 자산을 구입하는 경향이 짙다는 것이다. 사람들은 어떻게든 피하려고 하지만 버블은 반복해서 일어났다는 점에 그는 주목한다. 1636년 튤립 버블, 1929년 대공황을 야기한 주식 버블, 2008년 월가를 뒤엎은 부동산 버블이 그 예다. 누군가는 그 어느 때보다 높은 코로나19 이후의 부동산 가격을 보며 버블을 이야기할 수도 있겠다.

우리가 왜 빈번하게 자산가치의 상승과 폭락을 경험하는지를 실러의 시각에서 이야기해 보자. 누군가는 풀린 돈이 갈 곳이 없어서 그렇다고 하지만 실러는 다른 면도 간과하지 않았다. 그는 '생각의 전염'이 자산시장의 가격 변동에 중요한 영향을 미친다고 보았다. 가격 상승으로 누군가 돈을 벌었다는 입소문이 돌 때, 이야기가 퍼지는 양상은 바이러스가 퍼지는 양상과 닮았다. 입소문은 다양한 전염을 일으켜 가격을 더욱 상승시키고, 시장에 참가하지 않은 사람들은 상대적인 박탈감을 느끼게 된다. 결국 너도나도 비이성적으로 참여하면서 시장은 과열되고 가격은 폭등한다. 대공황을 비롯한 여러 역사의 교훈을 보면 사람들은 버블이 터지고서야 버블을 알아챘다. 미래에 대한 기대치가 과도한 낙관에서 과도한 비관으로 바꿔면, 탐욕은 어느새 공포에 잠식되고 시장은 패닉에 빠진다.

'아, 빨리 뛰어내릴걸' 하는 후회 속에 빚을 내어 자산에 투자한 개미들은 앞다퉈 도망간다. 어떤 이는 하우스푸어라는 험로에 들어서고, 누군가는 개인의 무분별한 신용거래를 조장했다며 정부에게 책임의 화살을 돌린다. 가계부채가 사상 최고라는 경고음이 들리고, 정부는 가계부채 대응책을 마련한다. 빚을 지려거든 능력에 맞게끔 빌려야 하지 않을까. 빌린 즉시 처음부터 갚아나가게 하는 것이 부채가 유발하는 시스템 리스크를 방지하기 위한 불가피한 조치일 수 있겠다. 고정금리와 분할 상환 위주의 대출 구조, 담보 위주에서 빌리는 사람의 채무 상환 능력까지 고려한 대출 관행은 일관되게 지켜져야 한다.

2013년 유진 파마, 라스 피터 핸슨, 로버트 실러는 채권, 주식, 부동산 시장에서의 추세 연구 개발에 업적을 남긴 공로로 노벨 경제학상을 공동 수상했다. 실러는 '비합리적인 시장 참가자들'을 전제로 삼는다는 점에서 시장의 합리성을 강조하는 전형적인 시카고학파인 파마나 핸슨과는 차이가 있다. 그들과 실러는 서로 대칭점에 서 있는 학자인 것이다.

경제학은 수학이나 과학과 달리 모든 상황에 적용되는 단일 이론이 있을 수 없다. 파마는 시장은 효율적이고 자기 조정 능력을 갖고 있다는 '효율적 시장 가설'을 믿는다. 사람들은 시장의 수급을 감안해 합리적으로 행동하며 그에 따라 시장이 균형을 찾아간다는 것이 효율적 시장 가설의 핵심이다. 자본시장의 가격이 이용 가능한 정보를 충분히, 즉각적으로 반영하고 있어 어느 누구도 초과 수익을 얻는 것이 불가능하다는 주장이 사실일지는 모르겠다. 사람들은 늘 남이 모르는 내부 정보나 다른 비밀 정보에 솔깃해하고 그를 이용해 돈을 벌기도 하기 때문이다. 어쨌건 파마에 의하면 시장은 과거 정보, 공식 정보, 내부자 정보 같은 모든 정보를 반영한 효율적 시장이기 때문에 정부 규제는 불필요하다. 그에 의하면 자본시장에서 형성되는 가격은 정보를 제대로 반영한 적정한 가격이다. 시장 정보는 숨기려야 숨길 수 없고 모든 것은 가격에 반영된다.

반면 실러는 시장에서의 거품 방지의 중요성을 강조한다. 그는 버블이 주기적으로 발생한다는 사실을 근거로 시장이 비합리적이라고 이야기한다. 따라서 비합리적인 군중 행동으로 가격이 과도하게 상승하는 투기 현상에 대해 정부가 규제해야 한다고 주장한다. 실러는 탐욕이 두려움을 압도할 때 비이성적인 거품이 생긴다고 말한다. 나아가 심리적 공포가 지나치면 세계경제를 침체 국면으로 내몰 수 있다고 본다. 실러의 아내는 심리학 교수다. 그 영향을 받아서일까? 그는 경제 현상의 발로를 인간의 심리로 보고, 그에 따라 진단하고 예측하는 경향이 강한 편이다.

우리는 유진 파마와 로버트 실러 중 누구의 편을 들어야 할까? 실러는 주식, 부동산 등 자산 가격은 정치, 사회, 심리 등 다양한 요인의 영향을 받는다는 비이성적인 '야성적 충동'을 중시한다. 시장 지표에만 의존하면 2008년 글로벌 금융 위기를 절대로 예측하지 못할 것이라는 그의 주장은 경제 주체들의 합리성 못지않게 야성적 충동을 적절히 조화시켜야 경제를 제대로 바라보고 운영할 수 있다는 의미로 들린다. 보이지 않는 손에만 의지하면 결국 탐욕이 파멸과 위기를 불러올 수 있고, 정부가 지나치게 참견하면 또 다른 실패와 비효율이 발생할 수 있다는 점을 명심해야 한다.

긍정적 에너지가 성장의 동력

경제가 잘나갈 때는 다들 자신감이 넘쳐 과감히 행동하게 된다. 레버리지도 능력 이상으로 사용하고, 뭐든 할 수 있다는 자신감에 실패할 거라는 생각은 추호도 하지 않는다. 하지만 요즘은 어떤가? 실러는 '심리적 공포'가 세계경제를 침체 국면으로 내몰기도 한다고 주장한다. 글로벌 금융 위기 이후 '장기 침체'란 단어가 유행하던 때, 그는 그 단어에 부정적이었다. 당시 그는 중국의 경기 둔화와 유럽의 금융 부실 우려가 장기 침체를 몰고 온다는 사람들의 주장에 동의하지 않았다. 공포에 대한 막연한 공감이 오히려 세계경제를 불안으로 몰아가고, 소비자의 지갑을 닫게 만들고, 기업의 재투자를 위축시키는 악순환의 늪에 빠져들게 한다고 주장했다.

그는 당시 경기 상황을 침체라고 단정하지 않고, 야성적 충동을 통한 자신감이 경기 순환에 중요한 역할을 할 수 있다고 주장했다. 경기가 좋을 때 사람들은 성공이라는 강한 믿음으로 야성적 충동에 의한 투자를 한다. 이때는 자산 가격이 높게 형성되고 상승세를 보인다. 반대로 경기가 불확실할 때 사람들은 패배의식과 공포에 빠지기 쉽다. 이 경우 통화정책은 한계에 도달한다.

공포가 지배하는 상황에서는 금리를 낮춰도(마이너스 금리 포함) 경제 주체들이 말을 안 듣는다. 돈을 쉽게 빌릴 수 있는데도 투자가 늘어나지 않아 '심리'를 강조하는 그의 말이 오히려 설득력 있게 들린다. 그에 의하면 경기침체 요인은 결국 심리다. 그는 장기 경제 전망에 대한 두려움이 기업의 투자를 짓누르고 있다면 유동성 확대 정책은 부작용이 크다고 보고 경제 심리를 낙관적으로 조성해나가는 정책을 우선적으로 실시해야 한다고 주장한다. 기업가 정신을 가로막는 규제를 없애고, 기업가의 야성적 충동을 불러일으켜 경제에 활력을 불어넣어야 한다는 것이다.

실러는 아베 전 총리에게 20년간 지속된 디플레이션으로 염세주의에 빠진 일본 국민의 심리를 자극할 방안이 야성적 충동에 있다고 제시했다. 국민들이 야성적 충동으로 무장해야 일본이 일어선다고 본 것이다. 잃어버린 40년을 걱정하는 일본을 보라. 1990년대 초 거품경제 붕괴 이후 '제로(0) 성장'을 지속하고 있는 일본경제에서 침체는 일상어가 되었다.

우리는 왜 로버트 실러의 '심리'라는 다소 비경제적인 요인에 매료될까? 2006년 미국 부동산 시장이 과열 현상을 보일 때, 그는 '집값이 떨어질 것'이라며 지속적으로 경고등을 깜빡였다. 하지만 부동산 투자 외에는 부자가 될 길이 없다고 생각한 저소득, 저신용자들이 그의 말을 귀담아들을 리 만무했다. 대출이 불어나고 물가가 뛰자 정부는 금리를 인상했다. 그러자 투기 세력들은 서서히 발을 뺐다. 결국 주택 가격이 급락하자 그 충격은 고스란히 서민에게 돌아갔다. 집값이 폭락하자 집을 팔아도 빚을 상환하지 못하는 사태가 벌어지고 깡통주택이 넘쳐났다. 몇 년 동안 대출금을 거르지 않고 갚아나갔으나 은행이 상환 방식을 고정금리에서 변동금리로 바꾸라고 하자, 이 말을 그대로 따른 서민들은 금리 상승으로 상환금이 폭등해 피해를 그대로 입게 되었다. 연체 가산금에 추가 연체 가산금이 붙자 결국 서민들은 파산할 수밖에 없었다.

우리가 살아가는 현실에는 주관과 객관이 혼재해 있다. 비관론자와 낙관론자가 공존하기 때문에 세상은 늘 다양한 목소리를 낸다. 누군가 중산층은 살기 힘들어졌지만 고소득층은 갈수록 풍족한 삶을 누리고 있다고 항변한다. 세계적으로 중산층은 점점 줄어들고 있다.

그럼에도 불구하고 세상을 긍정적으로 바라보는 사람들이 많아진다면 세상은 긍정적으로 변화될 수 있다고 믿고 싶다. 현실이 어렵다고 해서 마음까지 그래서야 되겠나? 타고난 것보다 노력으로 운명을 바꿀 수 있다고 믿는 사람들이 많아진다면 경제의 성장 동력도 커질 것이다. 희망과 열정을 가져야 할 젊은 세대들이 '희망은 없다'며 스스로를 한계 짓고 있는 상황이 가장 두려운 일인 것 같다. 사회 전체적으로 긍정의 에너지를 불어넣는 것이 더욱 중요해진다. 세상에는 완벽하지는 않지만 사랑스러운 나를 아껴주는 많은 사람이 있다. 자신이 가고자 하는 길을 다른 사람과 더불어 묵묵히

걸어가 보는 것, 그것이 한 번뿐인 인생을 보다 가치 있게 살아내는 길이 아닐까?

Robert B. Wilson

로버트 윌슨의 주파수 할당 경매 이론

경매로 사회적인 기여를 할 수 있다면

미국의 경제학자이자 스탠퍼드 대학교의 경영학 교수이다. 경제활동 참여자가 합리적인 가격으로 시장에 참여할 수 있는지를 분석한 경매 이론과 새 경매 형식의 발명에 대한 공로로 2020년에 스탠퍼드 대학교 동료이자 제자인 폴 밀그롬(Paul R. Milgrom)과 함께 노벨 경제학상을 공동으로 수상했다. 그는 경매 이론을 개발하고 발전시켜 라디오 주파수 같은 공공재를 비롯한 다양한 상품과 서비스를 효율적으로 처분할 수 있는 새로운 매각 방안을 제시했다. 이를 통해 시장 참여자의 이익은 물론 사회적 후생을 늘리는 데 상당한 기여를 했다는 평가다.

경매를 연구한 스승과 제자

경매 이론은 경매시장의 특성과 참가자의 의사결정 문제를 다룬다. 매수자는 해당 상품을 사기 위해 적절한 가격을 제시해야 한다. 한정된 물품의 가격을 결정하는 데 있어 경매만큼 신속하고 공정한 방법도 없다. 이베이(eBay)에 나온 골프채, 마이해머(MyHammer) 같은 플랫폼에서 제공하는 여러 서비스, 옥션 매장에서 거래되는 예술품을 우리는 경매로 살 수 있다. 경매는 한 명의 판매자가 다수의 구매자를 대상으로 진행하는 경우, 한 명의 구매자가 다수의 판매자를 대상으로 진행하는 경우, 다수의 판매자와 구매자가 동시에 가격을 제시하는 경우를 모두 포함한다.

경매는 일반에 잘 알려진 상행위임에도 연구 대상으로서 경매의 세부 규칙을 다루고자 하면 고도로 복잡한 분야가 된다. 2020년 노벨 경제학상은 경매 이론을 연구한 스승과 제자인 두 미국 경제학자에게 돌아갔다. 그들은 스탠퍼드 대학교 주변에 있는 '높은 나무'란 뜻의 팔로 알토(Palo Alto) 마을에 함께 산다. 그들의 집은 겨우 40미터밖에 떨어져 있지 않다. 수상자 중 제자는 폴 밀그롬이고 스승은 로버트 윌슨으로 두 사람 모두 스탠퍼드 대학교 교수다. 스승은 수상 소식을 들었으나, 제자는 자느라 스웨덴에서 온 노벨 경제학상 수상 전화를 받지 못했다. 노벨위원회 측은 스승 윌슨에게 도움을 요청했다. 길을 건너 제자 밀그롬의 집으로 가서 초인종을 누르고 문을 두드려 자고 있던 그를 깨워달라는 부탁이었다. 영문을 모르던 밀그롬은 처음에는 잠을 깨우자 화를 냈다. 푹 자려고 핸드폰을 무음 처리해뒀던 것이다.

스승에게는 이미 노벨상을 받은 제자가 있었다. 노벨 경제학상을 이미 받은 두 명의 제자는 앨빈 로스(Alvin Roth)와 벵트 홀름스트룀(Bengt Robert Holmström)이다. 그는 제자 3명의 해트트릭을, 그 자신까지 포함해서 4골의 오버 해트트릭을 기록하는 환희를 누리게 되었다. 아름다운 팔로 알토 마을의 밤하늘을 수놓은 별빛은 그들을 특별히 비추고 있었다.

미시간 대학교 수학과를 졸업한 밀그롬은 보험회사 계리원과 컨설팅회사 컨설턴트로 일한 후 나이 서른에 스탠퍼드 MBA에 진학했다. 그의 재능을 엿본 스승 윌슨이 밀그롬에게 박사과정을 제안했다. 제자는 3년 만에 학위를 땄는데, 1979년 경매 이론 논문으로 '레오나드 사비지상'을 받았다. 그게 둘을 경매라는 학문으로 이어지게 한 인연이 되었다. 경매는 어디에서든 벌어지고 우리 일상생활에 영향을 준다. 노벨위원회도 같은 맥락의 의견을 발표했다.

"두 교수가 경매 이론을 발전시켰고, 새로운 유형의 경매 형태를 고안해 전 세계 매수자와 매도자, 납세자에게 도움을 줬다."

과거에도 다른 이가 경매 이론으로 노벨 경제학상을 받은 적이 있다. 경매 분석은 1996년, 1994년 각각 노벨 경제학상을 받은 윌리엄 비크리(William Vickrey)와 존 허샤니의 논문을 통해 1960년대에 경제 이론으로 이미 정립되었다. 이번에는 좀 더 구체적이고 실용적인 분야에서 경매의 방법을 연구해낸 것이 성과로 인정받게 된 것이다. 앞선 두 학자의 연구를 발전시키면서 스승과 제자는 학계에 깊은 인상을 남겼다. 그들의 논문은 여러 경제 분야에서 경매가 각각 어떤 식으로 작동하는지에 대한 중요한 토대를 마련했다.

광범위한 사회적 혜택을 목표로 하는 경매 이론

경매 과정에서 보이는 입찰자의 행동을 이해하게 해주는 이들의 연구는 다양한 경매 규칙을 새롭게 평가하는 기틀을 제공했다. 사람들은 경매를 통해 가장 비싼 가격을 부르는 응찰자에게 물건을 팔거나, 가장 싼 가격을 부르는 응찰자에게 물건을 샀다. 요즘은 매일 경매를 통해 가재도구뿐만 아니라 예술품과 골동품, 증권, 광물, 에너지 등 천문학적인 금액의 가치가 있는 재화의 주인이 바뀐다. 공공 조달도 경매를 통해 진행된다. 당신이 응찰자라면 어떤 정보를 기반으로 전략적으로 행동할까? 스스로 아는 정보와 다른 사람의 정보를 함께 전략적인 정보로 고려하지 않을까?

우리는 바야흐로 디지털 경매의 시대에 살고 있다. 그 결과 경제활동 전역에서 경매 방식이 갈수록 더 복잡해지고 있다. 무선 이동통신망 경매, 온라인 경매, 어업수역 경매, 산업 분야 공급업체 경매, 에너지시장 경매를 넘어 경매 범위와 방식은 다양하다. 이러한 상황에서 스승과 제자는 경매가 어떻게 작동하는지, 낙찰에 응하는 사람은 왜 특정한 방식으로 행동하는지 이론화하려고 했다. 그 결과 이들이 고안한 새로운 경매 방식을 통해 입찰이 간단해졌고, 자원 배분은 획기적으로 개선됐다. 둘의 경매 이론은 이익 극대화보다 광범위한 사회적 혜택을 목표로 했다. 두 교수는 경매 이론에 앞서 게임 이론 분야에서 다양한 업적을 남긴 미시경제학자였는데 이러한 배경이 경매 이론 발전에도 영향을 줬다.

1990년대 세계는 자국 재량권 내에 있는 무선 광대역통신망을 경매로 분배할 방법을 모색하고 있었다. 이동통신사에는 큰 사업이었고 국가에는 막대한 세금을 벌어들일 기회였다. 경매를 통해 국가는 여러 이익을 얻을 수 있었다. 우선 광대역통신망을 관리할 최상의 기업을 선택할 수 있었다. 사업모델이 좋으면 허가를 얻기 위해 입찰자가 제시하는 기준도 그만큼 우수할 것이다. 한 기업이 통신망 모두를 독점하는 상황을 막는 게 중요했는데 경매로 이를 이룰 수 있었다. 누구나 수긍할 수 있는 방법으로 선정된 기업에 기술상 실행가능한 주파수를 조합해서 할당하는 동시에 국고에도 최고 수익이 돌아오게 할 방법이 무엇인지를 알아내야 했다. 그동안 스승과 제자는 이 분야에 있어 각국 정부의 상담역을 맡아 정교한 규칙을 개발했다. 밀그롬은 실제로 다수 국가의 주파수 경매와 마이크로소프트의 광고 경매 기법 개발 때 조언한 바 있다. 노벨위원회는 성명에서 "두 사람은 라디오 주파수(Radio Frequencies)처럼 종래의 방법으로는 팔기가 어려운 상품과 서비스를 위한 새로운 경매 방식을 고안하는 데 통찰력을 발휘했다"고 평가했다.

입찰 대상에 대해 한 입찰자가 좋은 평가를 하면 다른 입찰자의 평가도 좋게 나올 확률이 높다. 그렇다면 매도자인 국가는 어떤 입찰자에게 관심을 가질까? 가장 높은 입찰가를 제시하는 사람일까? 입찰자 가운데 최상의 사업모델을 제시하는 사람에게 관심이 갈 수밖에 없다. 저렴한 비용으로 이윤을 가장 많이 남길 수 있는 지원자가 누구일까? 물론 최고 입찰가격을 제시한 응찰자가 가장 뛰어난 사업모델을 가진 사람은 아닐 수 있다. 응찰자가 단지 사업권의 가치를 과대평가했을 수도 있기 때문이다. 이 경우에 사업권을 따낸 회사는 입찰에는 성공했지만 경매 이론에서 말하는 '승자의 저주(Winner's Curse)'에 빠졌다고 하겠다.

승자의 저주는 경쟁에서는 이겼지만, 승리를 위하여 과도한 비용을 치름으로써 오히려 위험에 빠지게 되거나 커다란 후유증을 겪는 상황을 말한다. 상황에 대한 이해가 결여된 입찰자는 불확실한 상품의 경매에서 낙찰될 때 경매 대상 자산의 실제 가치보다 더 많은 돈을 지불하는 경향이 있지만 응찰자가 이성적이라면 그렇지 않을 것이다. 두 교수는 입찰자들이 '승자의 저주'를 의식해 최상의 추정치보다 더 낮은 가격에 응찰하는 경향이 있다고 보았다.

나중에 후회하는 일을 피하기 위해 입찰자들은 처음부터 정해놓은 금액을 염두에 두고 경매에 나선다는 사실을 스승과 제자는 분명히 보여줬다. 공개 경매 방식은 경쟁자가 한 명씩 입찰을 포기할 때마다 매입하려는 사업권을 다른 사람들이 어떻게 평가했는지를 조금씩 공개한다. 이러한 추가 정보를 바탕으로 입찰자는 더 대담하게 입찰 가격을 제시할 수 있다. 그런데 하나의 사업권을 공개경매 방식으로 하는 경우에는 소기의 효과를 거둘 수 없다. 이를 위해 스승과 제자는 새로운 경매 방식을 개발했다.

주파수 경매에서 빛이 나다

경매 이론이 각광받게 된 것은 1994년 미국을 필두로 각국이 이동통신 주파수 경매(Frequency Auction System)를 시작하면서다. 기존에 예술품이나 꽃, 수산물 등의 거래에서 주로 이용되던 경매 방식이 국가정책의 주요 관심사로 떠오른 것이다. 20세기 초 작은 대역 거리에서 무선 신호를 전송하는 데 성공한 이후로 물리학자, 엔지니어, 발명가 그룹은 음성 · 데이터 · 비디오 신호를 전송하기 위해 전파를 사용하는 방법을 알아냈다. 전파는 휴대전화가 의사소통을 할 수 있게 해준다. 무선 데이터 네트워크, 아날로그 TV 방송, 무선 전화기, 레이더, 전자레인지의 핵심으로 기능한다. 주파수는 다양한 사업자가 서로 이해관계가 얽혀 있는 대상이고, 정부 입장에서는 적절한 가격을 받으면서도 국가적으로 중요한 이동통신 사업이 잘 진행될 수 있도록 제도를 구축해야 한다.

어떻게 이 모든 송신이 뒤엉키는 간섭을 피하고 진행될 수 있을까? 미국에서는 전파를 이용한 방송을 원하는 모든 기업이나 개인은 FCC(연방통신위원회)로부터 면허를 취득해야 한다. FCC는 서로 다른 유형의 무선 기술인 AM 라디오, 휴대폰 신호, 텔레비전 방송, 기타 채널에 서로 다른 주파수 범위를 할당한다. 예를 들어 지역 라디오 방송국을 시작하면서 특정 무선 주파수에서 작동하려면 FCC에 면허를 신청하고 구입해야 한다. 1994년 이후 FCC는 전자파 주파수의 가용 주파수에 대한 면허를 경매로 진행했다.

익명의 경매야말로 경쟁을 늘리고, 돈을 더 모을 수 있고, 다수의 구매자 간의 불공정한 담합이나 밀약을 피할 수 있는 최선의 방법이다. 혹시라도 있을 담합이나 기타 부작용이 생겨서는 안 되기에 경매 제도를 설계하는 데 신중해야 한다. 주파수 경매는 방송통신용 전파(주파수) 이용 면허를 가장 비싼 값을 부르는 사업자에게 주는 할당 체계이다. 한쪽이 포기할 때까지 입찰을 반복하는 '동시 오름차순 경매'가 일반적이다. 전문용어로 동시다중라운드(Simultaneous Multiple Round Auction) 방식의 경매라고 한다. 동시에 각 주파수 대역별로 여러 라운드 입찰을 진행해 하나의 입찰자가 남을 때까지 경매를 진행하는 것이다. 특정 대역에 대한 최고가 입찰자가 정해지면 그 이후 라운드부터 다른 대역에 입찰할 수 없도록 해 낙찰자가 되고도 이익을 누리지 못하는 '승자의 저주'에 빠지는 것을 피할 수 있도록 했다.

우리나라의 사례를 보자. 앞서 3G, LTE 주파수 경매를 한 후에 2018년 5G 주파수 경매도 단행되었다. 주파수 대역을 누구에게 매각하느냐는 통신사뿐만 아니라 국민의 일상생활에도 직접적인 영향을 미친다. 매각대금이 너무 높게 결정되면 사업성이 떨어져 해당 산업이 엎어지는 승자의 저주가 발생할 수 있다. 또한 낙찰가의 일부가 요금의 형태로 소비자에게 전가될 수도 있다. 반대로 너무 낮은 가격으로 낙찰되면 어떤 문제가 생길까? 국민 세금 부담이 커진다. 그래서 고안된 동시다중라운드 방식은 광범위한 사회적 혜택을 목표로 하는 경매 방식이라 할 수 있다. 1994년 미국이 이들의 경매 이론을 도입해 주파수 경매를 시작했으며 이후 다른 국가에서도 이 방식을 뒤따랐다. 한국은 오랜 준비 끝에 2011년 8월 처음으로 주파수 경매를 치렀다.

윌슨은 완전 경쟁시장에서 시장의 보이지 않는 손에 의해 가격이 결정된다는 전통적인 시각에 의문을 품고, 오히려 소수의 경쟁기업 간에 전략적인 고려에 의해 결정되는 경매의 가격형성 과정에 관심을 뒀다. 밀그롬은 주파수 경매의 초기부터 참여해 최근까지 제도 설계에 큰 역할을 했고, 그 과정에서 다수의 새로운 연구 결과들을 도출했다. 밀그롬과 윌슨이 고안한 새로운 경매 방식은 미국 무선주파수 경매는 물론 라디오 주파수, 전기, 천연가스, 이산화탄소 배출권 경매 방식에도 활용되고 있다. 항공기 이·착륙 권리와 같은 무형의 상품과 서비스도 경매에 부칠 수 있게 됐다.

이겨도 손해 보는 승자의 저주

교수가 동전이 가득 있는 항아리를 만들어 경매를 제안하는 장면을 상상해 보자. 학생들은 입찰서를 쓸 수 있고, 가장 높은 입찰가격을 적어낸 사람이 항아리 속에 담긴 내용물을 낙찰받게 된다. 모든 사람이 입찰서를 작성한 후, 교수는 어떻게 입찰했는지 알아보기 위해 학급 학생을 대상으로 여론조사를 한다. 톰이 45달러라는 가장 높은 입찰가격을 제시해 낙찰을 받게 되었다.

"축하해. 톰. 방금 항아리에 있는 동전을 다 땄어! 기분이 어때?"

"별로입니다."

그가 따낸 항아리에는 20달러 가량의 동전이 들어 있었다. 톰은 항아리에 돈이 얼마나 들어 있는지 듣기도 전에 자신이 가장 높은 입찰금을 써냈다는 것에 기분이 좋지 않았다. 왜일까? 많은 경매 우승자는 톰처럼 승리했음에도 기분 나쁜 감정을 느낀다. 이처럼 경쟁 입찰 시나리오에서 이긴 사람 중 협상 테이블에서 최적이거나 최고의 가치를 창출하는 결과를 얻지 못하는 경우가 있다.

실제 사례를 보자. 1950년대에 미국 석유 기업들은 멕시코만의 석유 시추권 공개입찰에 참여했다. 당시에는 석유 매장량을 정확히 측정할 수 있는 기술이 부족했다. 기업들은 석유 매장량을 추정하여 입찰가격을 써낼 수밖에 없었는데 입찰자가 몰리면서 과도한 경쟁이 벌어졌다. 그 결과 입찰가격을 2000만 달러로 써낸 기업이 시추권을 땄지만, 후에 측량된 석유매장량의 가치는 1000만 달러에 불과했다. 낙찰자는 1000만 달러의 손해를 본 것이다.

위에서 제시한 항아리 사례의 경우 항아리 속에 들어 있는 돈의 가치는 누구에게나 객관적으로 같다. 하지만 입찰자마다 항아리에 들어 있는 동전 중 금액이 높은 동전이 얼마나 들어 있는지에 대해 다르게 짐작한다. 이처럼 경매 대상에 대해 입찰자의 추측은 다르지만, 누구에게나 객관적으로 공통의 가치가 부여된 상황(항아리 속 돈의 가치는 누구에게나 동일)에서 가장 좋은 조건을 제시한 입찰자가 낙찰받는 것을 '공통가치경매(Common Value Auction)'라고 한다.

윌슨은 공통가치경매 이론과 관련한 최초의 분석 틀을 제공한 인물이다. 실제로 국고채 입찰, 기업공개(IPO) 입찰, 스펙트럼 경매, 값비싼 미술품과 골동품 경매에서 이러한 경매 방식이 행해지기도 한다. 윌슨은 논문에서 낙찰가가 물건의 진가를 넘나드는 경향인 '승자의 저주'를 조사했다. 신중한 입찰자의 경우에는 승자의 저주를 피하고자 경매 대상을 낮게 평가할 수 있으며, 입찰자들이 경매 대상의 실제 가치에 대해 서로 다른 정보를 가지고 있을 때 특히 문제가 된다. 평균적으로 입찰자들이 정확하게 가치를 추정한다면, 가장 높은 입찰가는 상품의 가치를 과대평가한 사람에 의해 결정된다. 합리적 입찰자들은 역선택을 예상할 것이고, 평균적으로 너무 많은 돈을 지불하려 하지 않으려 할 것이다.

밀그롬도 1982년에 로버트 웨버(Robert Weber) 교수와 함께 쓴 논문에서 공통가치경매와 함께 사적가치경매(private value auction)를 다루었다. 경매 참여자마다 자신의 기호에 따라 재화의 가치를 다르게 평가하는 게 사적가치경매이다. 예컨대 미술품 경매는 개인별로 느끼는 가치가 상이한 사적가치경매이다.

밀그롬 역시 승자의 저주를 분석했는데, 가격이 저렴하게 시작되어 상향 입찰되는 영국식 경매는 높은 가격으로 시작되어 하향 입찰되는 네덜란드 경매보다 승자의 저주를 피하는 데 더 낫다고 판단했다. 입찰자가 낙찰되면서 입찰자들은 영국식 경매 과정에서는 경매 대상의 가치에 대해 더 많은 정보를 얻는다. 그는 진위 증명서, 전문가 평가, 다른 입찰자의 가치 평가에 대한 추정치와 같은 정보를 중시한다. 경매 대상에 대한 더 많은 정보를 가질수록 더 높은 수익을 가져갈 수 있다.

현재도 승자의 저주는 회자된다. 은행권의 우량고객 확보 경쟁이 치열하다. 고객 혜택을 차별화해 신용도가 좋은 고객에게는 예금금리를 얹어주거나 대출 한도를 늘려주는 게 기본이다. 이 과정에서 일부 은행은 다른 은행의 고객을 빼어오기 위해 담보 보증이 없는 신용대출까지 금리를 떨어뜨려 출혈 경쟁을 감수한다. 은행이 우량고객 확보에 무리수를 둘 경우 수익성을 해칠 수 있다. 개별 은행은 수익성을 훼손하지 않기 위해 우량고객의 가치를 보다 정확히 파악하는 노력을 병행해야 한다.

이론을 넘어 현실로

우리가 이들 경제학자에게서 배울 교훈은 무엇일까? 이들의 노벨상 수상은 경제학이 이론에 머물러 있는 것에 대한 경종을 울렸다. 경제학이 이론을 넘어 현실과 접목되어야 한다는 뜻이다. 경제 이론가가 경제 모델을 만들어서 학술지에 실리는 논문을 쓰는 것은 얼마든지 가능하다. 그렇지만 그 논문이 현실을 반영하고 이해하는 데 도움을 줄 수 있는지는 완전히 다른 문제이다. 전통 경제학이 가정하는 완전경쟁시장이나 인간의 합리성 가정은 비현실적이다. 인간의 합리성 한계를 인지한 행동경제학이 인기를 얻으면서 경제학의 지평이 넓어졌지만, 아직도 갈 길이 멀다.

두 학자는 경매와 관련한 이론을 넘어 현실 적용을 중시했다. 이전엔 하나의 아이템을 가지고 진행하는 경매 이론만 있었지만, 두 학자는 여러 개의 아이템을 동시에 경매했을 때 가장 효율적인 방법을 이론화했다. 예를 들어 유명 포도주를 1병만 경매할 때는 기존 경매 이론으로도 시장 특성과 참여자 행동 방식에 대해 예측이 가능했다. 하지만 포도주를 여러 병 경매할 때는 1병씩 팔아도 되고 3~5병으로 묶어서 팔아도 되는 등 여러 경우의 수가 생긴다. 두 학자는 이러한 현실적 상황에서 가장 효과적인 경매 방안을 연구했다. 실제로 그들의 이론을 바탕으로 획기적인 방식의 수많은 경매 형태가 탄생했다.

불과 수십 년 전만 해도 국민의 세금을 바탕으로 마련된 국유자산은 정부가 관리하고 운영하여 책임지는 것이 최선이라는 인식이 보편적이었다. 우리나라에서 한국통신(KT의 전신)을 국영기업으로 운영한 것이 대표적 사례다. 상황은 언제든지 달라질 수 있다. 정부가 공공재, 국유자산인 주파수를 경매 방식을 통해 파는 것이 그렇다. 그래야 국민의 세금이 낭비되지 않고 가장 효율적으로 쓰일 수 있다. 환경오염 문제를 통제하기 위한 수단인 탄소배출권 거래제도가 경매 이론에 바탕을 두고 있음을 볼 때 경매 이론의 적용 가능성은 앞으로도 얼마든지 존재한다.

시장에 기초한 경매제도가 훨씬 윤리적이고 많은 이들에게 혜택을 주며 공정할 수 있다. 탄소배출권 거래제는 온실가스의 배출 감축을 위한 시장 기반 정책수단이다. 이 제도는 일반적으로 원칙에 기초해 운영된다. 정부가 경제 주체들을 대상으로 배출허용 총량을 설정하면, 대상 기업체는 정해진 배출허용 범위 내에서만 온실가스를 배출할 수 있는 권리, 즉 배출권을 부여받게 된다. 배출권은 정부로부터 할당받거나 구매할 수 있으며, 이 과정에서 경매를 이용할 수 있다.

사제는 빛났다. 스승은 이론을 만드는 데 자신은 추측에 주로 의지했다며 겸손을 표했고, 제자가 매우 정확했다고 치켜세운다. 스승이 만든 주파수 경매 디자인은 실제로 제자가 집어넣은 혁신적인 요소들에 많이 의존했다. 스승은 제자가 틀 밖에서 생각해 매우 혁신적인 디자인 설계를 만들어냈다고 말한다. 학문은 실생활에 적용될 때 더욱 빛난다.

ECONOMISTS ON THE TABLE

Daniel Kahneman

대니얼 카너먼의 손실 회피 성향

인간은 이익의 기쁨보다 손실의 고통에 더 민감하다

이스라엘 국적의 경제학자로서 2002년 노벨 경제학상을 수상했다. 아모스 트버스키(Amos Tversky)와 함께 인간의 판단과 의사결정에 대해 연구해 1979년 전망 이론을 발표했다. 고정관념에 기초한 인간의 사고와 편향성에 대해 연구한 후, 인간이 모두 비합리적인 것은 아니지만 인간이 합리적이라고 보는 기대효용 이론은 비현실적이라고 주장했다. 전통경제학이 주장하는 인간의 합리성이라는 개념 자체를 부정하고, 인간의 비합리적 행위를 연구하는 학문인 행동경제학의 서막을 열었다. 인간에게는 경험자아와 기억자아라는 두 가지 자아가 있다며 이를 통해 행복경제학을 연구한 것도 그의 공적이다. 심리학과 경제학의 경계를 허물고 인간의 비합리성과 그에 따른 의사결정에 관한 연구로 경제주체의 이면을 발견한 독보적 학자다. 현재 프린스턴 대학교 명예교수다.

내 손실은 왜 눈덩이처럼 커 보일까?

"주말이 되면 습관적으로 약속을 하고, 서로를 위해 봉사한다고 생각을 하지. 가끔씩은 서로의 눈 피해 다른 사람 만나기도 하고, 자연스레 이별할 핑계를 찾으려 할 때도 있지. 처음에 만난 그 느낌 그 설렘을 찾는다면 우리가 느낀 싫증은 이젠 없을 거야."

예전에 인기를 끌었던 015B의 「아주 오래된 연인들」이라는 노래의 가사다. 오래된 연인과 헤어지면 그 빈자리는 왜 그렇게 크게 느껴질까? 연인 사이에는 익숙함이 소홀함으로 느껴지고, 사소한 오해가 헤어짐의 단초가 되는 경우도 있다. 그런 오해로 막상 헤어지고 나면 그제야 연인의 빈자리가 크게 보여 눈물을 흘리며 밤을 하얗게 지새운다. 이처럼 우리는 살면서 누군가와 헤어지거나 누군가를 잃게 되면 상실감을 크게 느끼게 된다. 그렇지만 헤어지는 연인들은 지금보다 더 나은 연인을 앞으로 만날지도 모른다는 기대감을 가지고 있지 않을까? 미래에 만날 연인에 더 큰 가치를 부여하면서 말이다.

이제 현재가치와 미래가치를 논하면서 인간의 손실 회피 심리와 상실감에 대해 알아보자. 같은 금액이라면 누구든 수중에 지닌 돈을 미래에 받을 돈보다 더 가치 있게 평가할 것이다. 내일 무슨 일이 벌어질지 모르는 불확실한 상황에서 위험을 회피하려는 인간의 성향은 자연스럽다.

현재에 더 큰 가치를 두는 인간의 성향은 인간의 진화 과정으로 설명된다. 수렵과 채집을 하던 원시시대에 지금 당장 먹을 수 있는 것에 집착하는 것은 생존을 위한 불가피한 인간의 몸부림이었다. 인간이 현재가치에 더 큰 의미를 부여한다고 해서 미래의 더 나은 삶을 생각하지 않고 산다는 것은 아니다. 이자율이 높을 때에는 미래를 위해서 현재의 즐거움을 기꺼이 포기하며 저축의 즐거움을 만끽할 수 있다. 미래가치는 불확실하고 당장 손에 쥔 것이 아니므로, 이를 현재가치보다 낮게 평가하는 인간의 성향은 불확실한 것을 싫어하는 손실 회피 성향으로 설명된다.

인간의 손실 회피 성향이 현재와 미래 간의 시간 문제에만 국한되는 것은 아니다. 예를 들어 100달러를 잃을 확률과 100달러를 딸 확률이 엇비슷한 룰렛 게임이 있다고 하자. 대개 사람들은 이런 게임에 참여하기를 꺼린다. 행동주의 경제학자 대니얼 카너먼은 사람들이 이런 게임에 굳이 참여하지 않는 이유를 동일한 금액이라도 이익보다 손실을 더 크게 평가하는 성향 때문이라고 보았다. 그는 "사람은 얻는 것보다 잃는 것에 대해 2배에서 2.5배가량 더 민감하게 반응한다"고 말했다. 그래서일까? 이익의 기쁨은 맛있는 과자를 조금씩 아껴 먹듯 그 맛을 오래 느끼고 싶어 하고, 상실의 슬픔은 쓴 약을 한입에 털어 넣어 꿀꺽 삼키듯 빨리 잊고 싶어 한다.

살림살이가 빠듯한 주부에게 신제품 할인 행사는 더디게 찾아오고, 장바구니 물가 인상은 더 빈번하게 찾아오는 것처럼 느껴진다. 공식적인 소비자물가상승률이 낮을 때도 주부들은 매번 장볼 물건들의 값이 전반적으로 올랐다고 생각한다. 왜 장바구니 물가가 치솟은 것처럼 느껴질까? '평균의 함정'이다. 국제유가 하락이 물가 안정에 크게 영향을 미쳤다고 해도, 자가용이 없는 집은 기름값이 싸졌다는 것을 체감하지 못한다. 그 반대의 경우도 마찬가지다. 자신이 주로 소비하는 품목의 물가상승률을 크게 느끼는 것이다. 정부 당국의 이야기를 들어보자.

"소비자는 가격 하락보다 상승에 2배 더 민감하죠. 소비자물가는 보통 1년 전과 비교해 상승률을 계산하는데, 소비자는 물건 값이 가장 싼 시기와 비교하는 경향이 있죠."

카너먼은 인간을 이성적인 존재로 보고 기대되는 효용에 따라 합리적 선택을 한다는 전통적인 경제학의 주장에 반기를 든다. 그는 인간을 감정적이고 변덕스러운 존재로 인식하고 다른 사람들과 주변 상황의 영향을 많이 받는 불완전한 존재로 보았다. 이익의 기쁨보다 손실로 인한 괴로움을 더 강하게 느끼는 사람들의 심리를 보면 그의 말에도 일리가 있다.

조금 다른 예이지만 직장인들은 시간이 지남에 따라 임금이 점점 상승하는 쪽을 선호한다. 20년 동안 직장에서 받는 봉급 총액이 정해져 있다고 가정하자. 돈의 시간가치로 보면 직장 초기에 많은 월급을 받는 것이 나중에 많은 월급을 받는 것보다 더 큰 투자수익을 올릴 수 있는 합리적 선택이다. 그렇다면 어떤 회사가 초기에 월급을 많이 주고 갈수록 적게 준다고 하자. 그럼 사람들이 만족할까? 그렇지 않다. 사람들은 시간이 지남에 따라 임금이 점차 줄어드는 것을 못 견뎌 한다. 이성적 판단보다 감정이 부추기는 상실감이 더 우위에 있어 뭔가 빼앗기는 것 같은 허전함을 느끼게 된다. 미리 취한 이익은 생각하지 않고 임금이 줄어든 것만 생각하는 인간이 합리적인 존재인지 의문이 가는 대목이다.

당신이 손절매를 하기 어려운 이유는?

카너먼은 우리가 1만 원을 주웠을 때의 기쁨보다 1만 원을 잃었을 때의 고통을 더 크게 느낀다고 주장한다. 손때 묻은 소장품을 잃었을 때 실제로 우리는 구입 가격 이상의 상실감을 느끼곤 한다. 그 사이 든 정 때문에 손실 회피 성향이 발동하는 것을 '보유 효과'라고 한다. 가진 것에 대해 더 높은 가치를 부여하면 손실에 대한 두려움과 기피 성향은 더 커지게 된다. 같은 물건이라도 사람들은 구입할 때보다 내 것을 팔 때 더 비싸게 값을 매긴다는 실험 결과가 있다.

투자의 대가 워런 버핏(Warren Buffett)의 제1원칙은 '돈을 잃지 않는 것'이고, 제2원칙은 '제1원칙을 잊지 않는 것'이다. 주식 투자에 있어 가장 기본적이고 확실한 방법은 경영상태가 부실한 기업 혹은 구조적으로 성장 전망이 악화되고 있는 기업을 걸러내는 것이다. 과거 실적은 미래 투자 수익률을 보장하지 않는다. 과거에는 우수한 실적을 거두었지만 현재는 위험 요인이 많은 주식을 보유하고 있다면 손실을 줄이기가 더욱 어려울 수 있다. 왜일까? 주가가 떨어지는데도 불구하고 소유물에 대한 애착을 느끼는 보유 효과로 인해 손절매를 꺼리게 되기 때문이다.

인간의 감정은 자기가 가진 돈의 절대적 가치에 따라 생겨나는 것이 아니다. 갑이라는 사람은 금융자산이 2000만 원에서 1800만 원으로 줄고, 을이라는 사람은 금융자산이 1000만 원에서 1100만 원으로 늘었다고 하자. 비록 절대적인 금액은 갑이 많지만, 을이 더 행복하다고 느낄 것이다. 자산 총액의 방향성이 갑은 낮아지고, 을은 높아졌기 때문이다. 인간은 이익이나 손실의 변화 폭에도 민감하게 반응한다. 자신이 보유한 아파트의 가격이 4억 원에서 5억 원으로 상승한 사람이 30억 원에서 31억 원으로 상승한 사람보다 더 크게 상승했다고 생각하는 걸 보면 알 수 있다.

카너먼은 '손실 회피 성향'과 '민감성 반응', '상이한 준거기준'을 인간의 3가지 성향으로 중요하게 보았다. 인간이 이익보다 손실에 민감하다는 사실을 신용카드 사용과 현금 사용의 차이로 설명하기도 한다. 어느 주유소 주인이 현금 사용자에게는 1리터당 1280원을 받고, 카드 사용자에게는 1리터당 1300원을 받는다고 하자. 물론 이렇게 하면 안 되지만 현금으로 결제하면 더 할인해주는 경우를 소비자들은 흔히 겪는다. 이때 소비자들은 현금을 사용하지 않으면 손해라는 느낌을 받는다. 카드는 나중에 지급이 가능하여 이자율을 고려하면 현금가나 카드가나 매한가지인데도 현금을 사용하면 할인받는 기분이 드는 것이다. 같은 값이면 이익보다 손실에 민감하다는 뜻이다.

비싸도 한정판을 사는 이유

미래에 받을 100원은 이자율이 플러스이면 현재에는 그 가치가 100원보다 적다. 이를 미래 할인 효과라고 한다. 미래 할인 효과와는 반대되는 실험을 해보자. 현재가치보다 미래가치를 더 높게 평가하는 경우 말이다. '좋아하는 영화배우와의 키스'와 '불쾌한 전기 쇼크'에 대해 사람들은 시간에 따른 가치를 어떻게 바라볼까? 키스와 전기 쇼크를 각각 얼마나 오랫동안 참고 연기(延期)할 수 있을까? 실험 참가자들은 영화배우와의 키스는 지금 당장보다는 3일 정도 후로 연기하는 것을 가장 선호했다. 반면 전기 쇼크는 먼 장래로 연기하고 싶어 했다. 키스와 전기 쇼크는 각각 이득과 손실을 의미하는데, 당장이 아니라 미래로 연기할 때 그 가치가 더 높아진다고 평가한 것이다. 일반적으로 사람들은 기분 좋은 일의 경우 지금 당장보다 어느 정도 시간을 두고 기다리는 즐거움을 느끼고 싶어 한다. 반면 공포감은 되도록 피하고 싶어 한다.

현재가치보다 오히려 불확실성이 존재하는 미래가치를 더 중요하게 여기는 이유는 뭘까? 그건 미래에 대한 기대감, 혹은 조바심에 더 큰 의미를 부여하기 때문이다. 신제품 구입은 지금 당장보다는 미래로 연기하게 되는데, 미래가치에 대한 불확실성이 감소된다면 더욱 그럴 가능성이 높아진다. 언제든 원하는 것을 손에 넣을 수 있다면, 굳이 지금 당장 선택할 필요를 못 느낀다.

> '조금만 더 기다리면 더 좋은 성능과 새로운 기능을 갖춘 자동차나 스마트폰이 나올 텐데 좀 더 기다렸다 사자. 지금 사면 어차피 구형이 될 거잖아.'

이러한 심리가 작동하는 것이다. 신형 아이폰을 전시하는 쇼케이스는 구매 욕구를 부추긴다. 많은 소비자들은 기대감 자체에 스스로 속고 있는 것인지도 모른다. 신제품이 출시되면 수요는 오히려 급격히 줄어들고 가격이 하락하는 현상을 보면 그렇다. 영화나 드라마의 예고편은 본편이나 본방송에 대한 기대감을 높이기 위해 제작된다. 기업들은 미래가치 극대화 방안으로 한정판을 출시하기도 한다. '안 사면, 안 보면 손실'이라는 심리를 이용한 마케팅 전략이다. 빈센트 반 고흐가 친구에게 쓴 편지에서 그는 파버카스텔(Faber-Castell) 연필의 뛰어난 품질을 극찬했다. 고흐 외에 괴테, 헤르만 헤세, 귄터 그라스 같은 수많은 예술가가 이 연필을 사랑했다. 1761년 탄생한 파버카스텔은 독일의 대표적인 기업으로 8대째 이어져 오고 있다. 동그란 연필이 굴러가는 걸 방지하기 위해 6각 연필을 고안한 그들의 한정판 이야기를 들어보자.

"파버카스텔은 성인 소비자들을 겨냥해 수집 가치가 있는 고급 제품을 한정판으로 만들어서 브랜드 가치를 높이기도 한다. 창립 240주년을 기념해 240년 된 올리브나무로 만든 만년필을 만든 것을 시작으로, 매년 한 종류의 제품만 수작업으로 만들어 그 해에만 판매하고 있다. 우리는 한 번 소비자가 영원한 소비자이기를 원한다. 처음 색연필을 쥐고 색칠 공부를 시작하는 어린이가 명품 필기도구를 원하는 까다로운 성인 소비자가 될 때까지 그들과 함께하는 것이 우리의 성장 전략이다."

앱솔루트 보드카도 유명한 예술가와 합작을 통해 한정판을 출시한다. 워낙 구하기 힘들기 때문에 사람들은 이런 제품을 하나의 예술작품으로 여기고, 미래 어느 시점에 손에 꼭 넣어야겠다는 생각을 갖게 된다.

누구도 손해 보지 않는 구조조정은 없다

우리는 그리스 국가부채 위기 사태를 통해 국가가 어떻게 재정적 어려움에 처하게 되고, 그로 인해 국민들이 얼마나 큰 고통을 받게 되는지 알게 되었다. 나라나 기업이나 위험을 미연에 방지하지 않으면 상황이 더욱 악화될 수 있다. 1999년 노벨 경제학상을 수상한 로버트 먼델(Robert A. Mundell) 교수는 화폐를 통합하여 얻는 이득이 화폐 주권을 포기하여 발생하는 비용보다 큰 경우 해당 지역의 국가들이 단일 화폐를 사용하게 된다고 주장했다. 그렇게 되기 위해서는 국가 간에 금융시장이 잘 통합돼 있고, 경제정책 협조가 원활하며, 노동이나 자본 같은 생산요소의 이동이 자유로워야 한다고 이야기했다. 그러나 화폐가 하나로 통합된 유로존의 현실은 그리스의 몰락으로 나타났다. 유로존 통합 이후 부동산 가치는 급격히 상승해 거품을 형성했으나 이후 경제 불안으로 급락했고 재정위기로 넘쳐나는 국가 빚에 국민들은 고통스러워졌다. 아테네의 한 가난한 아빠는 아이를 입양 보내야 했고, 어린 소녀는 햄버거를 사기 위해 매춘에 손을 댔다.

국가 재정위기에 따라 그리스 정부가 긴축안을 내놓자 사람들은 크게 반발했다. 긴축안에는 연금과 최저임금 삭감, 공공 부문 감원이 포함되어 있어 그리스 사람들이 손실을 바로 체감했기 때문이다. 긴축안을 받아들이지 않을 경우 그리스는 자금 지원을 못 받게 되어 디폴트 위기에 처하게 되고 그로 인해 나라 전체의 손실이 월등히 커질 것으로 예상되었지만, '지금 내가 받고 있는 혜택이나 일자리를 잃고 싶지 않다'는 강력한 손실 회피 성향이 국민투표 결과 표심으로 드러났다. 그리스는 경제 통합으로 인한 이익에 도취되고, 산업 경쟁력 상실로 인한 손실 회피를 늦추어 화를 자초했다.

그리스 정부는 다른 나라보다 상대적으로 비대하게 정부를 운영해 재정적으로 방만함이 지적되었는데도 규모를 줄이지 않았다. 공공재정을 줄이기 위해서는 공무원의 상당수를 구조조정해야 하는 데, 그럴 경우 선거에서 표를 얻기가 어려워진다. 결국 정치인들의 손실 회피 성향이 국가 위기를 부추긴 셈이 되었다. 우리나라에서도 기업의 구조조정 논의는 항상 있어왔다. 구조조정은 더 나은 산업 경쟁력을 얻기 위한 성장통일 수밖에 없다. 실업이 발생할 소지가 많은 가운데 대지주가 손실을 회피하기 위해 지분을 매각한 것은 지탄을 받아야 한다. 조선, 해운업의 경우 기업이 손실 회피 성향으로 구조조정을 지속적으로 미뤄온 것이 더 큰 손실을 불러왔다. 불확실성 시대에 구조조정은 상시적이다. 시장원리를 원칙으로 하되, 정부가 개입하는 경우에는 5G급으로 신속하게 처리해 대외 경쟁력을 갖추고, 구조조정의 결과가 장기적인 발전 효과를 얻게 해야 한다.

휴가철에 운전을 하는데 차가 막힌다. 내가 서 있는 차로는 차들이 움직이지 않는데 옆 차로는 그래도 차가 잘 빠지는 것 같다. 그래서 막상 차로를 바꾸면 원래 달리던 차로가 더 잘 빠진다. 조금이라도 빨리 목적지에 도착하고 싶은 마음에 막히는 도로에서 차로를 바꾸면서 운전해본 경험은 누구에게나 있다. 내가 추월한 차량은 시야에서 금방 사라지지만 나를 추월해 앞서간 차량은 시야에 오래 남는다. 뒤에 오는 차에게 추월당할 때 느끼는 손해는 사소하다. 그러니 잊어버리고 남을 위해 양보도 해보자. 중요한 것은 나 손해 보지 않으려고 남 손해 끼치는 나쁜 행위와 표 떨어진다고 나라 망치는 정치인의 셈법처럼 교활한 짓을 해서는 안 된다는 것이다. 누구도 손해를 보지 않는 구조조정은 없다. 원활한 소통과 설득으로 합의에 이르는 게 손실을 줄이는 길이다.

당신에게 당장 10만 달러의 회사 지출을 줄일 수 있는 획기적인 아이디어가 떠올랐다고 하자. 이 생각을 사장에게 어떻게 전달해야 바로 수용될 수 있을까? "이렇게 하면 매년 10만 달러를 절감할 수 있습니다" 하고 말하는 것보다 "이렇게 하지 않으면 매년 10만 달러의 손실을 볼 것입니다" 하고 설득하는 것이 인간의 손실 회피 성향을 고려할 때 공감이 더 가지 않을까. 월급통장이 지출로 텅텅 비어가고 있다면 손실 회피 성향을 이용하는 마케팅에 속지 말자. 그게 카너먼이 우리에게 가르쳐주는 설득의 기술이자 삶을 살아가는 태도다.

카너먼은 두 개의 자아인 '경험의 자아'와 '기억의 자아'에 대해 이야기했다. 경험의 자아는 내가 경험하는 것을 느끼는 자아로 순간의 느낌으로 다가온다. 이 자아는 지금 벌어지는 기쁜 일을 즐기고 고통이나 괴로움을 피하려고 한다. 반면 '기억의 자아'는 지나간 경험을 회상하고 평가하는 자아로 훗날에 느낄 감정과 관련된다. 두 자아의 판단은 일치하지 않는 것이 허다한데, 미래 예측과 의사결정은 통상적으로 기억의 자아에 의해서 이루어진다. 과거 당시에는 손해 보는 것 같고 어려운 일이었는데 훗날 그것이 의미 있는 기억으로 남는다면 그건 성공한 인생이 아닐까? 나의 '경험의 자아'뿐만 아니라 '기억의 자아'로 세상사를 다각도로 분석해 손실을 최소화하는 것이 인생의 지혜가 될 수 있다.

ECONOMISTS ON THE TABLE

George A. Akerlof

조지 애컬로프의 피싱경제 이론

좋은 중고차는 다 어디로 갔을까

UC버클리 대학교 경제학 교수로 2001년 마이클 스펜스(A. Michael Spence), 조셉 스티글리츠(Joseph E. Stiglitz)와 함께 노벨 경제학상을 수상한 세계적 경제학자다. 예일 대학교를 졸업하고 MIT에서 박사학위를 취득했다. 1970년 발표한 「레몬시장(The Markets for lemons)」이라는 논문에서 정보의 비대칭성이 시장경제에 미치는 심리적 오류를 처음으로 제시한 '정보 비대칭 이론'의 창시자다. 현실의 시장은 수요와 공급이 일치되어 효용이 극대화되는 이상적인 완전경쟁시장과 거리가 멀고 정보의 비대칭으로 인해 품질이 낮은 상품이 선택되는 가격 왜곡 현상이 광범위함을 입증했다. 그의 레몬시장 이론은 정보경제학과 행동경제학의 초석을 다지는 데도 일조했다. 런던 이코노믹스쿨 경제학 교수, 브루킹스 연구소 수석 연구원을 역임했고, 클린턴 행정부 시절 경제 자문위원으로도 활동했다. 미국 연준 의장을 역임한 재닛 옐런 재무장관의 남편이기도 하다.

중고차 제대로 알고 삽시다

2022년 초 천정부지로 치솟던 중고차 가격이 5월 들어 하락할 것이란 전망이 나왔다. 신차 출고 지연으로 새 차 가격을 웃돌 정도였던 중고차값이 소비자들의 심리적 저항선에 맞닥뜨렸다. 중고차 가격 조정은 신차 가격 상승세에도 제동을 가할 수 있다. 중고차 이야기를 하다 보니 중고물품 이야기가 떠오른다. 과거 인터넷 중고물품 사기로 한 달 남짓한 시간 동안 130여 명으로부터 3000만 원 가량을 챙긴 고등학생이 경찰에 구속됐던 적이 있다. 정보가 시장에 완전하게 반영된다는 것이 여러 경제 이론의 가정인데, 실제 시장에는 이처럼 기만과 속임수가 많다. 효율적 시장 가설, 적응적 기대 가설, 합리적 기대 가설은 효율적이고 완벽한 정보의 대칭성을 가정한 이론이다. 그러나 우리가 사는 시장을 제대로 들여다보면 시장의 효율성을 중시하는 이와 같은 시카고학파의 학설이 진실인지 의문이 든다.

정보가 넘치는 인터넷 시장에서도 서로가 가진 정보에 차이가 있을 수밖에 없다는 것이 여전히 경제학의 핵심 문제 중 하나다. 정보와 검색을 먹고 사는 구글의 엄청난 수입을 보라. 이들 회사의 높은 시가총액을 보면 정보는 돈이 되는 것이 분명하다. 온라인의 발달로 정보의 비대칭성이 점점 줄어들고는 있지만 시장은 여전히 정보를 완전히 반영하지 않는다는 주장이 더 현실적으로 다가온다.

여전히 전화사기, 이른바 보이스피싱 피해는 계속되고 있다. 개인정보(Private Data)와 낚시(Fishing)의 조합어로, 누군가를 교묘히 속여 개인정보를 빼가는 수법인 피싱(Phishing)이 여전히 만연하다. 피싱을 당하는 피해자는 새로운 '바보(Phool)'로 불린다. 피싱은 금융 사기뿐만 아니라 경제, 정치를 비롯해 인간 활동의 전 분야에 걸쳐 기만과 속임수를 통해 자기 이윤을 추구하는 모든 행위를 일컫는다.

재래시장을 돌아보면 사람 냄새가 난다. 콩나물 파는 아주머니는 단골에게 콩나물을 한 움큼씩 더 주기도 하고, 인정 많은 단골은 고사리 파는 할머니에게 손녀 사탕 한 봉지 사주라고 웃돈을 내기도 한다. 시골 장터는 기본적으로 상품을 파는 곳이지만 정을 나누는 따뜻한 곳이기도 하다. 도시에서도 단골 가게는 아무래도 믿음이 간다. 오랜 기간 신용을 쌓으며 거래를 하면 마음이 놓인다. 그러나 사실 장사는 이윤을 남기려고 하는 것이기 때문에 현실 시장에서는 단골의 정에도, 서로 간의 신뢰에도 금이 갈 때가 많다.

물건을 사기 위해 중고가게에 들른 구매자는 판매자에 대한 지식이 불충분해 '혹시 이거 내가 속는 것 아닐까?', '바가지 쓰는 거 아닐까?' 하는 마음을 가질 수밖에 없다. 구매자에 대한 정보의 부족으로 혼란스럽긴 판매자도 마찬가지다. 만약 당신이 사서는 안 될 물건을 샀다면 구매자로서 어떤 기분이 들까? 판매하는 입장에서도 마찬가지 상황이 발생할 수 있다. 암보험을 판매하는 경우, 암에 걸릴 확률이 높은 사람들이 보험에 더 많이 가입한다면 판매하는 입장에서는 손해를 줄이기 위해 평균적인 암 보험료를 올리고 싶은 유인이 생긴다. 그렇다고 보험료를 실제로 올리면 진짜 암에 걸릴 가능성이 높은 사람만 보험에 가입하게 된다.

이런 잘못된 선택이 일어나는 것을 피하려면, 좋은 상품을 가진 사람들은 제값을 받고 상품을 팔기 위해서 다른 묘책을 강구할 수밖에 없다. 예를 들어 구매자에게 보증서 따위를 첨부하게 하는 것이다. 이렇게 되면 부가적인 거래비용이 발생한다. 정보의 비대칭 문제가 발생하면 수요자와 공급자만 있던 경제학 세계에 중개인의 역할이 등장하게 된다. 거래비용이 늘어난다는 의미다. 시장에 참여하는 거래자들 사이에는 가치 있는 정보를 알아보는 정도의 차이가 있기 마련이다. 이런 현상을 경제학에서는 '정보의 비대칭'이라고 하며, 이것을 시장 실패의 한 원인으로 꼽는다.

레몬 중고차와 복숭아 중고차를 아시나요?

조지 애컬로프는 정보의 비대칭성을 연구해 노벨 경제학상을 받았다. 그의 노벨상 수상 논문은 「레몬시장」이었다. 이때 레몬은 먹는 레몬이 아닌 불량 중고차를 의미한다. 겉으로는 그럴듯해 보이지만 한 입 베어 물면 너무 셔서 먹지 못하는 레몬을 불량 중고차에 비유한 것이다. 중고시장에는 형편없는 '레몬 중고차'도 있지만 성능이 쓸 만한 '복숭아 중고차'도 있다. 중고차 판매자는 자신이 팔려는 차가 레몬인지 복숭아인지 잘 알고 있다. 반대로 중고차를 사는 사람은 그것을 모른다. 중고차를 파는 사람이 자신의 차가 복숭아 중고차라면 어떤 조치를 취할까? 구매자가 제값을 쳐주지 않는다면 시장에 매물로 내놓지 않게 된다. 반면 내가 가진 차가 레몬 중고차라면 적당한 값에 얼른 매물로 내놓게 된다. 그 결과 중고차 시장에는 복숭아는 거의 없고 레몬으로 가득 찰 가능성이 크다.

예를 들어보자. 차 상태가 깔끔한 무사고 차량을 중고시장에 2500만원에 내놓았는데 구매자가 2200만 원에 팔라며 협상하려고 든다면, 판매자는 차라리 믿을 만한 지인에게 제값을 받고 파는 쪽을 택할 것이다. 반면 차종과 연식이 그와 같지만 사고 차량으로 상태가 좋지 않아 실제 가치는 2200만 원에 미치지 못하는 차를 중고시장에 2200만 원에 내놓았다고 하자. 고객은 이 차를 충분히 알지 못하기 때문에 이미 형성된 가격에 차를 구입하게 될 가능성이 크다. 시장에 이런 상황이 지속적으로 발생하면 레몬 중고차만 실제 가격보다 높게 팔리고 복숭아 중고차는 제값을 받지 못하게 되어 애초에 시장에 나오지 않게 된다. 복숭아 중고차를 원하는 구입자들은 질이 떨어지는 레몬가게에 등을 돌리기 시작하고, 중고차 시장은 제대로 된 기능을 하지 못하게 된다. 구매자는 모든 판매자를 '사기꾼'으로 여기고, 판매자는 모든 구매자를 '진상'으로 인식해 시장 전반의 질이 떨어지게 된다.

팔려는 사람은 자기 차의 가격이 평균 이상인지 이하인지 알고 있지만, 사려는 사람은 이것을 모르므로 항상 평균 가격만을 선택하게 되어 문제가 발생하는 것이다. 따라서 가격이 평균 이상인 차는 중고차 시장에서 사라지고, 가격이 평균 이하인 차만 남아 구매자에게 비효율적이라는 게 애컬로프의 이론이다. 이렇게 판매자가 구매자보다 많은 정보를 갖고 있는 정보의 비대칭으로 소비자가 잘못된 선택을 할 가능성이 높다는 측면에서 레몬시장 이론을 '역(逆) 선택 이론'이라고 부르기도 한다. 이로 인해 중개인의 역할이 등장해 소비자 주권을 희생시키기도 한다. 시장 실패의 단면이다.

말 한마디로 국가 경제를 좌우하는 신용평가기관

주위를 보면 속아서 산 중고차 때문에 화가 난 사람들을 가끔 보게 된다. 겉보기에는 멀쩡한데 조금만 타면 고장 나기 일쑤다. 그들은 "내가 다시 중고차를 사면 사람도 아니다"라고 맹세한다.

애컬로프의 레몬시장 이론은 대출시장, 주식시장을 비롯한 금융시장에도 적용된다. 금융시장에서도 상대적으로 신용도가 높은 사람은 돈을 빌리지 않기 때문에 궁극적으로는 신용도가 낮은 레몬 대출자만 남게 된다. 다 그런 것은 아니지만 차입이 필요 없는 회사는 주식시장에 상장하지 않는 경우도 많다. 정보의 불균형으로 인해 수요자의 선택이 시장의 원리와는 반대로 나타나는 현상이 금융시장에서 종종 목격된다. 금융시장에서 역선택을 주목하는 이유는 역선택이 금융시장을 불안정하게 하는 대표적인 요인이기 때문이다.

예를 들어 어느 회장이 회사가 망할 것을 알면서도 높은 이자의 정크본드(Junk Bond, 신용등급이 급격히 낮아진 기업이 과거에 발행한 고위험 ·

고수익 채권)를 발행했다고 하자. 그 회장은 발행할 때부터 채무를 갚을 생각이 아예 없었다. 정크본드를 산 사람들은 그 회사의 사정을 거의 몰랐다. 금융시장의 실패가 일어날 수밖에 없다. 애컬로프는 이른바 '닷컴사'들의 상장가가 과대평가되어 레몬 주식이 지배하고, IT 주식의 거품이 터진 이유도 개미군단의 정보 부족 때문이라고 풀이했다.

시장의 효율성을 높이기 위해서는 이러한 정보의 비대칭성을 해소할 수 있어야 하는데, 어떤 방법이 있을까? 민간이 중개 기능을 맡으면 된다. 어느 기업이 주식시장에 상장할 경우, 일반 투자자들은 기업 자체보다는 그 기업의 상장 업무를 맡은 주관사를 믿고 투자를 결정할 수 있다. 주관사가 없다면 정보의 비대칭으로 인해 상장 자체가 어려워진다. 정보를 판매하게 하거나 증권시장 공시제도 같은 정부 규제를 할 수도 있다. 금융 중개기관이 약간의 수수료를 받고 좋은 투자처를 소개해줄 수도 있다.

금융시장에서 역선택을 방지하기 위한 대표적인 수단으로 명성을 쌓아온 민간회사가 신용평가기관이다. 그런데 이러한 신용평가기관이 다수의 서민 편에 서지 않고 돈벌이를 위해 소수의 대형은행과 대기업 편에 서서 그 피해가 서민에게 갔다면? 2008년 금융 위기가 그 예다. 역선택을 방지해야 할 신용평가기관이 오히려 도덕적 해이를 보임으로써 레몬 맛이 시다 못해 쓰기까지 했다. 신용평가기관은 수입을 올리기 위해 악마에게 영혼을 팔기도 했다. 금융위기를 몰고 온 주범 중 하나로 신용평가기관이 지목된 가운데 무

디스(Moody's, 미국의 신용평가회사)의 한 직원이 양심을 저버리고 주택담보증권 상품에 미심쩍은 등급을 매겼다. 서민은 이를 찰떡같이 믿었다. 신용평가기관의 말 한마디가 이처럼 한 국가의 경제를 좌지우지하는 세상에서 그들은 서민의 편에 서는 대신 책임 있는 기업의 편에 서서 서민의 피해를 키우곤 한다. 신용평가기관의 내부 평가 과정이 제대로 공개되지 않는 상황에서 그들의 평가에 무한 신뢰를 보낼 수 있을까?

나아가 그들이 월가의 큰손들과 얽히고설킨 관계라면 문제는 더욱 심각해진다. 신용평가기관은 가치 있는 정보를 독점하고 왜곡된 정보를 내보낼 수 있다. 정보 자체를 자기들 입맛에 맞게 만들어버린다면, 역선택을 방지하기는커녕 도덕적 해이로 시장의 불신만 초래하게 된다. 역선택이 거래 이전에 발생하는 문제라면, 도덕적 해이는 거래 이후에 발생하는 '주인 대리인 문제'이다. 소유와 경영이 분리된 주식회사의 경우, 경영자(대리인)는 주주(주인)를 위해 이윤의 극대화를 추구하기보다 자신의 이득을 더 챙기려 드는 도덕적 해이에 빠질 수 있다. 미국의 엔론(Enron) 사태에서도 엔론 경영자들이 사익을 위해 회사 자금과 이윤을 유용했다. 주주들이 기업에 대한 정보가 불충분할 경우 대리인들이 도덕적 해이에 빠질 수 있다. 화재보험에 가입한 후에는 화재 예방에 주의 의무를 다하지 않는 것도 도덕적 해이의 문제다. 보험을 든 후 주의 의무를 다할 인센티브가 줄어들거나 사라졌기 때문이다.

누군가 당신을 낚기 위해 예의주시하고 있다

중고차도 전문 딜러를 통해서 사면 그나마 낫다. 그러나 그 가격이 일반 개인 간 거래 가격보다 상당히 비싸 서민들은 구입을 주저하게 된다. 그래서 많은 이들이 온라인 직거래를 이용한다. 별도의 수수료가 없고 당사자 간 가격 흥정도 가능하기 때문이다. 하지만 직거래는 약속된 물건을 받지 못하고 돈만 날리는 사기 위험도 높다. 통신판매업자의 신고 의무도, 정보 제공 의무도, 구매 안전 서비스 제공 의무도 없어 거래 안전을 제도적으로 담보하기도 어렵다. 온라인 직거래 사기 건수는 지속적으로 늘어나고 있다. 이런 상황이 계속된다면 온라인 중고 상품 직거래에 대한 불신이 커지고 직거래시장 자체가 위축될 우려도 있다. 하지만 온라인 중고 상품 직거래는 개인의 자유이기 때문에 정부가 사전적, 제도적으로 규제를 하는 것에 한계가 있다. 공인된 판매자가 일정 기간 동안 애프터서비스를 보증하거나 프랜차이즈 형태의 서비스를 제공하는 데 비해, 개인 간 직거래는 가격이 싼 것 이외에는 이런 서비스를 기대하기 힘들다. 개인 간 거래에서는 정보를 완전히 아는 것도 사실 불가능하다.

인터넷이라는 정보의 홍수 속에서 혹자는 정보의 비대칭성이 점차적으로 좁혀지는 시대가 도래했다고 말하기도 한다. 인터넷을 통해 수많은 정보들이 세상에 알려지고 공유됨에 따라 과거에는 소수만이 점유했던 정보들을 이제 다수가 쉽게 알 수 있게 된다면 그런 생각이 들 만도 하다. 하지만 인터넷 세상에 흔한 비양심적 딜러와 허위 매물로 인해 불신이 팽배하다면 이를 여과하는 일은 여전히 중요하다. 특히 중고시장은 더욱 그러하다. 장사하는 사람들이 소비자의 이익에 반하는 정보를 소비자들이 이용하게 만든다면, 소비자가 전문적인 정보에 무지하다는 사실을 악용한다면 어떻게 될까? 비윤리적인 의사가 돈벌이를 위해 수술을 강력히 권장한다면 의료 지식이 부족한 환자는 이를 받아들일 수밖에 없지 않을까?

정보의 비대칭성 문제를 보여주는 미국의 한 의학 논문을 예로 들어보자. 출산율이 떨어지는 지역에 소재하는 산부인과 제왕절개 수술 비율이 출산율이 높은 지역보다 더 높다는 보고가 있다. 병원 경영이 어려울 경우, 의사들은 더 비용이 많이 드는 제왕절개 수술을 권할 수 있다는 우려를 뒷받침하는 논문이다. 무서운 이야기다.

다시 중고차 이야기로 돌아가보면, 결국 기업가의 양심과 정부의 역할이 정보의 비대칭 문제를 해소하는 데 매우 중요하다는 것을 알 수 있다. 중고차 사이트를 운영하려는 사람이 있을 경우, 정부는 현장을 직접 방문해 안전 거래를 준수하는 안심 딜러에게만 운영 자격을 부여하는 제도적 장치를 마련할 수 있다. 안심 딜러는 자체 검수를 통해 믿을 만한 중고차 생태계를 구축할 수 있다. 허위 매물과 잘못된 차량 정보를 걸러내기도 한다. 그래야 구매자들의 헛걸음을 방지할 수 있다. 중고차 구입을 돕는 금융상품을 구매자들에게 제공하는 서비스도 있다. 그전에는 제2금융권에서만 이런 상품을 취급해 금리가 높았지만, 최근에는 제1금융권에서도 비슷한 상품들을 출시해 금리가 상당 폭 낮아졌다.

정부는 중고 자동차 시장 선진화와 중고 자동차 온라인 경매제도 개선으로 소비자 피해를 지속적으로 줄여나가야 한다. 미국의 중고차 평가 기관인 켈리 블루 북(Kelley Blue Book)처럼 중고차 가격 정보를 소비자에게 제공하고, 자동차 분야 전문기관에 민원센터를 설치해 중고차를 구매한 소비자의 피해를 상담하고 지원해 준다면 도움이 될 것이다. 중고차 시장의 불법행위 방지를 위해 자동차 성능을 조작한 성능검사장은 적발 즉시 영업 자격이 취소되는 것도 마찬가지다. 매매업자의 매물이 허위이거나 미끼 매물인 것이 적발될 경우 매매업 등록을 취소하는 강력한 조치도 필요하다. 온라인 경매 이용자 보호를 위해 온라인 경매 시에도 주행거리와 자동차 이력 관리 정보를 표시하도록 하고 거래기록을 보관하는 관례를 정착시키도록 하는 것은 당연하다. 이런 조치에도 불구하고 완벽하게 정보의 대칭을 이루는 현실을 기대하기는 어렵다.

당근 마켓처럼 중고 시장에 대한 관심이 높아지는 상황에서 역선택을 방지하기 위해서는 정부와 사회 구성원이 함께 믿을 만한 사회를 만들어 나가야 한다. 인터넷 서핑 중 내 머릿속을 빤히 들여다보는 것 같은 광고가 갑자기 툭 튀어나오는 것은 결코 우연이 아니다. 누군가 당신을 낚을 기회를 엿보고 있으니 방어 태세를 강화해야 한다.

Nation Building

4

국가 만들기

David Card

데이비드 카드의 최저임금제 연구

최저임금이 올라가면 고용은 늘 감소할까

캐나다계 미국인 노동경제학자이자 캘리포니아 대학교 버클리 경제학 교수이다. 노동경제학에 대한 실증적인 기여를 높이 평가받아 조슈아 앵그리스트(Joshua Angrist), 휘도 임번스(Guido Imbens)와 공동으로 2021년 노벨 경제학상을 수상했다. 「최저임금과 고용: 뉴저지주와 펜실베이니아주의 패스트푸드점 사례 연구」란 논문을 통해 패스트푸드점에서 일하는 이들에게 적용되는 최저임금을 올려도 고용이 유의미하게 줄어들지 않는다는 사실을 실증적으로 밝혀냈다. 그는 온 지구를 덮친 코로나19 팬데믹이 사회에 미친 영향에 대해 "20~30년 뒤에도 세계가 이를 분석 중일 것"이라고도 말한 바 있다. 대공황 이후 가장 심한 불황인데도 기적적인 회복을 보이고 있어서 이걸 해석하려면 수십 년은 걸린다는 것이 그 요지였다.

소득주도 성장과 최저임금 논쟁

국민소득은 노동소득과 자본소득으로 구분할 수 있다. 그런데 노동소득분배율은 전 세계적으로 오랜 기간 낮게 형성되어 있었다. 노동소득분배율을 높일 필요성이 제기된 지도 상당한 시간이 흘렀다. 우리는 왜 소득 증가에 관심을 가질까? 소득이 증가하지 않으면 경제성장의 대부분을 차지하는 소비 증가가 어렵기 때문이다. 많은 경제학자들은 경제성장을 위해, 개인의 후생을 증진하기 위해 소비를 늘리는 방법에 관심을 보여왔다. 혹자는 소득의 증가에, 혹자는 자산의 증가에 관심을 보인다.

자산 효과(Wealth Effect)는 가계의 자산가치가 상승하면 소비도 증가하는 현상으로 '부의 효과'라고도 한다. 소득 증가와 함께 자산가치 증식은 소비 증대의 중요한 결정요인이다. 영국의 경제학자 아서 세실 피구(Arthur C. Pigou)를 비롯해 밀턴 프리드먼, 프랑코 모딜리아니(Franco Modigliani) 같은 경제학자가 부의 효과에 주목한 대표적인 인물이다. 자산가치가 상승하는 경우 실제 소득이 늘지 않아도 소비가 늘어나는 경향이 있다. 자산가치가 높아져 미래의 소득이 늘어날 것이란 전망에 따라 소비를 늘리는 것이다. 자산가치가 증가하게 되면 평생 부가 증가하게 되어 소득이 증가하지 않더라도 저축을 줄이거나 차입을 늘려 소비는 늘어난다.

반면 주가 하락은 '역(逆) 부의 효과'를 초래한다. 자산의 증식 외에 한 나라의 소비를 증대시키는 방법에는 어떤 방안이 있을까? 저소득층의 한계 소비 성향이 높다는 가정하에 많은 국가들은 저소득층의 소득을 높여 경제성장을 이룰 수 있다고 본다. 이중 최저임금제는 저소득층의 인간다운 삶을 보장하기 위한 방안으로 우리나라의 경우에는 헌법에서 보장한 제도이다. 그렇다면 최저임금의 적정 수준은 어느 정도여야 할까? 최저임금이 높으면 좋겠지만 너무 높을 경우에는 자칫 고용안정성과 중소기업의 경쟁력을 저해할 수도 있다. 이와 관련한 논쟁은 소득주도성장(Income-led Growth) 정책에서 절정을 이루었다. 소득주도성장의 원조는 세계노동기구(ILO)가 주장한 임금주도성장(Wage-led Growth)이다. 임금주도성장은 일본에서 적극 반영되었는데 오랜 기간 물가가 오르지 않고 경기가 침체된 일본의 디플레이션은 끔찍한 악몽이었다. 일본 정부는 물가를 상승시키기 위하여 임금 상승을 정책 목표로 삼았고 목표 달성에는 실패했다.

우리나라는 임금을 대체하여 소득이란 용어를 사용했다. 소득주도성장 정책이 추진되면서 최저임금이 급격하게 인상되었다. 문제는 2018년과 2019년의 최저임금 인상률이 과도해서 아르바이트생을 고용하는 자영업자들에게 큰 부담이 되었다는 점이다. 2018년 최저임금 인상률은 16.4%로 역대 최고였고, 2019년은 역대 두 번째로 높은 10.9%였다. 2년간 평균 최저임금 인상률은 13.65%였다. 같은 기간 평균 경제성장률과 물가상승률의 합인 3.5%보다 10.15% 높았다.

물론 소득주도성장은 최저임금 상승만을 의미하는 것은 아니다.

국민소득은 임금, 이자, 지대, 이윤으로 이루어진다. 진정한 소득주도성장 정책은 임금만이 아니라 이자 · 지대 · 이윤의 증가 정책도 포함되어야 정상이다. 만약 혁신이 일어나 노동생산성이 증가하고 노동생산성이 증가한 만큼 임금이 증가한다면 경제에 큰 문제는 없을 것이다. 결국 소득주도성장에서는 생산성 향상을 고려하지 않은 과도한 최저임금 상승이 문제가 되었다.

일본의 경우 디플레이션 상황에서 물가 인상을 위해 수출 대기업의 임금 상승이 필요했고 이런 기업의 부담을 줄이기 위해 미국의 양해하에 환율 상승(엔화가치 하락)이 용인되었다. 반대로 중소기업과 자영업자가 많은 우리나라의 경우 단기간에 지나치게 파격적으로 최저임금을 인상해 문제가 된 것이다. 무릇 정책을 실시하려면 경제 여건과 사회적으로 국민들의 제도 수용 상황을 고려하여 합의를 도출해야 한다. 그게 반듯한 국가를 만드는 데 핵심이 되는 철학이어야 한다. 급격한 상승률을 보이기 시작한 2018년 이전에도 최저임금은 상당히 상승하고 있었다. 이후 더욱 높아진 최저임금 상승 폭이 중소기업과 자영업자에게 부담으로 작용했고, 그 후유증으로 일자리가 없어지고, 추가적인 최저임금 인상에도 걸림돌로 작용했다.

그렇다면 최저임금은 어떤 식으로 결정되어야 할까? 현행법상 최저임금을 정할 때는 근로자 생계비, 유사 근로자 임금, 노동생산성, 소득분배율을 고려해야 한다. 생산성 증가가 발생한 만큼 소득이 증가해야 하는 것은 당연하다. 순서로 말하자면 혁신이 먼저고 정당한 소득이 뒤따라야 한다. 낮은 노동소득 분배율이 소득 증대를 정당화할 수 있지만, 이성적 고려를 제대로 하지 않은 무리한 최저임금 인상은 부작용을 야기할 수 있다. 주 15시간 이상의 안정적인 일자리가 급격한 최저임금 인상 때문에 감소했다. 15시간 미만의 초단기 일자리는 늘었지만, 안정적인 일자리를 원하는 구직자들에게는 오히려 악재로 작용했다.

최저임금을 둘러싼 경제학자들의 쟁점

경제학자의 주장을 들어보자. 1982년 노벨 경제학상을 수상한 조지 스티글러(George Joseph Stigler)는 1946년에 발표한 최저임금과 고용의 상관관계와 관련한 효시적 논문 「최저임금 입법의 경제학」에서 이렇게 주장했다.

"국가경제에 단일한 최저임금을 정해두거나 시장균형임금보다 최저임금을 높게 인상하는 것은 취약 노동자에게 더 많은 해고 통지서를 전달하고 비효율적 자원배분을 일으킨다."

1980년대 초에 각종 방송 · 대중 강연 활동으로 국가의 시장개입을 신랄하게 비판했던 밀턴 프리드먼도 이렇게 말했다.

"최저임금은 자유로운 시장기구 작동을 방해하는 나쁜 제도다. 저임금 노동자의 고용 · 소득을 개선하겠다는 그 목적에도 오히려 저숙련노동자에게 적대적인 법이다."

전통적인 경제 이론에 따르면 정부가 상품의 가격을 기준 가격 이하로 거래하지 못하도록 최저가격을 규제하면 시장에서는 초과공급이 발생한다. 시장에서 포도 가격이 1500원에 거래되는데 정부가 포도를 2000원 이하로 거래하지 못하도록 규제한다고 생각해 보자. 생산자들은 공급량을 증가시키지만 소비자들은 포도가 비싸기 때문에 적게 먹는다. 포도 시장에서는 초과공급 현상이 나타나게 된다. 마찬가지로 포도 시장에서 정부가 최저임금을 시장균형보다 높은 수준으로 규제한다면 포도 시장의 사례처럼 노동 공급은 증가하는 반면 노동자들을 고용하는 기업의 수요는 감소해 노동의 초과공급인 실업이 증가하게 된다. 이처럼 전통적인 수요 · 공급 이론에 따르면 '최저임금이 상승하면 실업이 증가한다'는 결과가 도출된다.

이제 이 이야기의 중심에 서 있는 데이비드 카드의 이야기를 살펴보자. 2021년 노벨 경제학상의 영예는 미국 경제학 교수 3명에게 돌아갔다. 이중 데이비드 카드는 최저임금제를 연구한 캐나다 태생 교수이다. 그는 미국 오바마 행정부 백악관 경제자문위원장을 지낸 고(故) 앨런 크루거(Alan Bennett Krueger) 전 프린스턴 대학교 공공정책대학원 교수와 함께 최저임금 인상의 영향을 연구했다.

카드는 최저임금 인상이 실업을 증가시키는지 확인하기 위해

'자연 실험'이라는 방법론을 사용했다. 실제 생활에서는 경제 이론을 검증한다는 목적으로 많은 사람의 생계가 달린 임금을 함부로 인상하거나 인하할 수 없다. 카드는 이런 한계를 극복하기 위해 연방정부가 책정한 최저임금보다 더 높은 수준으로 최저임금을 규제하는 지역의 고용 변화에 주목했다. 1988년 캘리포니아주 정부는 최저임금을 시간당 4.25달러로, 연방정부가 제시한 기준보다 높게 책정했다. 카드는 최저임금으로 일하는 노동자들이 많은 패스트푸드점 근로자들의 고용 변화를 분석했다. 연구 결과 캘리포니아주 정부가 다른 주보다 높은 수준으로 최저임금을 책정했지만 실업자는 다른 주와 비교해 크게 증가하지 않았다. 이와 같은 연구 결과는 최저임금에 대한 전통적인 이론의 반례로 아직도 학계에서 학자 간 의견이 일치되지 않아 치열하게 논쟁이 진행되고 있다.

최저임금제의 진정한 함의

카드가 진행한 연구의 정책적 함의는 무엇일까? 최저임금이 고용량을 결정짓는 유일한 변수는 아니라는 것이다. 그의 다른 조사 사례를 보자. 그는 1990년대 뉴저지주와 펜실베니아주가 접경한 지역의 햄버거 가게에 일일이 전화를 걸어 고용량 변화를 집계했다. 그 결과 최저임금을 급격히 올린 뉴저지주 햄버거 가게들이 최저임금 인상이 없었던 펜실베니아주 햄버거 가게들보다 오히려 고용을 늘렸다는 점을 실증 연구로 밝혔다.

그렇다고 그의 연구결과를 들어 최저임금 인상이 고용에 항상 긍정적 영향을 미친다고 말할 수 있을까? 이러한 주장에 대하여 카드 교수도 경고의 옐로카드를 내밀 것 같다. 그가 앨런 크루거(Alan Krueger) 교수와 함께 공저한 문제의 논문은 1994년 전미경제학회의 학술지인 「아메리칸 이코노믹 리뷰」에 게재되었다. 저자들은 최저임금의 고용효과를 알아내기 위해 최저임금 근로자가 집중되어 있는 버거킹, KFC 같은 패스트푸드점을 조사해 손수 데이터를 수집해 분석했고, 그 결과 예상과 달리 최저임금의 고용효과가 플러스로 나타났다는 사실을 밝혀냈다. 최저임금을 올리면 인건비가 상승하고 비용이 증가하는데 어떻게 고용이 증가한 것일까? 혹자는 이 논문이 신고전파 경제학을 무너뜨린 시대의 역작이라고 평가했다. 사실을 과장하다 못해 지극히 정치적인, 제멋대로인 해석을 한 것이다.

이 논문의 결과를 보고 최저임금을 인상하면 고용이 증가하니 최저임금을 올려야 한다는 주장의 과학적 근거라고 말하는 것은 옳지 않다. 노벨상 수상 인터뷰에서 카드도 자신의 논문이 최저임금을 대폭 인상해야 한다는 주장의 근거가 될 수 없음을 명백히 했다. 최저임금 이외에도 고용에 미치는 변수는 많다. 가령 햄버거 가게에서 일하고 싶은 사람은 많은데 햄버거 가게가 상대적으로 적을 경우 최저임금 인상이 고용 감소로 이어지지 않을 수도 있다는 것은 직관적으로 알 수 있다.

여전히 경제학자들 사이에서 중론은 최저임금 인상은 고용 감소로 이어진다는 것이다. 특정한 상황에서는 그렇지 않을 수도 있다는 것을 입증한 것이 카드의 공로이다. 변수 X가 변수 Y에 미치는 영향을 정확하게 분석하기 위해서는 X 외에 Y에 영향을 줄 수 있는 다른 변수를 통제해야 한다. 사실 최저임금이 고용에 미치는 영향과 관련된 상반된 논문은 무수히 많다. 우리가 카드 교수에게 박수갈채를 보내는 이유는 최저임금 연구를 통해 노동시장과 과학적 정책 평가에 대한 이론과 지식을 증진시켰다는 데 있다.

모두가 동의하기는 어렵겠지만 공감대를 이루는 상당히 중요한 결과들이 속속 등장하고 있다. 우선 최저임금의 고용효과가 경기변동이나 시장의 경쟁구조에 따라 다르게 나타난다는 사실이다. 가격을 높여 인건비 부담을 소비자에게 돌리는 것이 어려운 대외무역 분야에서는 고용효과가 부정적으로 나타날 가능성이 오히려 높다. 고용조정은 기업의 하나의 대응 방법일 뿐이며 급여 외에 혜택이나 훈련비 같은 포괄적인 인건비의 구성을 바꾸거나 새로운 기술을 도입하는 것도 가능하다.

카드는 고용에 미치는 요소로서 최저임금제만을 강조하지 않았다. 최저임금을 올린 뉴저지의 고용률이 줄지 않고 오히려 증가했다는 사례를 말하면서도 기존 이론보다도 현실에서는 더 많은 변수가 작동하고 있음을 이야기했다. 카드는 최저임금 인상 효과는 나라마다 경제구조와 제도가 모두 다르기 때문에 단순히 경제학 원론 측면에서의 수요와 공급의 잣대로만 봐서는 안 된다는 점을 강조한다. 그는 노벨 경제학상을 탄 후 이렇게 말한다.

"최근 연구를 봐도 최저임금이 비교적 완만하게 인상하면 고용률에 주는 영향은 크지 않습니다. 하지만 나라마다 최저임금 체계가 다르기 때문에 효과도 다를 수 있습니다. 예를 들어 최저임금이 1인 기업, 소상공인, 십 대 청소년에게도 적용될 수 있고 나라마다 다른 기준을 갖고 있다는 점을 유념해야 합니다."

지금도 우리는 해마다 최저임금 인상 합의에 있어 숨이 가쁜 순간을 겪는다. 거대 기업에 맞서는 노동자들의 투쟁을 보면서 더 나은 개선점을 생각하기도 한다. 오랫동안 저숙련 노동자의 최저임금은 물가 상승에 비해 매우 더디게 올랐다. 고소득 노동자들의 소득은 계속해서 상승하면서 소득불균형은 더욱 커지고 있다. 카드 교수는 이 부분을 정확히 짚고 넘어가야 한다고 강조했다.

"값싼 노동력을 착취하는 기업들이 생겨나면서 우버, 리프트, 도어대쉬(음식배달 서비스), 아마존과 같은 기업들은 저임금 노동자에 크게 의존했습니다. 인구 증가 속도도, 이민자 유입도 감소하고 있습니다. 이런 많은 문제가 복합적으로 일어나면서 기존에 풍부했던 저임금 노동자가 줄어들면 심각한 문제를 초래할 수도 있지 않을까요?"

그의 말을 들어보면 앞으로 인력난이 세계적으로 가장 큰 화두가 될 것으로 생각된다. 엔데믹 시대에 반듯한 국가를 만들기 위해서 어떤 우선순위를 생각할 수 있을까. 결국 사람에 대한 투자가 중요하다.

업종별·지역별 최저임금제는 가능할까?

카드는 최저임금제도와 관련해 한국에 특별한 주문을 했다.

"한국은 매우 독특한 경제구조를 지니고 있죠. 세계 최고 수준의 대기업이 있는 반면에 서비스 분야에서는 매우 전통적인 구조입니다. 매우 많은 소기업이 존재하는 반면에 대기업과 중소기업 간의 격차도 매우 큽니다. 이러한 점들이 최저임금 산정에 있어서 정책 개선의 고려사항으로 부각되어야 합니다."

최저임금제도와 관련하여 몇 가지 사항을 짚고 넘어가자. 최저임금제는 법으로 최소한의 의식주 생활이 가능한 급여기준을 정하여 근로자의 생존권을 보호하는 제도적 장치이다. 하지만 모든 나라가 최저임금제를 도입한 것은 아니다. 독일에서는 2015년부터 전국적으로 통일하여 적용되는 법정 최저임금제가 도입되었다. 이는 독일이 하르츠 노동 개혁으로 발생된 부정적 효과를 상쇄하기 위한 조치였다. 사회보장제도의 축소와 저임금 비정규 근로자의 증가로 인한 빈곤문제에 대한 대처 방안으로 최저임금제가 도입된 것이다. OECD 회원국 중에서 최저임금제가 없는 나라는 노르웨이, 덴마크, 스웨덴, 오스트리아, 핀란드, 아이슬란드, 이탈리아 등이다. 이러한 나라는 고부담 고복지 국가란 특색이 있다.

다음으로 업종별·지역별 최저임금제의 도입문제를 살펴보자. 영국, 프랑스, 독일 등 대부분의 국가가 업종별 지역별 최저임금제를 적용하고 있지 않다. 우리나라는 국토가 좁기에 지역별 차등제를 도입하자는 주장은 현실적으로 들리지 않는다. 업종별로는 더 심도 있는 논의가 필요하나 관련 지표 개발이 선행되어야 하고, 최저임금이 낮을 경우 해당 업종에 대한 낙인 효과가 있어 실행에 신중을 기울여야 한다. 일본은 4개 권역으로 나눠 지역별·업종별 최저임금을 실시하고 있으나 임금 격차로 인한 인구 유출을 우려하며 '최저임금 전국 단일화' 주장에 힘을 싣고 있는 상황이다. 미국, 캐나다는 지역별로 최저임금을 달리 운영한다. 이들 국가는 대체로 넓은 영토를 소유하고 있다. 지방 자치가 발달할 수밖에 없는 조건으로 지역 간 거리가 멀어 노동자가 더 높은 최저임금을 받기 위해 이동할 가능성이 적다.

최저임금의 급격한 인상은 자칫 생각지도 않은 피해를 발생시킬 수 있다. 영세 중소기업, 자영업자와 여기에 취업한 근로자에 피해가 귀착하면서 소득분배 악화로 이어지는 것은 최저임금제의 취지에 부합하지 않는다. 노동자의 권익을 중시하여야 하지만 주휴수당을 감안할 경우에는 우리나라 최저임금 수준이 영세한 자영업자에게는 부담이 되는 수준이라는 견해도 무겁게 다가올 것이다. 최저임금 수준이 높아질 경우 업종별·규모별 차등 적용의 요구가 더욱 높아질 수밖에 없다. 그러한 여건이 무르익었을 때 세계적 추세를 감안하여 그 개선 방향을 전문가와 숙고하여 정해야 할 것이다.

카드의 분석을 보며 국가의 역할에 대하여 생각해 본다. 인과관계를 엄밀하게 분석해서 제대로 된 정책을 만드는 것이 국가에 대한 신뢰를 쌓는 데 있어 무엇보다 중요하다. 경제학과 같이 자료 수집이 어렵고, 이론을 검증하는 데 어려움이 많은 학문을 연구할 때 우리는 어떤 자세를 취해야 할까? 주어진 제약 조건만 탓할 게 아니라 이를 타개할 수 있는 참신한 아이디어를 찾아야 한다. 원인에 합당한 결과를 도출하는 학문적 태도와 강한 의지가 겸비되었을 때 좋은 정책 발굴의 여건이 풍성해짐을 잊지 말자.

Paul R. Krugman

폴 크루그먼의 국가경영 이야기

기업경영자가 국가경영도 잘할까

뉴욕 시립대학교 명예교수다. 뉴욕 롱아일랜드에서 출생하여 1974년 예일 대학을 졸업하고, 1977년 MIT에서 로버트 소로우(Robert M. Solow) 교수의 지도하에 경제학 박사학위를 받았다. 2008년 무역이론과 경제지리학을 결합한 학문적 공로를 인정받아 노벨 경제학상을 수상했다. 데이비드 리카도(David Ricardo)가 주장한 전통적 비교우위 이론에서 벗어나 다양성이나 규모의 경제 측면에서 무역의 이익을 설명하는 신교역이론을 주창했다. 1990년대 아시아 개발도상국의 금융 위기를 예견해 주목을 끌기도 했다. 학문적으로는 신케인즈주의자로 평가받는다. 《뉴욕타임스》의 고정 칼럼니스트로서 조지 부시 전 대통령과 도널드 트럼프 전 대통령의 도덕성까지 들먹이면서 칼날을 들이대곤 했다.

국가는 회사가 아니다

한 노벨 경제학상 수상자가 도널드 트럼프 전 미국 대통령에게 자극적인 말을 퍼붓는다. "망상으로 재앙을 초래했다", "미 경제를 자멸로 이끌었다"며 맹비난을 쏟아냈는데 누군가는 여기에 카타르시스를 느꼈다고 한다. 《뉴욕타임스》에 기고한 「트럼프의 바이러스 확산, 경제 침체」라는 칼럼에서 그는 이렇게 트럼프의 참모진을 힐난한다.

> "트럼프 정부의 관리들과 아첨꾼들의 말이 맞다면 지금쯤 미국은 코로나 진정 국면으로 접어들어야 하지만 상황은 날로 악화되고 있다. 경제학자들은 '사회적 거리 두기'를 느슨하게 하고 경제를 재개방하는 것이 단기간에는 일자리 증가로 나타나겠지만, 결국에는 경제 자멸로 이어질 것이라고 경고했다. 그들이 옳았다. 경제 재개에도 불구하고 경제회복 속도는 정체 또는 후퇴 상태이다. 일자리 상황은 심각하다."

그는 '우리는 리셋 버튼을 누를 수도 없다. 정말 무서운 것은 트럼프 대통령이 아무것도 반성하고 있지 않다는 것'이라고 강조했다. 누구길래 대통령에 대해 이처럼 트집을 잡는 걸까? 그는 바로 진보주의 경제학자의 대표주자 폴 크루그먼이다. '경제학과를 수석으로 졸업한 학생이 기업경영에서 두각을 나타낼까? 스티브 잡스나 빌게이츠가 국가를 운영한다면 제대로 할 것인가?'라는 의문은 예전부터 여러 사람들 사이에 있어왔다. 크루그먼은 이에 대해 "노(No)"라고 선을 그으며, 기업을 경영해 성공한 기업가가 국가경제에 조언하는 것을 우려했다. 그는 1996년에 쓴 칼럼 「국가는 회사가 아니다」에 이에 대한 그럴듯한 설명을 자세히 담았다.

사업가 출신으로 대통령 선거에 나와 상당한 표를 얻은 한 인물이 있었다. 1992년 로스 페로(Ross Perot)는 대선에 무소속으로 출마해 "무기력한 정부, 낭비와 부정, 재정적자와 국가부채의 증가에 실망한 국민들을 구제하겠다"고 말해 인기몰이를 했다. 비록 낙선하긴 했지만, 그의 주장을 한번 회고해보자.

> "우리 헌법은 산업혁명 이전에 만들어진 것임을 명심해야 한다. 건국의 조상들은 전기, 기차, 전화, 라디오, TV, 자동차, 로켓, 핵무기, 인공위성, 우주탐험에 대해 알 수 없었다. 오늘날이라면 어떤 헌법 초안을 만들었을지 생각하면 흥미롭다."

기업경영에 성공한 경험은 국가경제를 운영하는 측면에서 보면 극히 작은 부분에 지나지 않는다. 10억 달러의 자산을 가진 성공한 기업가라고 해서 한 해 GDP가 21조 달러인 국가의 지휘자로서 적합하다고 볼 수는 없다. 국가와 기업의 존재 이유와 실체가 다르기 때문이다. 훌륭한 경제 전문가와 돈을 제대로 벌어들여야만 하는 성공적인 기업가의 역할도 그래서 다르다는 게 크루그먼의 사고다.

2012년 미 대선을 앞두고 그가 이 소고를 다시 꺼내든 것은 공화당 대통령 후보 중 누군가가 기업인 출신이라는 것을 염두에 두고 반대의 목소리를 내기 위한 것이라는 주장도 나왔다. 기업경영에도 성공하고 대통령으로서의 역할도 충실히 수행하는 경우라면 크루그먼의 주장을 반박할 수 있다. 기업가는 대통령 후보로 나서지 말라는 것은 자유민주주의 국가에서 있을 수 없기에 그런 그의 편견은 외관상 옳지 않아 보인다. 하지만 누구나 표현의 자유는 있으니 크루그먼의 생각을 제대로 들여다보자.

> "왜 아직도 성공한 기업인이 경제정책에서도 성공할 수 있다고 믿는 사람들이 있을까? 기업체를 운영하는 것과 거시경제 정책을 만드는 것은 너무도 다르다. 가장 큰 차이는 거시경제에서는 노동자가 소비자라는 점이다. 어떠한 기업도 매출의 대부분을 자기 회사 직원들에게 팔아서 만들지는 못한다. 반면 아무리 작은 나라라 할지라도 생산물의 최소한 3분의 2는 자국민들이 소비한다. 서비스산업은 수출이 불가능한 경우가 많기 때문이다."

뒷부분은 논란의 여지없이 타당해 보인다. 하나 그것이 기업경영과 국가경영에 그토록 커다란 차이인지는 의문이 든다. 그의 말을 계속 들어보자.

"이건 엄청난 차이이다. 구조조정을 통해 직원 수를 절반으로 줄이고도 여전히 같은 매출을 유지하는 기업 경영자는 칭송을 받는다. 그런데 경제정책 입안자가 그렇다면 그 나라는 곧 불황에 빠질 것이고 물건을 만들어도 사는 사람이 없을 것이다. 기업경영을 아무리 잘해도 국가경영에 중요한 '절약의 역설'이나 통화량 증가로 인한 인플레이션 같은 상황에 잘 대처하지는 못한다."

맞는 이야기지만, 경제학 지식을 갖고 있는 기업가가 기업과 국가의 차이점을 분명히 인식하고 전문가를 제대로 기용해 정책을 펼쳐나간다면 국가경영을 못할 것도 없지 않을까? 기업가 출신은 대통령이 되어서는 안 된다는 크루그먼의 주장은 좀 지나친 감이 있다. 확실한 것은 국가는 한 기업만을 위해 존재하는 것이 아니라 다양한 기업, 소비자, 외국과의 관계를 함께 아우르는 주체이기에 성공적인 기업경영의 경력이 성공적인 대통령을 보장해주는 것은 아니라는 것이다.

삼권분립이 이루어진 현대국가에서 대통령의 권한은 제약된다. 기업의 경영자는 기업 활동에 있어서 전권을 부여받고 법이 허용하는 범위 내에서 효율적으로 사업을 운영할 수 있다. 반면 국가경영은 권한이 매우 제한적이다. 행정부의 수반은 사법부와 입법부, 나아가 국민여론의 견제도 받는다. 자신이 매우 좋은 계획을 수립한다 하더라도 그것을 실현하려면 상충되는 이해관계를 조정하는 능력이 필요하다. 크루그먼의 주장을 좀 더 이해하기 위해서 국가와 기업경영의 본질을 제대로 살펴보자.

국가경영과 기업경영의 차이점

> "성공한 기업가들은 사업에서 기회를 포착하고 문제를 해결하는 능력이 국가경제에도 똑같이 적용될 수 있다고 믿는다. 하지만 국가경제에 필요한 사고방식은 기업을 성공에 이르게 하는 것과는 매우 다르다. 국가는 회사가 아니기 때문이다. 국가경제는 회사처럼 특별한 전략보다는 일반적인 원칙으로 운영되어야 한다. 가장 좋은 방법은 기본적인 시스템을 바로 세우는 것이다. 그런 다음 그게 스스로 작동하도록 내버려두는 것이다."

세계화 속의 살벌한 경쟁에서 생존하기 위해서 기업은 업계평균 대비 훨씬 뛰어난 실적을 지속적으로 유지해야 한다. 특별한 사업을 위한 전략적 마인드는 생존의 필수 요건이다. 『좋은 기업을 넘어 위대한 기업으로』의 저자 짐 콜린스(Jim C. Collins)는 위대한 기업에는 위대한 CEO들이 있었다는 점에 주목한다. 위대한 기업의 지도자는 스스로의 책임과 동기에 의해 자발적으로 일할 수 있는 적합한 인물을 찾는 데 많은 공을 들였고, 그들이 알아서 일할 수 있는 분위기와 환경을 만들었다. 그들에게 재량권을 주고, 관리하려 들지 않았다. 오늘날에도 위대한 기업은 고객이 기업의 동반자라는 생각을 추구하면서 나름의 혁신 전략을 세워 꾸준히 실천하며 브랜드 이미지를 구축하고 있다. 그렇다면 이러한 기업 활동의 본질은 무엇을 위한 것인가?

기업은 고객을 위한 가치를 창출하지만 이윤을 극대화하지 않고서는 생존하기 어렵다. 기업의 사회적 책임이나 주주 가치 제고도 중요하지만 이윤 극대화가 기업의 가장 중요한 목표다. 국가의 목표는 국민을 잘살게 하는 것인데, 그것이 성장 중심이냐 분배 중심이냐는 이념 논쟁이 불붙기도 한다. 민주화, 양극화 해소, 지역 균형 발전 등 목표가 다양할 뿐만 아니라 어느 것 하나 소홀히 대하기 어려운 측면이 있다. 기업 역시 이윤 극대화라는 목표를 추구하는 과정에서 다양한 사회적, 법적, 윤리적 책임이 강조되기도 한다.

하지만 기업의 목표가 여러 개 있다고 하더라도 돈을 잘 버는 게 무엇보다 중요하다. 국가의 목표는 다양하기에 어느 쪽을 강조하느냐에 따라 정책 방향이 달라질 수 있다. 국가경영은 기업경영과 달리 어느 한 목표를 포기하는 게 어렵고 다양한 이해 당사자가 존재하기에 딜레마에 봉착한다. 정책 목표가 상충관계에 있을수록 그 딜레마는 커진다. 정책의 수혜자가 있는 반면 손해를 입는 계층도 생기기 때문에 조정이 필요하다.

정책의 효과에 대해 비용 편익 분석을 제대로 해 비용 대비 효과를 극대화하는 전략이 그래서 중요하다. 이 과정에서 지도자의 설득, 소통, 통합의 리더십이 요구된다. 국가의 경우 기업처럼 이윤을 극대화하기 위해 CEO의 지휘하에 일사불란하게 움직이는 것이 절대적으로 필요한 것은 아니다. 대신 목표가 다양하고 정책에 대한 상반된 의견이 있을 수 있으므로 여러 가지를 아우르는 능력이 무엇보다 요구된다. 사회 각 부분에서 발생하는 이해관계, 상충관계를 제대로 조정하고, 기득권층이 강력한 힘을 가지고 압박하는 것에 굴하지 않고 균형 감각을 유지하는 능력이 그래서 절실하다.

국가경영은 기업가가 도저히 상상할 수 없을 정도로 복잡하다. 우리나라만 해도 국가 지도자는 최대 기업 집단 직원 수의 몇 백 배가 넘는 국민들을 상대해야 한다. 그들 간의 다양한 이해관계까지 감안해야 하므로 국가가 고려해야 할 변수는 몇백 배의 제곱 이상이 된다. 게다가 기업의 경우는 아무리 규모가 크고 사업 분야가 다양하더라도 핵심 전략을 중심으로 어느 정도 일관성을 찾을 수 있다. 반면 국가는 전혀 성격과 철학이 다른 수십만 개의 사업부가 공존하는 셈이다. 국가경영이 기업경영보다 훨씬 포괄적이고 일반적인 원칙에 입각해야 하는 이유는 바로 이 점 때문이다.

크루그먼이 말하는 핵심은 정부는 큰 원칙만 정하고 그 세부적인 운영은 경제 주체들에게 맡겨야 한다는 것이다. 신성장 동력을 발굴하는 문제를 생각해보자. 미래 성장 동력을 발굴하는 데 사활을 걸고 나서야 할 주체는 기업이다. 정부는 이를 측면에서 지원하는 것이지, 정부가 몇 개의 핵심 산업을 지정하고 선도해나간다면 자칫 기업의 혁신을 저해하고 자원을 낭비할 수도 있다. 잘나가는 기업은 국가만큼 좌고우면할 필요가 없다. 국가경영은 한 부문이 잘되면 다른 부문이 피해를 볼 수 있는 가능성까지 염두에 둬야 한다. 기업의 경우 CEO의 리더십과 전략에 따라서 모든 사업 부문에서 고용과 투자가 동시에 늘어나고, 시장점유율이 계속 증가할 수 있다. 그러나 국가의 경우 모든 기업이 동시에 시장점유율을 높이게 만드는 것은 불가능하다. 적어도 내수시장의 경우에는 한정된 소비자를 놓고 기업들이 서로 경쟁하기 때문이다. 이런 근본적인 차이로 국가 회계는 기업 회계와 다르고, 노동법은 기업의 인사관리와 다르고, 금융 · 통화정책은 기업의 재무 관리와 다르다.

그래서일까? 크루그먼은 정치 지도자가 돈이 결부된 문제에 대해 기업가의 조언을 구할 수는 있지만, 기업가가 국가 경제에 조언해야 할 것과 하지 말아야 할 것을 구별하는 적절한 감각을 지녀야 한다고 주장한다. 이는 국가 지도자가 기업적 사고를 지니고 있을 경우 지나치게 효율성 위주로 흘러갈 수 있음을 경계하는 주장으로 들린다. 기업은 투입되는 비용을 최소화하고, 산출을 극대화하는 것을 추구한다. 기업은 투입과 산출 간의 차이를 최대로 확대하여 잉여가치를 키우려고 노력한다. 반면 국가는 투입과 산출의 균형을 추구한다. 재정의 수입과 지출 간의 잉여가 항상 바람직한 것은 아니다. 종종 적자재정을 편성하기도, 흑자재정을 편성하기도 하지만 균형을 맞추는 것이 중요하다. 그것이 세대 간 부담을 줄이고 형평에 맞는 것이다. 기업은 효율 위주이기에 장기적으로 효율성을 해칠 가능성이 있는 경우에만 형평성을 고려하는 경향이 있다. 하지만 국가는 그래서는 안 된다. 효율성과 형평성이 수레의 양 바퀴처럼 균형을 이루도록 끊임없이 고민해야 한다. 국가는 한 대통령의 성공 여부에 관계없이 다음 정권으로 연속되기도 하지만 기업은 돈의 씨가 마르면 고사한다. 그 많은 세계 유수의 기업들이 일순간 사라진 것을 보면 기업경영이 꼭 쉬운 것만은 아닌 것 같다.

정치 양극화가 경제 양극화를 부른다

정부는 공익을 추구하며, 기업과 달리 목표가 이타적이다. 또한 다른 국가, 기업, 소비자 등 많은 이해 관계자들을 아울러야 한다. 세계적으로 양극화가 이슈인 가운데 크루그먼은 "경제적 양극화 때문에 정치가 양극화되는 것이 아니라, 정치적 양극화 때문에 경제가 양극화된다"고 말했다. 정치와 행정은 특정 지지자들의 목소리만을 대변해서는 안 된다. 분열과 대립보다는 통합과 화해로 가는 것이 정치적 양극화와 경제적 양극화를 해소하는 방안이다.

크루그먼은 2008년 대선에서 부시 전 미국 대통령의 저격수란 별칭까지 얻으며 미국 대선에서 오바마 후보를 지지했다. 하지만 오바마의 금융 위기 대책에 실망한 그는 오바마 정부의 은행 부실 자산 처리 계획이 쓰레기에 돈을 퍼붓는 정책이며 은행의 국유화가 필요하다고 주장하기도 했다. 그는 자신의 책 『폴 크루그먼 미래를 말하다』에서 사회안전망을 강화하고 불평등을 줄이는 진보주의자의 입장을 강조한다. 부유층에 세금을 많이 물려 가난한 사람을 돕자는 그는 현대판 로빈 후드일까?

> "미국은 다른 서방 국가에 비해 기회 자체가 평등하지 않다. 우리는 눈을 크게 뜨고 손을 맞잡고 독존이 아닌 공존의 시대를 맞이해야 한다."

크루그먼의 이 독설에 찬성하느냐 반대하느냐는 중요하지 않다. 다만 현대사회에서 국가 지도자에게 특히 요구되는 덕목이 다양한 목소리를 아우르고 갈등 관리를 제대로 하는 것이라는 점에서 그의 말은 귀담아들을 만하다. 그게 국가경영이 기업경영보다 어려운 이유다. 국가의 수반은 적절한 균형의 합의점에 도달하기 위해서 최적의 비전을 제시하고, 국민을 아우르며 목표를 향해 나아가는 유연하고 뚝심 있는 인내의 리더십을 보여주어야 한다. 이 과정에서 갈등을 유발하지 않고 적절히 통제하는 것이 중요하다.

앞에서도 언급한 OECD가 발표하는 사회갈등 관리지수는 정부의 행정이나 제도가 갈등을 효과적으로 관리하는지를 나타내는 지수이다. OECD는 정부의 효과성, 규제의 질, 부패 통제 같은 지표에 대해 OECD 국가의 패널 데이터를 활용해 회귀분석을 실시하는데, 우리나라의 성적은 그다지 좋지 않다. 민주주의 성숙도와 정부 효과성이 낮을수록, 소득 불균형이 높을수록 사회 갈등은 높기 마련이다. 화(火, 갈등)를 잘못 다스리면 화(禍, 재앙)가 되지만, 잘 다스려 화(和, 통합)로 이끌면 화(華, 좋은 결실)을 이루게 된다. 이것이 국가경영이다.

사회갈등 관리지수를 조금만 낮춰도 1인당 GDP가 높아진다는 분석이 있다. OECD 국가 중 사회갈등 관리지수가 가장 낮은 네덜란드와 독일은 노사 대타협을 통해 글로벌 금융 위기 와중에도 탄탄한 경제성장을 달성했고, 지금도 유럽에서 잘나가는 나라라는 게 그 증거다. 국가경영은 정치권만 탓할 수는 없다. 정부의 갈등 관리도 중요하지만 사회적 책임을 중시하는 기업과 지역이기주의를 극복하려는 지방정부, 계층 간·세대 간 갈등을 극복하려는 국민의 자세 모두가 중요하다. 갈등 관리와 신뢰 회복이 국가 만들기의 기본임을 잊지 말아야 한다.

우리나라의 경우는 어떨까? 재테크의 양대 산맥 주식과 부동산 시장을 두고 국가의 역할을 생각해 본다. 정부의 잘못된 수급 정책이 주가 하락과 공정성 문제를 불러올 수 있다. 시가총액 2위 종목으로 상장한 LG 에너지솔루션의 기업공개가 그 사례다. 지주회사의 비상장 자회사 상장이 대규모로 일어나 수급을 혼란시키는 것은 어떤가? 구글은 미국 시장에서 지주회사 알파벳으로 상장되어 있다. 구글을 분리해서 주식시장에 상장시키지 않고 있는 것이다. 포스코는 지주회사 체제로 전환(포스코홀딩스)하면서 자회사를 상장시키지 않기로 결의했다. 개미들이 기울어진 운동장에서 힘든 싸움을 하지 않도록 최소한의 장치를 마련할 필요도 제기된다.

부동산 상승기에 시장을 옥죄는 정책을 발표하면 비아냥이 나돌았다. 과연 정부가 투기꾼과 투기 부동산을 분명히 가려내는 능력이 있을까? 세계 어느 나라에도 없는 고율 세제를 가하는 것은 합당한가? 이런 의문은 국민 자산에 대한 국가의 무능력을 보여준 사례다. 부동산 정책에서 정부는 빅테이터에 기반한 꾸준한 공급과 주거 약자를 지원하고 보호하는 목표가 먼저이다. 정부는 저소득층 주거 복지에 집중하고 중산층의 내 집 마련을 지원해야 한다. 풍요로움은 국가가 국가다운 역할을 할 때 제대로 보장된다.

ECONOMISTS ON THE TABLE

James J. Heckman

제임스 헤크먼의 교육경제학

가장 수익률이 높은 투자는 무엇인가

일리노이주 시카고에서 태어났다. 1965년 콜로라도 대학교에서 수학 학사학위와 박사학위를 받았다. 스탠리 블랙(Stanley W. Black)의 지도하에 「노동의 공급과 재화의 수요에 관한 세 가지 에세이」라는 제목의 박사학위 논문을 마친 후 1971년 프린스턴 대학교에서 경제학 박사학위를 받았다. 경제학과 통계학을 접목한 미시계량 경제학 분야의 선구자다. 교육 수준과 임금의 상관관계, 남녀 임금 차이를 연구하는 등 노동시장을 분석한 세계적인 석학이다. 유아교육에 관심이 높은 그는 인지 능력 중에서 유독 IQ를 중시하는 주장에 반기를 든다. 인간의 능력은 본질적으로 다차원적이라며 사회·정서적 능력, 즉 성격, 건강, 인내심, 시간 개념, 위험에 대한 태도, 자기 존중, 자제력 등 많은 비(非)인지적 요소들이 사회적 성공 가능성을 예측하는 강력한 변수가 될 수 있다고 주장한다. 그는 높은 IQ 대신 성실 또는 근면, 인내, 자제가 재정적 성공으로 이어졌다는 사실을 증명했다.

성인 교육의 16배 효과, 영유아 교육

평범하게 사랑을 나누던 커플은 훗날 대통령 부부가 될 줄 알았을까? 여느 연인처럼 그들은 시카고 이곳저곳을 거닐고 있었다. 영화도 보고, 미술관을 찾기도 했다. 서로의 꿈과 희망을 이야기했다. 오바마는 훗날 대통령이 되었지만, 처음에는 그녀의 조수에 불과했다. 오바마는 당찬 미셸의 마음을 얻기 위해 어지간히도 애를 썼고, 각고의 노력 끝에 첫 데이트 약속을 잡는 데 성공한다. 오바마는 당시를 이렇게 회고했다.

> "나이는 내가 더 많았지만, 미셸은 이미 시카고 로펌 시들리 오스틴의 변호사였어요. 나는 하버드 법대 재학생으로 여름방학 기간 같은 사무실의 인턴으로 일하면서 그녀를 모셨죠. 첫 데이트의 기쁨은 말로 표현할 수 없었어요. 시카고의 하늘을 다 품은 느낌이랄까요. 우리는 유명 미술관 아트 인스티튜트 오브 시카고를 둘러보고 영화를 보았어요. 스파이크 리 감독의 영화 「똑바로 살아라」였죠. 그때 똑바로 살기로 마음을 정한 것 같아요."

똑바로 살기로 결심한 버락 오바마 전 미국 대통령은 재선 후 첫 국정 연설에서 "나는 중단하지 않는다(I don't quit)"며 국정개혁의 의지를 다졌다. 그는 21세기 최고의 빈곤 퇴치 프로그램은 세계적 수준의 교육이라고 강조했다. 오바마 행정부가 추진하는 의욕적인 교육개혁에는 빈곤층 자녀를 위한 '0~5세 계획(Zero-to-Five Plan)'이 포함되어 있었다. 유아기에 가장 유연한 인간의 두뇌는 6세까지 4배 정도 무게가 증가하고 뇌 크기도 성인 뇌의 90%까지 성장한다. 생후 1년간은 1초마다 700개의 새로운 신경세포가 연결되나 나이가 들면서 변화할 수 있는 능력은 감소한다.

오바마의 결단은 미국이 유아교육에 있어서 뒤처지고 있는 실정을 인지한 데서 비롯한다. 예를 들어 벨기에나 프랑스는 거의 모든 3세 유아가 교육기관에 다니지만 미국은 40%에도 못 미치는 수준이다. 교육은 세계적으로 가장 좋은 투자로 인식된다. 그래서 오바마 대통령은 한국의 교육열과 교육제도를 지속적으로 언급하며 예찬하기도 했다. 19세기 경제학자인 앨프레드 마셜(Alfred Marshall)은 그의 저서 『경제학원리』에서 "가장 가치 있는 자본 투자는 사람에게 투자하는 것이고, 그중 가장 중요한 요소는 어머니다"라고 말했다. '교육의 신'으로 불리는 한국 어머니들이 자연스럽게 떠오른다.

세월이 흘러도 여전히 세계적으로 교육을 중요하게 생각하는 이유는 크게 두 가지다. 하나는 교육이 생산성을 증대하는 지름길이기 때문이고, 다른 하나는 교육이 양극화를 해소하기 위한 방법이기 때문이다. 그렇다면 우리가 하는 모든 공부는 경제학적으로 의미가 있는 것일까? 꼭 그렇지만은 않은 것 같다. 오바마 대통령의 '0~5세 계획'의 이론적 근거를 제시한 학자는 시카고 대학 경제학과의 제임스 헤크먼 교수다. 2000년 노벨 경제학상 수상자인 그는 면밀한 데이터 수집과 통계 분석으로 학문 융합의 새 지평을 열었다. 그는 영유아기 때의 과감한 교육과 보살핌이 다른 어떤 투자보다 경제적이고 바람직한 투자임을 증명해낸 독특한 경제학자다. 영유아 교육에 대한 투자가 성인기 교육에 대한 투자보다 16배나 효과적이라는 결과를 내놓기도 했다. 그에 의하면 시간이 지남에 따라 투자되는 교육의 수익률(생산성 그래프)은 우하향한다.

사실 헤크먼의 이론은 불평등 해소와 관련이 있다. 국가가 자원을 고등학교와 대학 교육에 투자하는 것보다 가난한 가정의 0~5세 영유아를 교육하는 데 쓰는 것이 빈곤의 대물림을 막는 데 효과적이라고 강조한 것이다. 교육 과잉으로 사교육비가 치솟아 있는 우리나라에서 헤크먼의 말은 그 중요성에도 불구하고 피로감을 불러일으킨다. 하지만 영유아 교육에 투자하는 것이 가장 수익률이 높다는 그의 주장은 좀 더 해부해볼 필요가 있다.

그는 유전인자가 사람의 운명을 좌우한다는 데 반기를 들고, 소외된 계층의 아이들에게 조기교육을 시키는 것이 국가 재정을 튼튼히 하고 아이들의 IQ와 사회 유대감을 높여 미래를 발전시킬 수 있는 원동력임을 증명하려고 했다. 실험에 의하면 IQ는 21세까지 충분히 증가할 수 있다. 그는 중산층 가정에 비해 빈곤한 가정이 아이 양육에 소홀한 점에 착안해, 가난하고 소외된 이들을 위해 국가 재정을 사용할 때 개인과 사회 전체적으로 어떤 혜택이 오는지를 보여준 학자다. 헤크먼은 3~4세 흑인 어린이를 대상으로 일명 페리 유치원 프로젝트를 실시했다. 조사 대상인 1962년생 빈곤 가정 흑인 아이 123명 가운데 58명은 소수 인원으로 구성된, 제대로 된 교육을 받는 실험 대상이 되었고 나머지는 일반 교육을 받는 비교 대상으로 두고 40년 넘게 추적 조사했다. 수십 년이 흐른 결과, 유치원 교육의 효과가 지속되는 모습이 나타났다. 고용과 연소득은 물론 범죄율에서도 두 집단은 큰 차이를 보였다.

헤크먼은 그 결과를 예산 당국과 정치인들에게 들이밀었다. 이후 그의 설득으로 주와 국가 예산 배분의 우선순위가 바뀌었다. 그는 청년 배당은 일시적인 소비 증가로 분배를 개선할지는 몰라도 자원배분의 효율성을 저해할 수 있다고 보았다. 반면 소외받는 가난한 유아에 대한 무상교육은 단순한 소비가 아니라 미래에 더 큰 수익을 가져다주는 강력한 투자라는 논리를 실증했다.

상식적으로도 가난한 어린아이에 대한 투자는 그들이 성년이 되었을 때 올바른 가치관을 함양하고 건전한 사회인으로서 살아갈 수 있게 하는 힘이다. 불우한 환경에 놓인 아이들은 부모로부터 양육을 제대로 못 받아 범죄의 소굴에 빠져들 가능성이 크다. 인지능력과 사회 정서적 관계 능력이 모두 부족해 인생에서 실패할 확률도 높다. 이런 환경에 있는 아이들이 어린 시절부터 책을 읽고 다른 아이들과 잘 어울릴 수 있게 지원하는 국가 프로그램이 있다면 어떨까? 어린이들에게 예산이 적절히 투자된다면 고용에 따른 세수 증가, 실업수당 감소, 낮은 범죄율, 경찰 · 법원 · 감옥의 유지비용 절약 등으로 이어져 소기의 목적을 달성하게 된다고 그는 열변을 토한다. 그의 주장에 민주당과 공화당 의원도, 나아가 오바마 전 대통령도 감동을 받고 고개를 끄덕였다.

정부 정책에 큰 영향을 미친 '헤크먼 방정식'

헤크먼 교수는 조지아주의 교도소나 다른 교도소에 수감 중인 재소자들에게서 흔히 발견되는, 폭력을 유발하는 MAOA 유전자를 두고 실험한 결과를 제시했다. MAOA 유전자를 지닌 아이라고 하더라도 중산층 가정에서 제대로 양육을 받은 경우에는 범죄자가 되지 않았다. 반면 MAOA 유전자를 가진 아이가 폭력에 많이 노출된 환경에서 보살핌을 제대로 받지 못한 채 자란 경우에는 범죄자가 될 확률이 높았다. MAOA 유전자가 적은 아이들은 학대를 받아도 일반인의 예상과 달리 범죄자가 되지 않는 경우가 흔했다. 결국 인성의 절반은 유전자에 기반을 두고 있지만, 나머지 절반은 교육으로 충분히 향상될 수 있다고 그는 생각했다. 나쁜 유전인자도 환경에 의해 그 발현이 차단되고 좋은 유전자는 좋은 환경에 의해 개발될 수 있다는 것이다.

헤크먼은 또 빈부 간의 교육 격차는 가난한 이들의 생산성 향상에 의해 해결되는 것이 바람직하며, 조기교육이 생산성 향상의 지름길이므로 3~4세 이전에 조기교육을 실시하는 것이 중요하다고 주장했다. 인성교육의 상당 부분이 가정에서 이뤄지고 있다는 점을 감안하면, 한 부모 가정이나 저소득층 가정의 영유아 교육에 정책의 우선순위를 두어야 한다는 그의 주장에 귀가 기울여진다.

헤크먼에게 삶이란 할 수 있다는 자신감을 향상시키는 과정이었다. 수학 문제를 풀고 음악을 즐기고 사람들과 제대로 교제하기 위해 분노를 조절할 수 있는 그런 지적, 사회 정서적 능력을 종합적으로 향상시키는 데 삶의 의미를 둔 것이다. 그는 IQ도 중요하지만, 양심과 동기부여 역시 인생을 멋지게 사는 데 중요한 역할을 한다고 보았다. 사람이 성공하기 위해서는 인지능력에 치우친 교육에 집중할 것이 아니라 사회 · 정서적 관계 능력을 균형 있게 배양하는 것이 중요하다는 그의 말은 누구나 살면서 한 번쯤은 느끼는 사실이다. 실제로 직장에 들어가면 개인의 경제적 · 사회적 성공은 성실성 · 창의성 · 자제력 같은 인성에 더 크게 좌우될 수 있다.

이런 이유로 그는 만 3~4세부터 조기 인성교육을 충분히 시작해야 한다고 말한다. 성실성, 자제력, 소통 능력과 같이 사람 사이의 교류에 필요한 '소프트 스킬(Soft Skills)'을 배양하기 위한 교육을 중시하자는 그의 말에서 진한 페이소스가 느껴진다. 소외받는 아이들에게 중요한 것은 '돈의 희소성'이 아니라 '부모의 빈자리'라는 말은 바쁘게 살아가는 현대인들이 양육을 무조건 돈으로만 해결하려는 자세에 대한 경고장으로 느껴진다. 생계가 어려운 사람들에게 빵을 제공하는 것은 무엇보다 중요하다. 그러나 가난한 사람들에게 돈을 그냥 줘 소비를 늘린다고 해서 다음 세대가 번영을 누릴 것 같지는 않다. 장기적으로 사회의 구성원으로서 참다운 인생을 살도록 하기 위해서는 부모의 빈자리를 채울 수 있는 환경을 만들어주는 것이 매우 중요하다.

헤크먼은 아이가 학교에 가지도 못하고, 갈 생각도 없고, 무엇을 할지 동기부여를 제대로 받지 못하는 환경 속에서 살아가기 때문에 가난이 대물림된다고 했다. 그의 주장에 따르면 '가진 자'와 '가지지 못한 자'를 고착화시키는 가장 큰 차이는 따뜻한 사랑을 담은 영유아 교육의 차이에서 비롯된다. 헤크먼은 미국이 양극화를 해소하기 위해서는 앞으로 20~30년간 가난한 아이들을 위한 교육에 집중 투자해야 한다고 주장한다.

그렇다면 이런 교육 투자의 수익률은 도대체 얼마나 될까? 그는 연 7~10%의 수익률을 달성할 수 있다고 주장했다. 4세에게 1달러를 투자하면 65세에 60달러에서 300달러 정도의 수익률을 달성할 수 있다는 그의 말이 신비롭게 들린다. 그는 조기교육에 대한 사회적 투자로 범죄율을 낮추는 데 드는 비용이 경찰관 수를 늘리는 데 드는 비용의 5분의 1 수준으로 낮다고 지적한다. 또 가난한 사람들에 대한 투자는 다른 사람에게도 이익이 된다고 보았다. 국가가 아이들 교육에 투자해서 얻는 이익은 빈곤층뿐 아니라 세금을 내는 중산층과 부유층을 포함해 모든 사회에 광범위하게 공유된다고 강조했다.

경제학에는 복잡한 방정식이 너무 많다. 그런데 여기 아주 간단한 방정식이 있다. 제임스 헤크먼의 이름을 딴 '헤크먼 방정식'이다. 이는 오바마 행정부의 정책에도 큰 영향을 끼쳤다. 이 방정식의 핵심은 '투자(Invest)+개발(Develop)+유지(Sustain)=이득(Gain)'이다. 인간은 어린 시절부터 동등한 학습 기회를 가져야 한다. 따라서 가난한 아이들에 대한 학습권이 보장되도록 국가가 재원을 투자(Invest)해야 한다고 헤크먼은 외친다. 태어나서 5세까지 집중적으로 아이들의 지적 · 사회적 능력을 개발(Develop)하는 데 몰두하고, 나아가 성인이 될 때까지 우수한 교육 프로그램을 유지(Sustain)하라고 강조한다. 그러면 그 아이들이 자라나 다음 세대에 훌륭한 일꾼이 되고, 사회 전체적으로 이득(Gain)이 된다는 것이 헤크먼 방정식의 요지다.

인간의 발달에 있어 영유아기는 평생 교육의 출발점이며 인성의 기초를 형성하는 시기다. 그래서 영유아 교육에 대한 국가와 사회의 책임이 매우 중요하다. 헤크먼의 주장처럼 영유아기가 인적자원 투자 대비 회수 비율이 가장 큰 시기라면, 효율성 관점에서도 의미 있는 투자다. 그래서 많은 국가가 영유아 교육에 재정 투자를 확대해 생애 초기의 교육 격차를 해소하고, 질 높은 영유아 교육 서비스를 제공한다. 양질의 인재 육성을 통한 국가경쟁력 강화는 그래서 공허하지 않다. 문제는 질 좋은 프로그램과 우수한 교사진이다. 어린이집 보육의 문제점을 고발하는 뉴스를 접하면 영유아들이 제대로 된 보육을 받고 있는지 의심이 들기도 한다. 일부 부모나 어린이집 교사의 반인륜적인 양육 행태는 우리 마음을 어둡게 만든다.

미래의 인적자원을 개발하고 저출산 문제를 해소하기 위해 우리는 미국보다 더 파격적인 영유아 보육 정책을 실시하고 있다. 문제는 우리의 교육 프로그램 내용과 교육 환경이 따뜻한 사랑을 담은 영유아 교육을 해야 한다는 헤크먼의 주장에 따라 제대로 작동되는가이다. 사회경제적 배경에 따른 유아교육 · 복지 수준 격차를 감소시켜야 할 책임이 국가에 있다는 취지의 정책은 좋다. 예산이 빠듯하지만 지혜를 모아 지속 가능성을 앞으로도 담보해야 한다. 지역과 기관 유형에 따라 각양각색으로 제공되는 유아교육에 대한 국가 관리도 더욱 강화되어야 할 것이다.

죽은 시인의 사회에서 탈출하자

헤크먼은 인간의 성장에 중요한 시기를 15세까지라고 보았다. 그중에서도 8세까지가 매우 중요하므로, 아이들에게 책을 읽어주고 많은 이야기를 들려주라고 조언한다. 먹고살기 힘들다고 아이와의 소통에 관심을 기울이지 않으면서 국가가 운영하는 어린이집에만 아이를 맡겨둔다면 헤크먼 방정식의 결과를 얻기 힘들 것이다.

헤크먼 교수는 한국의 교육제도가 끈기, 성실, 동기 유발과 같은 비인지적인 능력 교육을 간과하고 있는 것 같아 안타깝다고 지적했다. 그는 한국에서의 학교 시험은 인성 평가를 제대로 하지 못하고 있는데, 최근의 경제 · 교육 분야 연구 결과를 보면 인성이 경제 · 사회적 행동과 연결돼 사회의 생산성을 높일 수 있다는 것을 기억해야 한다고 주장한다. 내 자식만 아끼는 그릇된 사랑으로 영 · 유아 교육이 경쟁에 치우친 비인성 교육으로 가고 있는 것은 아닐까?

헤크먼은 영유아기의 올바른 자존감 형성과 동기부여를 특히 강조했다. 자녀를 좋은 대학에 보내기 위해 선행학습을 시키는 한국 어머니들의 놀라운 교육열은 마셜이 말한 어머니의 모습도, 헤크먼이 말한 어머니의 모습도 아니다. 헤크먼은 대학 진학률이 높은 한국의 교육 현실에 대해, 만약 대학에서 배우는 지식이 생산성 증대와 무관하다면 의미가 없다는 조심스러운 견해를 피력한 바 있다.

영화 「죽은 시인의 사회」에는 셰익스피어를 비롯해 에드거 앨런 포 같은 우리가 예찬하는 많은 문인들이 등장한다. 죽은 시인의 시를 획일적으로 암기하는 아이들의 모습에서 우리는 무엇을 느끼나? 영화의 제목이기도 한 '죽은 시인의 사회'란 다양성이 부재하고 승자만이 기억된다는 것을 강요하는 억압된 사회를 의미한다. 물론 교육은 개인이 장차 밥벌이를 하는 데 중요한 요소다. 교육과 경제성장 간의 관계에 대한 검증이 많이 시행되고, 개발경제학에서 교육을 중시하는 것도 그런 이유다. 헤크먼도 그 점은 인정한다. 소외된 가정의 어린이들에 대한 투자는 이 사회를 더욱 따뜻하게 만드는 햇살과 같다.

우리나라에서도 만 5세 공통 교육 과정인 '5세 누리과정'이 도입되면서, 신체운동과 의사소통, 사회관계, 예술경험, 자연탐구 등 5개 영역에서 조기 인성교육이 체계적으로 이뤄질 것이란 기대감이 증대되었다. 누리과정이란 어린이집과 유치원에 다니는 3~5세 아이들에게 공통으로 제공되는 교육과정으로, 2020년 3월부터 '유아중심 · 놀이중심'의 개정 누리과정이 시행되고 있다. 하지만 하루 24시간 시간표를 작성해 아이들을 관리하는 것은 경쟁의 또 다른 모습으로 비춰졌다. 부모들의 마음가짐에 여유가 없고, 모든 것을 경쟁의 논리로 돌린다면 그 교육이 사회적으로 무슨 의미가 있을까?

영유아 교육에서부터 외교와 국방까지, 대통령의 제대로 된 국가 만들기는 쉽이 없다. 문득 남편에 대한 존경과 애정이 묻어나는 미셸 오바마의 말이 생각난다.

"대통령의 업무는 140글자로 요약할 수 없습니다. 자신의 손끝에 핵무기 코드가 있고, 자기 휘하에 군대가 있다면 결코 경거망동해서는 안 됩니다. 비판과 비난에 쉽사리 휘둘려서도 안 되고, 충동적인 말과 행동을 해서도 안 됩니다. 침착하고 진중한 자세를 견지하며 대소사를 잘 꿰고 있어야 합니다. 대통령은 시민에게 봉사한 경험이 있는 사람이어야 합니다. 부를 좇지 않고, 모두에게 성공할 기회를 나눠주기 위해 싸워야 합니다. 아이들 앞에서 스스로 입증할 수 있는 사람이어야 합니다. 자신이 힘든 처지에 있어도 덜 가진 사람에게 베풀 수 있는 사람이어야 합니다. 나라의 한 사람 한 사람이 모두 소중한 존재라는 것을 아이들에게 가르쳐줄 수 있어야 합니다. 대통령과 영부인으로서 남편과 나는 우리의 자녀뿐만 아니라 이 나라의 모든 아이들이 지켜보는 가운데, 말과 행동이 참 중요하다는 데 동감했고, 그에 걸맞게 행동하려고 했습니다. 희망에 찬 초롱초롱한 눈으로 제 남편을 올려다보며 '아저씨랑 내 머리랑 똑같죠?'라고 묻던 흑인 소년을 기억합니다. 그리고 우리는 많은 아이를 위해 일했습니다. 부랑자를 피하기 위해 먼 길을 돌아 등교하는 아이들, 대학 학비는 어떻게 마련할지 막막한 아이들, 영어를 제대로 하지 못하는 부모 아래에서도 더 나은 삶을 꿈꾸는 아이들, 장차 어떤 사람이 될까, 희망을 좇기 위해 우리에게 의지하는 아이들을 늘 생각했습니다."

대통령이건, 대통령의 배우자이건 오바마나 미셸처럼 신념을 가져야 하지 않을까. 헤크먼에 기초한 영유아 교육에 대한 신념이 어른이 된 후의 풍요로움의 기초가 된다. 그게 교육정책에 임하는 정부의 국가 만들기의 핵심이다. 헤크먼은 형평성과 효율성 간의 상충관계를 잘 이해하고 있다. 그가 위대한 이유는 가난한 영유아에 대한 투자가 형평성을 높이고 사회투자수익률도 높이는 효율적인 결과를 가져온다는 사실을 누구보다 잘 설명한 까닭이다. 아이들에게는 꿈이 필요하다. 아이들이 남을 밟고 일어서는 그런 왜곡된 경쟁의 자유가 아니라, 자신감과 여유를 갖게 하는 자유의 정신을 불어넣어야 한다. 부모와 사회가 아이를 어릴 때부터 마음의 여유를 잃고 살아가게 만든다면 모두가 불행해진다는 사실을 잊지 말아야 한다.

Douglass C. North

더글러스 노스의 제도경제학

중국에는 산업혁명이 없었다

각 나라의 성장 차이를 '제도적 요인'으로 설명한 미국의 경제학자다. 1993년 경기 해석과 제도 변화를 위해 경제 이론과 양적 방법을 적용해 경제 역사상 새로운 연구 성과를 거두어 로버트 포겔(Robert W. Fogel)과 공동으로 노벨 경제학상을 받았다. 경제 이론으로 과거의 경제 현상을 분석하고 이를 현실 경제에 연계해 설명하는 경제사 연구가다. 대공황과 제2차 세계대전이라는 경제적 혼란기의 영향을 많이 받았는데, '무엇이 부유한 경제를 만드는가?'를 연구과제로 일생을 몰두했다. 장기간에 걸친 역사적 경제발전 과정을 '제도'와의 상호작용으로 계량 분석했다. 그의 사상은 제도주의 혁명이라 불리며 경제학뿐만 아니라 정치학, 법학 등에도 영향을 미쳤다. 후진국 개발을 위해서는 제도나 신념 체계의 변화가 반드시 필요하다는 인식을 심어줬다.

아르헨티나가 외채위기 국가로 전락한 이유

이탈리아에 사는 마르코네 집은 가난하다. 그래서 엄마는 부자 나라 아르헨티나로 일을 하러 떠났다. 어느 날 엄마가 몹시 보고 싶었던 어린 마르코는 엄마를 찾아 무작정 길을 떠난다. 많은 어려움과 괴로움을 겪지만 여러 사람의 도움으로 마르코는 마침내 엄마를 만나게 된다. 이는 어린 시절 읽은 감동적인 이야기로 아직도 가슴에 남아 있는 『엄마 찾아 삼만 리』의 내용이다. 이야기 속의 아르헨티나는 '남미의 진주'라 불리며 세계 7대 강국으로 손꼽혔다. 제2차 세계대전 이전까지만 해도 돈을 벌기 위해 탱고의 나라, 아르헨티나로 이주하는 이민자들이 많았다.

이렇게 잘나가던 아르헨티나는 이후 파업에 몰두하는 노동자, 경제력보다 정경 유착에 의존하는 기업가, 자신의 잇속만 챙기는 정치인과 국민들로 인해 외채 위기를 맞고 디폴트에 빠져 아픈 역사를 써내려갔다. 아르헨티나의 디폴트 선언으로 국제 채권단들은 원리금을 잃었다. 그런데 웬일인가? 2016년 3월 미국계 헤지펀드인 브레이스브리지 캐피털이 아르헨티나 정부와 채무상환 합의로 투자금의 952%에 달하는 수익을 거두었다. 아르헨티나는 2001년 1000억 달러의 대외 부채에 대해 디폴트를 선언했다. 당시 국제 채권단은 채무 조정에 합의했으나 채권 일부를 사들인 헤지펀드들이 원리금 반환 소송을 제기했다. 10년의 법정 공방 끝에 헤지펀드들은 2012년 미국 뉴욕지방법원으로부터 전액 승소 판결을 받았고,

아르헨티나와 몇 년간의 협의 과정을 거쳐 엄청난 수익을 올리게 되었다.

아르헨티나를 강대국에서 외채 위기 국가로 만든 제도나 정책, 국민들의 정서를 생각하니 영화 「에비타」의 실제 주인공인 에바 페론(Eva Perón)이 가엾게 느껴진다. 페론은 아르헨티나 대통령 후안 페론(Juan D. Perón)의 부인으로 33세의 젊은 나이에 세상을 떠났다. 그녀에 대한 평가가 엇갈리는 가운데 아르헨티나는 그녀의 얼굴이 그려진 지폐 발행을 중단하고 멸종위기에 처한 사슴 그림으로 대체하기로 했다. 후안 페론 대통령을 좌파적 포퓰리즘의 대표 인물로 보는 시각에 따라 페론주의의 잔재를 청산하기 위한 조치로 풀이된다.

경제학 교과서를 살펴보자. 미시경제학에서 가장 중요한 부분이 시장의 원리다. 그런데 시장원리로 경제를 다 설명할 수 있을까? 그러지는 못할 것 같다. 전통적으로 경제학은 시장 이론에 대한 설명에 집중해 왔지만, 현실적으로 적절한 제도가 없다면 시장이 제대로 작동할 리가 없다. 현실의 시장은 고전 경제학의 기본 가정과 달리 불완전하다. 거래와 관련한 정보도 완전하게 갖추기 어렵고 거래비용도 상당하다. 사유재산권을 인정했음에도 재산권을 둘러싼 개인 간의 분쟁이 계속된다. 거래와 관련한 계약을 한 경우에도 신속하게 이행을 담보하는 조치가 뒷받침되지 않으면 실효성을 확보하기 어렵다. 이러한 제도가 제대로 갖추어지지 않으면 결국 시장경제에서도 거래비용과 비효율성이 증가한다. 효율성을 중시하는 입장에서는 비용을 줄이기 위한 다양한 제도를 마련해야 한다. 경제학에서 제도를 연구의 대상으로 삼는 이유는 경제학이 효율성의 학문이고, 효율성이 경제발전을 이루기 위한 기본이라는 믿음 때문이다.

산업혁명 이후 인류는 눈부신 경제발전을 이루어왔다. 경제발전의 가장 중요한 요소는 무엇일까? 사람들은 많은 인구, 근면한 노동, 풍부한 자본 축적, 기술혁신, 교육, 효율적인 정부, 기업가적 모험심, 넓은 시장을 꼽는다. 틀린 이야기는 아니다. 하지만 1993년 노벨 경제학상 수상자인 경제사학자 더글러스 노스는 경제성장의 더 근본적인 원천을 밝혀야 한다고 주장했다. 그리고 그 원천으로 '효율적인 제도'를 제시했다.

그는 효율적인 제도가 갖추어져야 생산성이 높아지고 사회체제가 안정된다고 보았다. 사람들 간에 제도에 대한 믿음이 광범위하게 수용되어 신뢰가 형성되는 것이 국가발전을 위해서 중요하다는 것이다. 국민은 국가 정책에 반영될 수 있도록 정치 · 경제 제도에 대한 의견을 적극적으로 개진해야 하고, 국민들의 그러한 요구에 걸맞게 국가는 제도를 구축하고 경제발전과 사회안정을 꾀해야 한다. 노스는 융통성이 있는 제도야말로 시장을 가장 효율적인 분배 수단으로 만드는 도구라고 굳게 믿었다.

중국과 영국의 운명을 가른 제도의 힘

제도가 얼마나 중요한지 제대로 알아보기 위해 잠시 생각해 보자. 1748년, 세계경제의 중심지였던 중국에서는 왜 산업혁명이 발생하지 않았을까? 유럽은 16세기부터 식민지를 건설하기 위해 나섰고, 자국에 없는 자원과 노동력을 식민지에서 조달했다. 중국은 대륙인지라 부족함을 느끼지 못했고 종속국으로부터 조공을 받았는데, 이는 유럽의 수탈과는 거리가 멀다. 유교를 근본이념으로 둔 중국은 '발전'보다는 '체제 유지'에 의미를 두었지만, 유럽은 많은 것이 부족한 환경에서 벗어나서 보다 풍요롭게 살고자 했다. 유럽의 그러한 '욕망'은 중국을 포함한 아시아권 국가보다 더 발전하게 된 첫 번째 중요한 원인이다. 식민지 경영으로 유럽 상인계급의 힘은 자연스럽게 증대했고, 이들이 정계에 진출하면서 사회적으로 상인들의 목소리는 커졌다. 그 결과 정치제도는 군주제에서 입헌군주제나 공화국으로 바뀌게 되었다.

반면 중국은 막대한 인구로 엄청난 시장을 형성할 수 있었으나 동시에 싼 노동력이 많아 기계 투자에 무심했다. 명나라 시대에 상업은 저조했고, 무역은 제한되었으며, 모두 국가의 손아귀에 있었다. 가장 많은 돈을 국가가 쥐고 있어 상업 발달을 주도할 부르주아도, 이들의 구미를 맞출 수공업자도 성장이 지지부진했다. 중국이 막대한 인구, 자본에도 불구하고 산업혁명을 일으키지 못한 이유는 새로운 변화를 유도할 제도를 마련하지 못했기 때문이다. 시민혁명으로 개인의 재산과 자유를 보장해주는 제도가 자리 잡은 유럽은 빠른 경제성장을 이뤘다. 하지만 중앙집권적인 전제군주제로 인해 경제적 자유와 재산권 보장이 제도적으로 덜 발달했던 중국은 유럽의 경제성장을 따라갈 수 없었다. 결국 과학기술이 발달한 중국보다 상인(부르주아) 세력을 뒷받침할 수 있는 제도를 갖춘 유럽이 중국을 앞서나간 것이다.

노스는 영국과 스페인 경제의 역사적 변화 과정 역시 제도로 분석했다. 상인 계층을 대변하는 인물들로 의회가 구성된 영국에서는 왕실 특권이 제한되고, 사유재산권과 '개인의 정치 · 경제적 자유가 신장되는 제도'가 자리 잡게 되었다. 반면 절대군주의 강력한 지배를 받고 있어서 개인의 자유와 사유재산권이 보장되는 제도가 자리 잡기 어려웠던 스페인은 영국에 비해 경제가 뒤처지게 되었다. 노스의 주장은 근대 이전에도 유효하다. 인류 문명의 출발점이 된 농경사회가 정착하게 된 것도 재산권 발명의 결과이고, 서구에서 중세에 봉건제가 발생한 것도 재산권을 보호하기 위한 최선의 선택이었다는 것이다.

경제발전에 있어서 자원이나 기술이 부족한 것은 비교적 쉽게 해결될 수도 있다. 자원이 풍부한 동남아시아나 남미보다 자원이 부족한 동북아시아가 더 빠르게 성장을 한 사실을 보아도 알 수 있다. 그런데 바람직한 제도나 의식은 외국에서 쉽게 도입할 수 없다. 제도의 외형을 모방하는 것은 어렵지 않으나 '그 사회에 체화된 제도는 문화의 산물'이라 쉽게 고쳐지거나 변하기 힘들다. 한 사회가 경쟁력 있는 제도를 갖추는 것은 그래서 기술 수준을 올리는 것보다 훨씬 어렵다. 제도의 역사적 발달 과정이 다르고 그러한 제도의 차이로 인해 어떤 나라는 장기적으로 경제적 번영을 이룬 반면, 어떤 나라는 그렇지 않게 된다. 그 결과 노스는 경제제도가 진화한 것이 곧 경제발전을 뜻한다고 보았다.

제도를 이식하면 경제가 성장할까?

노스는 제도가 소수의 엘리트나 정부에 의해서 인위적으로 만들어지는 것이 아니라고 주장했다. 사회 내 믿음과 신념 체계가 제도를 형성한다고 보고, 사람들이 현실을 어떻게 바라보고 해석하는가를 중시했다. 노스가 1990년 출간한 『제도, 제도 변화, 경제적 성취(Institution, Institutional Change, and Economic Performance)』라는 책을 보자. 그는 여기서 정치, 제도, 경제적 성취를 분석하면서 국민이 정치를 완벽히 감시하지 못하면 그 결과 나쁜 제도가 계속된다고 보았다.

이러한 현상을 악화시키는 것으로 노스는 '경로 의존성(Path Dependency)'이라는 개념을 든다. 이는 법률이나 제도, 관습이나 문화, 과학적 지식이나 기술에 이르기까지 인간 사회에 한번 형성된 것들은 그 후 외부로부터의 충격에도 불구하고 관성 때문에 쉽게 변화하지 않는 현상을 뜻한다. 종래의 내용이나 형태가 그대로 존속할 가능성이 더욱 높다. 경로 의존성에서 자주 인용되는 예는 영문 타자기의 키 배열이다. 오늘날에도 표준적인 키 배열은 좌측 상단에 QWERTY 순으로 되어 있다. 이것은 타자기가 수동이었던 시대에 활자를 치는 기계의 팔이 뒤엉키지 않도록 하기 위해 타이핑 속도를 일부러 늦추려고 설계한 결과다. 기술이 진전됨에 따라 더 효율적인 키 배열로 바뀔 법도 한데, 소비자가 익숙해 그대로 사용하고 있는 것이다.

경로 의존성을 탈피하면 나라가 발전하는 경우가 많지만 제도를 급작스럽게 바꾸는 데에 때로는 저항이 따르기도 한다. 아이패드, 위키피디아, 비타민 드링크, 미니홈피, 스팀 청소기 등 국내외적으로 각광을 받은 상품이나 기술들을 살펴보자. 대박 상품이라고 해서 다 파격적인 기술과 아이디어를 갖춘 것은 아니다. 더 이상 혁신이나 발전이 없을 것 같던 영역에서 작은 혁신을 통해 고객의 마음에 감동을 주어 시장을 지배하는 상품도 많다. 이들의 공통점은 뭔가? 기술이나 성능이 훌륭하다는 점도 있지만, 경로 의존성이라는 역사와 대화하며 변화를 유도하면서도 그 변화에 따른 불편을 최소화해 고객을 배려하고 비용을 최소화했다는 점이다.

노스는 세계은행과 IMF가 개발도상국과 후진국에 펼친 원조는 단순히 선진국의 제도를 이식하는 것에 그쳤다고 비판한다. 똑같은 제도를 도입한다 해도 나라마다 구성원들의 믿음과 신념 체계가 다르기 때문에 경제적 성과가 다르다는 것이다. 경제적 성과를 결정하는 것은 정부가 인위적인 계획을 통해 만든 실정법적인 공식 제도만이 아니다. 관습, 공유된 믿음과 태도, 도덕 등 사회 구성원들의 상호작용에서 저절로 만들어진 비공식 제도는 장기적으로 오랜 경험을 통해 형성된 문화다. 변화 속도가 매우 느리고 인위적으로 바꾸기도 힘든 체화된 문화가 경제성장에 결정적인 영향을 미치기 때문에 노스는 비공식 제도의 분석에 열중했다. 풍족한 천연자원으로 우리의 부러움을 사는 중동과 북아프리카 국가의 경제력이 낮은 이유를 설명하는 데 이슬람이라는 종교 문화를 원인으로 꼽는 분석도 있다.

노스는 '인간은 제한된 합리성을 갖고 있어 믿음 구조가 왜곡될 수도 있다'고 보았다. 결국 장기적인 경제성장은 사회 구성원의 믿음, 규범, 공통된 편견과 같은 비공식적 제도와, 이를 반영한 정치·경제 제도가 사회경제적 변화에 따라 얼마나 유연하고 바람직하게 변화하는가에 달려 있다. 그는 자생적이고 점진적인 제도의 변화를 강조했다. 기존 표준을 버리고 새로운 표준으로 옮겨갈 때 이익이 엄청나게 크다면 정부가 개입하지 않아도 표준은 스스로 바뀐다. 이 표준의 변경을 주도하는 힘은 시장 경쟁이다. 가장 좋은 현실 사례는 아날로그 표준을 밀어내고 등장한 디지털 표준이다. 유선전화를 대체하는 휴대전화도 유사한 사례다. 시장 경쟁은 진화론적 자연도태와 적자생존의 원칙에 따라서 표준을 선정한다. 노스는 믿음이 어떻게 형성되고, 제도가 만들어진 틀 안에서 삶의 방식이 어떻게 이루어지는가를 이해하기 위해서 자신의 연구에 신경과학을 접목했다. 신념 체계를 형성하고 변동시키는 과정에서 물리화학적으로 작용하는 두뇌의 신경구조를 체계적으로 이해하기 위해서였다.

제도의 신뢰가 경제를 살린다

노스에 따르면 규제와 조세 부담이 적을수록, 경제적 자유가 많을수록, 재산권 보장이 확실하고 공정한 경쟁이 보장될수록 경제적으로 큰 번영을 이룰 수 있다. 이에 영향을 받아 재산권 보호, 노동시장 규제, 조세부담 체계 같은 다양한 지표가 한 사회의 미래 경제성장 수준을 예측하는 체크 리스트로 활용되고 있다. 노스는 책 속에 잠자고 있던 역사를 수치와 결합시켜 경제사를 재해석하고, 이를 통해 현재와 미래의 경제발전 지침을 마련했다는 평가도 받고 있다. 그전에는 경제사가 경제학이나 현실 경제와는 다소 동떨어진 역사학도들의 연구 자료로만 인식되어 왔다. 이렇게 죽은 자료를 컴퓨터에 집어넣고 수량 경제에 접목함으로써 과거 역사가 생명력을 회복했다. 경제를 정치와 제도, 역사와 관련지어 조명함으로써 갈수록 복잡해지는 경제 구조를 보완하고, 정책 방향을 설정할 바탕을 마련한 그의 공로는 충분히 인정받아 마땅하다. 그에게서는 다른 경제학자들과는 다른 '역사를 사랑하는 독창적인 향기'가 흐른다.

누군가는 물을 수 있다. 1990년 미국 국제경제연구소(IIE)가 남미 국가들의 경제 위기 해법으로 제시한 미국식 시장경제 체제인 워싱턴 컨센서스(Washington Consensus)가 왜 실패했는지 말이다. 워싱턴 컨센서스는 세제 개혁, 무역과 투자 자유화, 탈규제화를 포함하는데, 이것이 실패한 이유는 노스가 말한 제도의 원리와도 일맥상통한다. 준비가 안 된 나라에 이식된 워싱턴 컨센서스는 남미의 외채 위기를 불러왔다. 세계경제 시스템을 미국의 자본과 기업이 진출하기 쉽게 만들어 미국의 이익을 증진시키려는 술수라는 비판도 제기되었다.

워싱턴 컨센서스가 이식되기 전에 출간되었지만, 노벨 문학상을 탄 『백년 동안의 고독』이라는 책에서 작가는 중남미의 슬픈 역사의 종속을 호소하면서 그 고독의 사슬을 끊기 위해서 숙명의 사고를 저버릴 것을 강조했다. 노스의 주장이 경제성장 과정을 일반화하는 원리로 적용되기에는 무리라는 지적도 있다. 초기 선진국이 높은 경제성장을 이룰 수 있었던 요인은 자유무역이 아니라 중상주의에 기반을 둔 보호무역 덕분이라고 보는 시각이 그렇다. 그래서 자유시장경제제도를 절대선(絶代善)으로 보는 것은 무리가 있다는 주장이 제기된다.

제2차 세계대전 후 일본, 한국 등 동아시아 국가에서는 자유로운 시장경제보다는 국가 중심의 산업정책을 통한 경제성장이 두드러졌다. 노스가 말하는 경제학 교과서의 주장과는 다른 경로다. 초기 경제성장에 민주주의와 경제성장이 꼭 양립하는가의 문제도 논쟁거리가 된다. 한국은 민주화 이전에 국가 주도의 압축 경제성장을 이루었다. 하지만 이러한 예외에도 불구하고 동기를 유발하는 자유와 경쟁, 사유재산 제도의 발전이 인류 경제 · 사회 발전을 급속도로 유도한 측면을 부인하기는 어렵다고 보는 것이 일반적이다. 살벌한 세계 시장에서 제대로 살아가기 위해서는 기업들이 추격자가 아니라 선도자가 되어야 하지만, 누군가는 과연 우리의 제도가 선도자가 당해야 할 위험 부담에 대한 인식을 제대로 구비하고 있는지 의심스럽다고 말한다. 법과 제도, 관행을 비롯한 우리 사회의 전반적인 시스템이 선도자를 보호해야 한다. 신기술과 신제품은 법에 규정되어 있는 범위 내에서 허용되기 때문이다.

발목 잡는 규제가 없는 환경을 조성하기 위한 노력이 그래서 필요하다. 우리 정부는 각 지역이 잘할 수 있는 전략산업을 선정하고 해당 산업의 성장에 걸림돌이 될 만한 핵심 규제를 맞춤형으로 철폐해주는 규제 프리존 특별법을 마련했다. 지역별 전략산업을 선정해 규제를 한꺼번에 풀어주면 경제 활성화에 기여할 것이라고 판단한 것이다. 국가의 지속 가능한 발전을 위해서는 성숙한 제도를 토대로 경쟁력 있는 기술혁신과 사회적 자본인 신뢰를 증진하는 것이 무엇보다 중요하다. 기업을 보호와 안주의 틀 아래 머물게 하는 경로의존형 제도를 과감히 허물고 세계로 치고 나갈 수 있는 경로창출형 제도를 마련하는 것이 중요하다.

웹 3.0 시대에 맞는 바람직한 제도는

게임을 할 때 잘나가는 '검'을 얻을 확률은 얼마나 될까? 왜 그 확률을 공개하지 않는 걸까? 게임 등급 부여 과정이 번거로운 것은 아닌가? 유저의 과금이나 일 결제 한도는 적당한가? 여러 의문 속한 줄기 빛이 보인다는 사람들이 많아지고 있다. 그 빛을 NFT(대체 불가능 토큰, Non-fungible Tken)라고 하면 과장일까? 누군가는 그렇게 생각하고 누군가는 다르게 생각할 것이다.

NFT가 국내는 물론 글로벌 게임업계를 뒤흔들고 있는 상황이 왔다. 여기에는 지금까지 해왔던 '게임 내 결제'라는 단순한 수익 구조로는 미래를 담보할 수 없다는 비장함이 담겨 있다. 게임업계는 블록체인을 기존 게임 사업과의 시너지를 낼 수 있는 동시에 새로운 장르 개척도 가능한 기술로 인식하고 있다. 메타버스 시장은 VR · AR(가상 · 증강현실) 기기 같은 하드웨어보다는 콘텐츠가 이끌어 갈 전망이다. 진정한 크리에이터 이코노미가 열리고 있고, 각 분야의 크리에이터들의 스토리텔링에 사회는 주목한다. 참신한 게이밍 콘텐츠를 제작해온 게임사에게는 새로운 기회가 될 것이다.

NFT는 블록체인을 활용해 디지털 콘텐츠에 고유한 인식 값을 부여한 일종의 디지털 진품 증명서로 작용한다. NFT는 위조 불가능하고, 소유권 증명이 쉬운 특성을 갖고 있어 게임 아바타나 아이템 거래에 적극적인 활용이 가능하다. 게임사의 고액 과금과 확률형 아이템 문제로 이용자의 불만이 커지고 있는 상황에서 NFT는 게임을 즐기며 돈을 벌 수 있는 P2E(Play to Earn) 트렌드를 실현시킬 수 있는 기술로 주목받고 있다. 예술작품 전시 공간을 만들거나 음원을 NFT로 교환하고 있는 현실을 우리는 목도하고 있다.

아직은 제도적 틀이 부족하기에 가상융합경제 지원의 법적 근거를 마련하고 가상융합경제 지원 기구도 구성하는 과정에서 게임 산업도 적극 논의해야 한다. 국내에서는 NFT가 적용된 게임 서비스가 법규상 불가한 상황이라 규제 리스크가 존재한다. 이는 국제적 추세에 반하는 현상이라 하겠다. NFT와 같은 새로운 변화에 대한 준비는 필요하다. 하지만 게임이 주는 본질적인 즐거움인 재미를 등한시하면 안 된다. 2000년대 중반부터 차세대 웹에 대한 연구가 이뤄졌다. 웹 3.0은 이때부터 만들어진 개념으로 초창기에는 개인에게 맞춤형 정보를 제공하는 '지능형 웹'을 의미했다. 이후 웹 3.0은 블록체인 기술을 만나면서 구체화되기 시작했다. 2017년 비트코인 붐을 거치며 블록체인 기술이 일으킬 혁신을 적용한 개념으로 웹 3.0은 정착했다.

미래를 바꿀 '변곡점'이 될 기술적 기반을 블록체인으로 보는 이가 증가하고 있다. 1990년대 펼쳐진 인터넷 보급처럼 블록체인 기술은 결과적으로 세 번째 거대한 물결이 될 것으로 보인다. 1차가 인터넷 시대라면 2차는 아이폰을 필두로 한 모바일 시대였다. 3차는 블록체인 기술과 이를 기반으로 한 NFT가 될 것이다. 데이터가 중앙 저장소가 아닌 개인 네트워크에 분산돼 저장되고, 개인 데이터에 대한 소유권은 플랫폼이 아닌 개인에게 돌아가는 '개인 맞춤형 웹'은 블록체인 기술로 구현 가능하다.

웹 1.0에선 콘텐츠 제공자가 정보를 제공하고 사용자는 이를 일방적으로 소비하는 소비자 중심의 인터넷 시대였다. 웹 2.0에서는 사업체가 플랫폼을 만들고 사용자는 플랫폼에 참여해 콘텐츠를 생산하기 시작했다. 사업체는 해당 콘텐츠를 통해 광고 및 수수료 수익을 얻는 구조로 유튜브 같은 상품 중심의 모바일 시대가 펼쳐졌다. 웹 3.0에서 사용자들은 자신이 만든 콘텐츠의 경제적 가치를 더 제대로 누릴 수 있게 된다. 데이터에 대한 소유권이 플랫폼이 아닌 개인에게 있기 때문이다. 게임 중심의 크리에이터 이코노미의 등장도 이와 궤를 같이 한다. 웹 3.0 시대에 맞는 풍요로움의 핵심은 탈중앙화이다. 이 시점에서 달라진 환경에 맞게 개개인들이 자율과 창의로 번영된 세상을 만들어나갈 수 있는 제도가 우리에게 갖추어져 있는지 제대로 따져보아야 한다. 메타버스와 블록체인의 킬러앱으로서 NFT가 신세계를 여는 그런 미래를 꿈꾸도록 글로벌 스탠다드에 걸맞는 지원과 규제 개혁이 필요하다.

James M. Buchanan

제임스 뷰캐넌의 공공선택 이론

정부는 '천사'가 아니다

미국의 경제학자로 정치적 의사결정에 대한 경제학적 분석을 다루는 공공선택 이론을 정립한 공로로 1986년 노벨 경제학상을 받았다. 정치인, 관료, 유권자 모두 자신의 이익을 위해 행동하고, 이로 인해 정부 실패가 발생하기 쉽다는 이론을 펼쳤다. 종전의 경제학자들은 정치적 의사결정 과정을 암묵적으로 선의의 정부행위로 보았으나 그는 공공선택 이론을 통해 이런 환상을 잘못된 것으로 분석했다. 1962년 고든 털럭(Gordon Tullock)과 공동 저술한 『국민 합의의 분석』은 공공선택 이론의 고전이다. 이 책에서 그는 정치적 선택에도 경제학적 방법론인 효용극대화 모델을 적용하고자 했다. 그는 저서와 강의를 통해 공공선택 이론을 설파하며 작은 정부와 적자 축소, 규제 완화를 주장했다.

역사를 초월한 극적인 투표

투표는 사회 구성원의 의사결정을 묻는 행위다. 아테네 광장이 아니더라도 웬만한 집단은 누가 수장으로 적격자인지를 묻기 위해 투표를 한다. 그리스의 투표 행위는 성공적이고 만족스러웠을까? 그렇지만은 않았던 것 같다. 직접민주주의가 발달했던 아테네의 극장에서 공연되던 비극(悲劇)은 시민을 계몽시키기 위한 수단이었다. 스스로 판단하는 능력이 부족한 시민들이 설사 권력을 잡는다고 하더라도 중우정치(衆愚政治, 다수의 어리석은 민중이 이끄는 정치) 이상의 결실을 거둘 수 없는 경우가 많았다. 그래서 참된 민주주의로 가는 연습이 계속 필요했고, 극장 공연을 통해 제대로 된 민주주의를 시민들에게 가르쳤다. 공연이 이른바 '학습 교재'였던 셈이다.

그로부터 많은 세월이 흘렀다. 그동안 그리스도 주요 경제적 의사결정을 투표로 진행했지만 '비극 학습'이 제대로 된 역할을 못 했던지 비극이 자주 일어났다. 그리스는 1999년 재정적자와 부채비율 수치를 분식회계를 통해 숨긴 채 유로존에 가입했다. 그리스가 유로화를 사용하는 나라가 되자 그리스의 통화가치는 상승했고 신용등급도 올랐다. 하지만 그것은 소크라테스의 독배와 다름없었다. 이후 그리스는 사실상 디폴트 상태에 빠졌고, EU, IMF, 유럽중앙은행이 제안하는 구제금융안을 받아들일지에 대한 국민투표를 실시하기에 이르렀다. 유로존 재정위기의 주범으로 몰린 그리스는 '돈 없으니 배 째'라는 이미지로 아테네 신전에 먹칠을 하고 말았다. 나라에 돈이 부족해지자 현금자동입출금기(ATM)에서 돈을 마음껏 인출할 수 없도록 제한하기도 했다. 2015년 국민투표 후에 치러진 총선에서 긴축 공약을 내세운 정권이 들어섰지만, 채권단과의 협상에서 선거 공약들을 실현하지 못한 채 그들의 요구를 대부분 수용했다. 이후 정부의 각고의 노력의 결과가 효과를 보인 것일까. 그리스 경제에 대한 투자자들의 신뢰가 한층 높아졌다. 국제신용평가회사도 그리스 신용등급을 올렸다.

극적인 투표는 또 있었다. 2016년 6월 영국에서는 EU에 잔류할지 여부를 결정하는 국민투표가 열렸다. 예상과 달리 선거 결과는 영국이 EU에서 탈퇴(브렉시트, Brexit)하는 것으로 결정되었다. 브렉시트를 국민투표에 회부한 캐머런 총리는 사의를 표했다. 그는 국론을 분열시켰다는 책임에서 자유로울 수 없었다. 영국이 EU에 잔류하기를 희망한 젊은이들은 자신들의 미래를 기성세대가 독선적으로 짓밟았다고 항의했다. 경제적 실익이라는 이성보다는 이민자에 대한 혐오라는 감성이 앞선 결과였다는 평가가 제기되었다. EU에 내는 분담금에 비해 EU에서 받는 예산금이 적은 데다가 이동의 자유로 동유럽 이주민이 늘어 영국인들의 실업률이 높아지며 불만이 커졌기 때문이다. 일각에서는 일자리를 빼앗긴 중산층의 반감이 표심으로 나타난 것이라고도 말했다. 3년 7개월의 우여곡절 끝에 영국은 2020년 12월 31일 EU에서 완전히 떨어져 나갔다. 이에 따라 1973년 EU의 전신인 유럽경제공동체에 영국이 가입한 이후 이어졌던 47년 공동생활을 청산하게 됐다. 그 파장이 영국과 다른 유럽 국가로 어떻게 이어질지는 두고볼 일이다.

이처럼 주요국의 경제적 의사결정은 투표로 결정되는 경우가 많으며, 수많은 경제 관련법이나 의사결정이 국민이 뽑은 대표에 의해 좌우된다고 해도 과언이 아니다.

다수결 원칙이 만능은 아니다

경제정책을 펼 때는 여론을 수렴하는 경우가 일반적이다. 문제는 열린 토론을 통해 도출된 국가의 중대사에 대한 사회 구성원들의 합의가 반드시 최선의 해법이 아닐 수 있다는 것이다. 여러 이해관계자들이 서로 타협하는 과정을 거치면서 나온 현실적인 답이니 물론 존중해야 한다. 하지만 투표 결과가 민의를 정확히 반영할까? 그렇지 않을 수도 있다. A, B, C라는 세 명의 후보를 놓고 투표로 대통령을 뽑는다고 생각해 보자. 국민의 40%는 A를 지지한다. 하지만 국민의 60%는 A를 절대 반대한다. 이 60%의 국민은 A만 아니면 B나 C 후보 중 누구도 좋다고 생각한다. 이 경우 세 후보를 놓고 선거를 치르면 A가 40%의 표를 얻고, B와 C가 각각 30%의 표를 얻어 다수결의 원칙에 따라 A가 대통령에 당선되는 상황이 발생할 수도 있다.

다수결의 원칙에 따르는 투표제도는 후보가 두 명일 경우에는 제 기능을 발휘하지만 후보가 셋 이상일 때는 국민의 의사를 정확히 반영하지 못할 수도 있다. 실제로 2000년 미국 대통령 선거에서 녹색당 랠프 네이더(Ralph Nader)는 최대 격전지였던 플로리다주에서 약 9만 5000표를 가져갔다. 하지만 이것이 조지 부시(George W. Bush)와 앨버트 고어(Albert A. Gore)의 승부를 가르는 변수가 되었다. 대부분의 네이더 추종자들은 다음 순위로 앨버트 고어를 지지했는데, 네이더가 고어의 표를 깎아먹어 결과적으로 조지 부시가 승리하게 된 것이다. 정책 대안에 있어서도 유사한 결과가 나올 수 있다. 단지 정책의 순서를 바꿔 의안을 상정하는 것만으로도 최종적인 선택의 결과가 완전히 달라지는 투표의 역설이 발생하기도 한다.

다수결의 원칙이 만능이 아니라는 투표의 역설은 프랑스 대혁명 시대의 정치가이자 수학자인 콩도르세(Condorcet)가 발견했다. A, B, C 세 후보가 있다고 하자. 사전 여론조사를 했더니, 유권자의 3분의 1은 A〉B〉C 순으로, 다른 3분의 1은 B〉C〉A 순으로, 나머지 3분의 1은 C〉A〉B 순으로 후보를 선호했다. 이 경우 A 대 B에서는 A가 과반 득표를 하고(A〉B), B 대 C에서는 B가 과반 득표를 한다(B〉C). 그렇다면 A와 C가 대결을 하면 어떻게 될까? 앞에서 A〉B이고 B〉C이니 당연히 A〉C일 것 같지만, 실제로 A 대 C에서는 C가 과반 득표를 하게 된다. 이렇게 후보자들 간에 줄을 어떻게 세워 투표를 하느냐에 따라 결과가 달라지는 문제가 생긴다. 과반수 유권자가 싫어하는 후보가 선출되는 것이 문제라면, 역으로 마음에 들지 않는 후보를 떨어뜨리는 투표도 가능하다. 문제는 후보가 많은 경우 투표를 여러 차례 해야 한다는 점이다. 이런 제도를 결선투표제라고 하는데, 당선인을 결정할 수 없을 때 최고득표자 두 명을 대상으로 다시 선거하는 것을 이른다.

민주주의 투표제도의 모순을 밝힌 대표적인 경제학자로 제임스 뷰캐넌이 있다. 뷰캐넌에 의하면 투표자도 정부도 사적인 이익을 추구하며 효용을 극대화한다. 또한 소득과 권력, 명예 등과 같은 이기심에 근거해 행동한다는 점에서 정부도 시장 참여자와 결코 다를 바가 없다. 자유주의자인 뷰캐넌은 정부를 결코 '천사'로 보지 않는다. 그는 정부라는 존재를 향해 코를 막으면서 '비만 환자의 좋지 않은 향기'가 난다고 경계한 인물이다. 뷰캐넌은 '시장 실패'보다 훨씬 더 무서운 것이 '정치 실패'라고 주장했다.

아주 옛날 로마 시대의 두 가수 이야기를 상기해 보자. 서로 노래를 잘 부른다고 주장하는 두 가수는 다투다가 황제의 심판을 받게 되었다. 한 가수가 노래를 불렀다. 그의 노래를 들은 후 황제는 다음 가수의 노래를 듣지도 않고 다음 가수에게 상을 줬다. 먼저 노래한 가수가 황제의 음악적 눈높이에 못 미쳤기 때문이다. 그런데 사실 그다음 가수는 음치에 가까운 사람이었다. 이 우화에서 먼저 노래한 가수는 자유로운 시장, 다른 가수는 정치 과정이다. 뷰캐넌은 이 우화를 예로 들면서 정부의 역할을 중시하는 경제학자들에게 정치 현실을 냉철하게 바라보고, 더 이상 이 이야기의 황제처럼 바보 같은 짓을 하지 말라 경고했다.

사람들은 국민의 이익에 반하는 정치인을 욕하면서도 막상 선거를 하면 이들에게 표를 던진다. 이런 행동은 합리적인가? 제임스 뷰캐넌은 정치인이 제 역할을 못하는 것은 그들의 잘못 이전에 선거권을 가진 유권자가 그런 정치인을 선택할 수밖에 없게 만드는 민주주의 정치제도에서 기인한다고 주장한다. 인간이란 존재는 무언가 받는 것을 좋아한다. 뷰캐넌은 사람들이 공짜라면 앞뒤 재지 않고 좋아한다고 보았다. 국민은 정부가 지출을 늘리거나 세금을 줄이면 대개 좋아한다. 반대로 2015년 연말정산 사태처럼 내 주머니에서 돈을 조금이라도 걷어 가려고 하면 국민은 분노를 표한다.

유권자로부터 선택을 받아야 하는 정치에서 돈은 생명이다. 따라서 뷰캐넌은 유권자들의 인기를 끌 수 있다면 정부는 기꺼이 돈을 풀 준비가 되어 있고, 입법부는 보편적인 법보다는 큰 권력을 가진 집단에 유리한 특혜적 입법과 차별적 제도를 생산한다고 보았다. 정치가들은 그런 정책들이 나쁘다는 것을 뻔히 알면서도 그렇게 행동한다는 것이다. 이에 대한 시민들의 반응은 어떨까? 세계적으로 시민들은 그런 정치가들의 행동을 위선이라고 비난하면서 정치에 대한 실망감과 불신을 표시한다. 그런 시민들을 향해 뷰캐넌은 충고한다. 정치인이 위선적으로 행동하는 이유는 성품이 나빠서가 아니라 정치제도가 잘못돼 있기 때문이라고. 그는 대부분의 선진국이 만성적인 재정적자에 시달리는 이유가 민주정치 제도의 문제점 때문이라며 '적자(赤子) 속의 민주주의'라는 말을 창조했다.

통나무를 함께 굴리는 국회의원들

이탈리아 국민들은 정치에 대한 불신이 심하다. 이탈리아는 1960년대부터 국가 재정을 방만하게 운영해 왔다. 그러다 정책 당국자들도 그러한 재정 운영이 지속 불가능하다는 사실을 인지하고 마스트리흐트 조약(Maastricht Treaty, 유럽의 정치 경제 통화 통합을 위한 유럽 통합 조약)이 규정한 대로 GDP 대비 재정적자 규모를 3% 이내로 유지하는 조건을 충족하려고 했다. 이에 따라 1990년대 중반 이후 GDP 대비 정부 부채 규모가 서서히 감소하기 시작했다. 문제는 이탈리아의 재정 건전화 조치가 나라 경쟁력은 향상시키지 않고 주로 정부 수입의 증가를 통해서만 달성되었다는 것이다. 정부 수입의 증가는 주로 세입의 증대, 그중 근로소득세 증세에 크게 의존했다. 그리고 지출은 줄었다. 주로 사회간접자본의 건설에 쓰이는 지출이었다. 근로자에 대한 과중한 세금 부담으로 근로 의욕이 떨어지고, 공공투자 감소로 사회간접자본이 노후화됨에 따라 이탈리아 경제의 경쟁력도 약화되었다. 이탈리아 사람들은 이렇게 슬퍼한다.

> "지금 정부는 온갖 구조조정에 전력투구하고 있다고 합니다. 국민들은 연금 삭감을 감내해야 했죠. 그래도 그리스처럼 되지 않은 것에 만족해야죠. 적어도 우리는 닻도 없이 에게 해에서 물결 따라 흘러가는 신세는 아니니까요. 산타 루치아, 산타 루치아."

뷰캐넌이 말한 적자예산은 후세대의 짐이다. 이것이 훗날 세대 간의 갈등을 불러올 수 있다고 그는 예측했다. 뷰캐넌의 사상은 시장 실패를 이유로 정부의 시장 개입이 왕성하던 20세기 중반 이후의 산물이다. 당시 주류 경제학자들은 정부의 개입이 초래할 위험에 대해 아무런 경고도 하지 않았다. 재정 적자는 늘어났고, 뷰캐넌은 이 같은 상황을 '헌법적 혼란으로 인한 만인에 대한 만인의 투쟁 상태'로 규정했다. 뷰캐넌이 개탄한 것은 현대사회 모든 국가의 헌법에는 정부의 자의적인 권력 행사를 효과적으로 제한하는 장치가 없다는 점이었다. 그래서 정부가 '원칙의 정치' 대신 정치적 이해관계에 따라 예산을 운영하고, 돈도 풀고 법도 마구 만들어낸다는 것이다. 코로나 19 이후 각국의 국가부채가 늘어난 상황에서 이러한 뷰캐넌의 사상은 음미해볼 가치가 있다.

뷰캐넌은 투표제도에서 로그롤링(Log-rolling) 이슈도 제기했다. 로그롤링은 정치가들이 서로를 지원하는 차원에서 투표 거래나 투표 담합을 하는 행위를 말한다. 개척자가 벌채한 통나무를 운반할 때 서로 협력해서 굴리기를 한 데서 유래한 용어다. 예를 들어 A와 B라는 정치인이 서로 합의하에 처음에는 A가 B의 법안에 협조해주는 대신 다음번에는 B가 A의 법안에 협조해주겠다고 약속할 수 있다. 이는 시차를 두고 통나무를 함께 굴리는 행위다.

혹은 B가 A를 먼저 도와준 뒤 다음번에는 A가 B의 선거 지원이나 희망하는 위원회를 배정받도록 힘써주는, 소위 '부수혜택'을 바라고 로그롤링이 이뤄지기도 한다. 다수당의 국회의원들이 연합해 자신들의 지역에 유리한 정책을 번갈아 통과시키는 것이 로그롤링의 목적이다. 로그롤링으로 인해 통과된 정책이 국익보다 지역의 이익을 대변한다면 선거 결과가 왜곡되는 것이다. 로그롤링으로 연합하는 국회의원은 같은 당에 소속되어 있는 경우가 많다. 다수당의 국회의원을 배출한 지역의 주민이 혜택을 받을 가능성이 크다. 따라서 국민들은 다수당이 될 가능성이 높은 정당의 후보에게 표를 주어 이익을 얻고자 하는 욕구가 커진다. 선거 때만 되면 정치인들이 지역구를 챙기는 현상이 팽배해지는 이유다.

중도층을 공략하는 이유

어느 나라든지 대선의 최대 이슈는 일자리 문제와 소득 재분배 기능 강화다. 이런 상황에서 건전 재정을 중시하는 경제학자는 적자재정의 확대를 초래하는 '중위 투표자 정리'에 유의할 것을 주장한다. 다수결 투표제에서는 중위소득 투표자의 선호가 반영되어 공공지출이 지속적으로 늘어나기 때문이다. 중위 소득자는 소득을 가장 높은 사람에서 가장 낮은 사람까지 나열했을 때 가운데 있는 사람이다. 양당 체제의 다수결 투표를 보자. 주민의 선호가 각기 다른 다수의 대안적 정책이 존재할 때, 양당은 과반수 득표를 위해 극단적인 사업보다는 중도층을 공략하는 정책을 제시하는 경향이 있다. 국회가 중도층을 중요시하는 이유는 그게 1인 1표 다수결 투표에서 득표에 유리하기 때문이다. 정책이 중도층에 초점을 맞추면 양극단에 있는 투표자들은 자신의 의견이 정책에 반영되지 않으므로 기권하는 경향이 있다.

민주주의 국가에서 중위 투표자는 부자의 부를 자신의 복지 증가로 돌리면서 혜택을 입는 경향이 커서 복지 지출이 늘어나는 것도 중위 투표자 정리에 의해 설명된다. 물론 다당제 아래에서는 차별화된 정책을 제시할 수 있어 중위 투표자 정리에 따른 왜곡이 크지는 않을 수도 있다. 앤서니 다운스(Anthony Downs)와 해럴드 호텔링(Harold Hotelling)은 양당제하에서 정당의 정강은 거의 일치하게 되고 다당제에서는 차별화된 정책으로 중위 투표자 정리에 따른 왜곡이 크지 않다고 했다. 중위 투표자 정리에서 중요한 것은 '과연 투표자가 대표성을 가지고 있느냐' 하는 것이다. 만약 대부분의 사람들이 양극단의 선호도를 가지고 있고, 오직 한 사람만이 중간 선호도를 가지고 있다면 어떨까? 이 경우 이론적으로 단 한 사람만이 만족하는 사업이 선택되고, 다수가 지지하는 우선순위가 높은 사업은 뽑히지 못할 가능성이 매우 커진다. 1인 1표를 행사하는 민주주의에서는 부자나 가난한 자나 똑같이 한 표를 행사한다. 그래서 소득 분포의 중간에 위치한 사람이 선거 결과를 지배할 가능성이 커진다. 최근 세계적인 양극화로 최상위층에 소득이 집중된 결과, 소득 분포의 중간에 있는 중위 소득자의 소득이 전체 소득자의 평균 소득보다 낮은 현상이 발생하고 있다. 이에 따라 각국 정당이 소득분배의 형평성 문제에 보다 관심을 가질 것이라는 주장이 나온다. 중위 투표자 정리 이론에 따라서 충분히 가능한 주장이다.

정치인이 국민 전체의 이익보다는 개인 또는 일부 지역 주민의 이익에 집착하는 것도 문제다. 다운스는 다수가 선호하는 정책이라도 투표자의 합리적 무지(Rational Ignorance)가 나타나는 경우 다수 유권자의 이익보다는 소수에 편향된 정책이 나타날 수 있다고 보았다. 그는 합리적 무지란 개념을 들어 유권자들이 자신에게 중요성이 매우 적거나 전혀 없는 선거 쟁점을 배우는 데 시간이나 돈을 지출하지 않는 것이 합리적이라고 보았다. 그래서 정치인은 다수의 정서적 군중심리를 이용하기도 하고, 목소리를 내지 않는 다수보다 실제 표를 던져줄 소수의 이익집단에 더 많은 관심을 나타내기도 한다. 민주주의라는 미명 아래 함부로 행해지는 인기영합주의의 문제점이 여전히 지적되는 상황이다. 문제는 표심을 자극하는 공약은 자원의 최적 배분을 저해하는 시장 실패와 적자재정을 야기하는 정부 실패를 동시에 불러올 수 있다는 것이다. 그래서 매니페스토(공약) 재원을 마련할 수 있는지 검증해야 한다. 정치인의 선거 공약에 대해 국민이 독립기관의 분석 자료를 요구할 수 있는 권한을 부여해야 한다는 주장도 등장한다. 대규모 예산이 드는 정책에 대해서는 외부기관의 평가를 공개할 필요가 있다. 선거 공약에 대한 재정 소요를 정부부처 또는 출연기관이 객관적으로 계산해 공표하는 것도 바람직하다.

재정적자의 지속을 악으로 규정한 뷰캐넌의 사상이 각국 헌법에 미친 영향은 적지 않다. 스위스가 헌법에 세율 인상 한계와 지출 한도를 정한 것, 독일이 헌법 개정을 통해 적자예산의 한계와 경쟁적 연방주의를 도입한 것, 스웨덴이 친(親) 자유시장으로 헌법을 개정한 것 등이 모두 국가 권력의 남용을 막아 개인의 자유와 재산권을 보호하기 위한 것으로 뷰캐넌 사상의 영향을 받았다. 선거는 경제적 관점에서도 이래저래 어려운 의사결정 행위다.

Technology
& Innovation

5

기술과 혁신

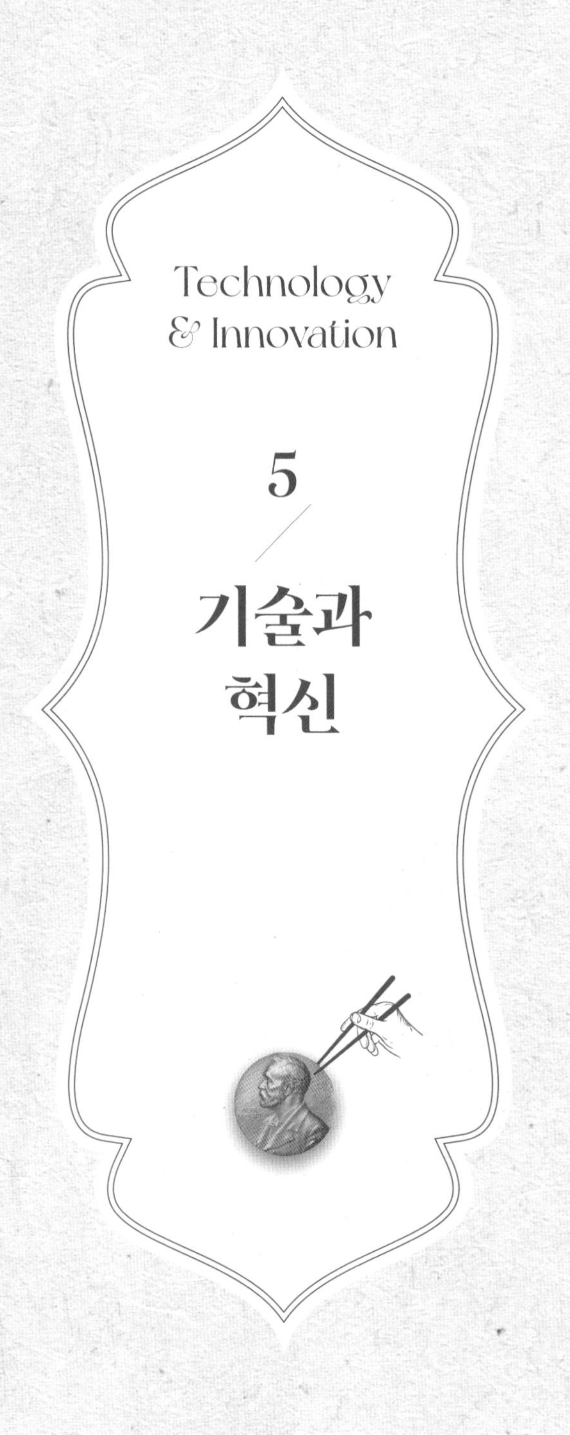

Jean Tirole

장 티롤의 양면시장 이론과 플랫폼 경제

나이트클럽과 구글에는 공통점이 있다

프랑스의 경제학자로 게임 이론과 산업조직 이론의 대가로 알려져 있다. 프랑스 최고 엘리트 교육기관 그랑제콜의 하나인 에콜 폴리테크닉(Ecole Polytechnique)을 졸업했다. 파리 9대학교에서 수학 박사학위를 받았고, 1981년 MIT에서 경제학 박사학위 취득 후 1984년부터 MIT에서 교수로 재직했다. 1991년 프랑스 툴루즈 대학으로 옮긴 후 금융, 거시경제, 경제와 심리, 게임 이론 등 경제학의 다양한 분야에서 영향력 있는 논문을 많이 집필했다. 산업조직 이론과 게임 이론의 대가로 개별 시장 주체의 전략적 선택이 어떤 결과를 낳는가에 대해 심도 있게 연구했다. 그 결과 2014년 노벨 경제학상을 받게 되었다.

플랫폼 시장과 나이트클럽의 네트워크 효과

저마다의 사연을 가진 수많은 사람들이 모이는 곳이 있다. 누군가는 이별의 아쉬움에 눈물을 훔치고 누군가는 떠나는 설렘에 들떠 있는 곳, 바로 기차역 플랫폼이다. 잡지를 플랫폼에 비유하면 어떨까? 상품을 팔기 위해 사람들은 잡지에 광고를 낸다. 잡지의 주된 목적은 독자들에게 기사를 공급하는 것이지만 구독료만으로는 수지가 맞지 않는다. 그래서 광고 수입이 필요하다. 독자와 광고주는 서로 다른 목적으로 기사 콘텐츠를 공급하는 잡지라는 플랫폼을 방문한다. 이처럼 소비자가 사용자가 되기도 하고, 공급자가 되기도 하는 서비스의 장을 마련해주는 사업을 플랫폼 비즈니스(Platform Business)라고 한다.

독자와 광고주라는 두 개의 차별화된 그룹을 매개하는 이 시장은 콘텐츠와 광고라는 서로 다른 상품을 구입하는 두 고객의 수요를 염두에 두어야 하기 때문에 양면시장(Two-sided Market)이라고 불린다. 우리가 흔히 알고 있는 시장은 수요자와 공급자가 존재하고 단일의 상품이 구매되고 판매되는 곳이다. 서로 다른 제품을 소비할 목적으로 플랫폼을 이용하는 것이 아니라 단일의 상품이나 서비스에 접근하는 단면시장이 통상의 시장이다. 결국 양면시장은 하나의 플랫폼을 중심으로 서로 다른 두 개 이상의 집단이 존재하고 이들이 플랫폼을 통해 거래하는 시장으로 정의된다. 독자와 광고주는 잡지 지면이라는 플랫폼을 통해 상호 연계된다. 플랫폼에서 광고주의 상품 광고를 우연히 접한 잡지 구독자는 광고주의 거래 상대방이 된다. 두 그룹은 플랫폼에서 만나 제품 판매와 구매 행위를 하고 새로운 부가가치를 창출한다. 광고주는 더 많은 고객 확보를 위해 독자가 많은 잡지를 찾는다. 시청률이 높은 드라마가 방영되는 시간의 광고가 완판이 되듯, 잡지 역시 좋은 콘텐츠로 독자를 많이 끌어 모아야 광고주의 구미를 당길 수 있다. 더 많은 독자에게 상품을 알릴 기회를 가질 수 있다면 광고주는 더 많은 광고비를 낼 용의가 있다. 잡지는 그에 상응해 구독료를 낮출 유인을 갖는다. 이 측면에서 양면시장은 보조금을 받는 집단(독자)과 돈을 내는 집단(광고주)이 존재하는 시장이다.

양면시장에는 또 어떤 시장이 있을까? 신용카드사는 카드 가맹업자와 신용카드 사용자를 매개한다. 양면시장의 또 다른 대표적인 예다. 양면시장은 정보통신기술의 발달로 가상공간으로 확대되었다. 플랫폼 비즈니스가 네트워크 세상에서 무궁무진한 새로운 비즈니스 모델로 탄생하고 번창하고 있다.

세계적으로 구글, 애플, 아마존 심지어 테슬라까지 플랫폼 기업을 지향한다. 이들 기업은 하나같이 적은 비용으로 높은 수익을 내는 효율적인 회사를 목표로 한다. 이들의 성공에는 고객의 구미에 맞는 콘텐츠 개발로 구사한 성공적인 플랫폼 전략이 있었다. 세계 고객이 플랫폼 기업에 부지불식간에 몰리는 가운데 우리는 플랫폼 경제가 주는 사용자 편리, 서비스 다양성이라는 '명(明)' 외에 모바일의 숙명적인 '암(暗)'과도 마주하고 있다. 구글세, 개인정보 침해, 배달서비스 외주화, 고용보험 없는 플랫폼 노동자 같은 이슈가 OECD, G20에서 계속 논의되고 있다. 자신들의 높은 시장점유율과 네티즌에 대한 강한 영향력으로 광고를 끌어들여 이윤을 얻고 콧노래를 부르고 있는 모습은 흔히 마주하는 플랫폼 기업의 양상이다.

전통적 시장에서는 규모가 큰 기업이 한계비용보다 낮은 가격을 책정해 다른 기업에 손해를 입혀 내쫓는다. 이 원리를 플랫폼 시장에서도 적용할 수 있을까. 플랫폼 시장에서 제공하는 서비스 가격은 비용이 너무 낮거나 무료다. 네트워크 효과로 이득을 취할 수 있기 때문에 그런 가격 형성이 가능하다. 플랫폼 이론은 경제학에서 응용될 뿐만 아니라 경영학의 마케팅과 경영전략에서 기업의 가격 정책과 생산 전략을 설명하는 데 널리 활용되고 있다.

플랫폼 시장을 이해하기 위해 20년 전으로 시간여행을 떠나보자. 현재는 대부분 사라졌지만, 1990년대 초에는 나이트클럽이 한창이었다. 당시 강남역 나이트클럽에서는 매일 손님을 유치하기 위한 삐끼들의 경쟁이 벌어졌다. 나이트클럽 장사란 게 남녀가 모일 장소를 제공하고 즉흥 만남을 주선하면서 돈을 받는 것 아닌가? 당시 잘나가던 김혜수나 김희선을 닮은 여성 고객이 있었다고 하자. 그러면 그 나이트클럽은 시쳇말로 '노 난' 거다. 예쁜 여성 고객을 보고자 나이트클럽에 오는 남자 손님이 인산인해를 이루었던 덕분에 예쁜 여성은 무료로 입장할 수 있었고, 나이트클럽은 돈 세기에 바빴다. 플랫폼 비즈니스를 자세히 들여다보면 나이트클럽과 비슷한 구조를 갖고 있다. 판을 크게 벌일 수 있는 고객을 통해 다른 그룹을 많이 끌어들여 수익을 극대화하려고 하는 것이 플랫폼 비즈니스의 본질이기 때문이다.

플랫폼 시장은 제품이나 서비스 자체 품질만큼이나 얼마나 많은 사람이 와서 사용하는지도 중요하다. 특정 상품에 대한 누군가의 수요가 주위 사람들에게 영향을 미치면, 그 상품을 선택하는 사람들이 증가하는 효과가 나타난다. 이를 '네트워크 효과'라고 부른다. 생산자는 이러한 네트워크 효과로 인해 생산 규모가 커질수록 비용이 줄어드는 효과를 누린다. 많은 사람이 사용할수록 규모의 경제로 생산비는 낮아지고, 네트워크 효과로 사용자 수는 더욱 증가한다. 네트워크 효과는 기술 발전으로 더욱 확산되고 있다. 기술 발전으로 생산비용이 절감되어 제품 가격이 인하되고 성능이 향상되어 소비자들을 시장으로 끌어들이는 속도가 증가하는 것이다.

"우리가 어떤 민족입니까? 우리는 배달의 민족입니다."

이제는 역사와 전통을 자랑하게 된 한 배달 앱(App)의 예전 광고 속 대사다. 배달 앱은 전단지를 일일이 찾아보면서 뭘 먹을지 고민하는 우리의 수고를 덜어준다. 이 시장에는 앱을 통해서 배달 음식을 주문하는 고객과 이를 배달하는 음식점이 존재한다. 이 둘은 플랫폼을 통해서 거래하고 플랫폼은 중간에서 수수료를 부과하며 자신의 이익을 취한다. 매개하는 것만으로도 큰돈을 버는 것이다. 구글이나 애플은 자신들의 플랫폼(앱스토어)을 사내 개발자가 아닌 제

3의 개발자가 개발하게 한다. 앱을 필요로 하는 고객이 이용(구매)하여 발생하는 수익금을 개발자와 나누는 시스템이다.

몇 십 년 전 강남의 나이트클럽이 번 돈은 지금 같은 세계화 시대 플랫폼 기업들의 수익과 비교하면 쥐꼬리에 불과하다는 생각이 든다. 구글과 애플이 혁신을 공표한다고 하자. 성공을 꿈꾸는 앱 개발자들은 자발적으로 앱을 개발해서 앱스토어에 등록하려고 할 것이다. 결국 애플이나 구글이 혁신적인 방향으로 계속 나아가면, 개발자들도 이를 활용한 또 다른 혁신으로 화답하는 게 플랫폼 시장의 확산 비법이다.

구글의 아침은 돈 버는 자유로 시작된다

석유왕 존 록펠러(John D. Rockefeller)가 운영한 미국 기업 스탠더드 오일의 독점은 당시 서민의 삶을 피폐하게 만들었다. 1870년 100만 달러의 자본금으로 설립한 이 회사는 미국 내 석유 생산, 가공, 판매, 운송을 거의 도맡았고, 1890년에는 미국 내 시장점유율 약 90%를 차지하기에 이르렀다. 록펠러 가문은 공권력 매수와 노동 탄압을 감추고 기부와 사회 환원으로 이미지를 위장하기도 했지만, 시장점유율을 높이기 위해 피도 눈물도 없는 가격경쟁 전략을 펼친 독점기업을 향해 사회는 분노했다. 이에 따라 1890년 오하이오 주 상원의원 존 셔먼(John Sherman)은 "정치체제로써 군주를 원하지 않듯이 경제체제로써 독점을 원하지 않는다"며 셔먼 반트러스트법(Sherman Antitrust Act)을 제정해 독점기업들을 향해 화살을 겨누었다.

셔먼법을 피해 지주회사 체제로 기업을 경영하던 록펠러는 루스벨트(Theodore Roosevelt) 대통령과 운명의 한판 승부를 한다. 1906년 스탠더드 오일이 셔먼법 위반 혐의로 재판을 받은 것이다. 미 연방대법원은 판결을 통해 스탠더드 오일의 해산을 명령했고, 이 회사는 결국 여러 회사로 쪼개지는 비운을 맞았다. 애플, 구글, 메타의 위세가 위풍당당해지고 있는 요즘 상황이 스탠더드 오일과 비교된다면 과장일까? 2010년 이후 검색시장의 왕자 구글에 대한 검색 독과점 분쟁이 이어졌다. 몇 차례에 걸쳐 EU 집행위원회는 유럽 검색시장의 90%를 차지하는 구글과 검색 광고 개선안을 두고 열띤 설전을 벌였다. 구글 검색의 가장 큰 문제는 구글이 자사 제품을 최상위에 노출시킨다는 점이었다. 마이크로소프트를 비롯하여 다른 경쟁자들이 구글의 검색 결과가 부당하다며 소송을 제기하기도 했다. 러시아 연방독점청은 구글이 안드로이드 폰에 검색 지도 같은 앱을 기본으로 탑재하는 것이 반독점 위반이라고 판결했다.

네이버와 다음에 밀려 지지부진했던 국내 모바일 검색시장에서도 구글은 빠르게 약진했다. 안드로이드 운영체제(OS)를 채택한 스마트폰에 구글 검색이 기본으로 탑재되면서 이용자가 꾸준히 늘어났다. 구글이 사들인 유튜브와 구글맵 같은 서비스가 안드로이드 스마트폰에 기본으로 깔려 있다. 네이버나 다음 검색을 이용하려면 안드로이드 마켓에서 앱을 다운로드받아 설치해야 하지만 구글 검색은 곧바로 이용할 수 있어 경쟁사를 차별한다는 주장도 제기되었다. 구글이 모바일 시장 지배력을 남용하지 못하도록 대책을 마련해야 한다는 지적이 그래서 나왔다. 여하튼 전 세계 시장에서 가장 막강한 점유율을 가지고 있는 구글은 양면시장의 대표적인 사례로 자율주행 자동차 시장에까지 진출하는 등 그 위세를 떨치고 있다.

오죽했으면 2020년 구글에 대해 반(反) 독점 소송까지 제기되었을까. 미국 법무부는 구글이 검색 및 검색 광고 영역 독점을 유지하기 위해 불공정행위를 했다며 워싱턴 D.C. 연방 법원에 소장을 냈다. 법무부는 구글이 경쟁기업을 차단하는 불법적 배제 행위와 사업 계약으로 독점적 지위를 유지했다고 지적했다. 미 하원 법사위원회 산하 반독점 소위는 구글, 아마존, 애플, 메타 등이 시장 지배력을 남용해 반경쟁적인 독과점을 하고 있다고 비판했다.

구글의 입장에서 검색 서비스를 이용하는 네티즌은 보조금을 받는 집단이다. 구글은 광고주들을 대상으로 광고 서비스를 제공하고 이들로부터 기업 운영의 재원을 마련한다. 자신들의 높은 시장점유율과 네티즌에게 영향력이 강하다는 사실로 광고주를 끌어들여 이윤을 창출하며 콧노래를 부르고 있다. 구글의 기업 문화를 소개하는 한 책 『구글의 아침은 자유가 시작된다』의 제목처럼 구글의 아침은 그렇게 '돈 버는 자유'로 시작된다.

구글이나 페이스북 같은 기업들의 경쟁 방식은 전통적인 기업이 제품을 생산해 소비자에게 공급해주는 메커니즘과는 다르다. 정책당국이 시장 지배적 사업자를 어떻게 규제할 것인가가 문제가 되는 것은 플랫폼 시장이 전통적인 시장과 다르기 때문이다. 고객들은 전통적인 시장에서처럼 구글 검색과 페이스북을 사용하는 데 돈을 지불하지 않는다. 이에 대해 누군가 이렇게 말할 수도 있다.

"바보야, 페이스북을 사용하며 사용료를 내지 않는다고? 페이스북을 사용하는 순간, 바로 네가 페이스북의 상품이 된다는 것도 모른단 말이야? 문제는 양면시장의 속성이라고!"

무슨 말일까? 애플 수익의 상당 부분이 앱스토어에서 발생한다. 앱 개발자들은 아이폰 사용자의 관심을 고려하는 한편, 아이폰을 사는 소비자도 아이폰에 탑재된 수많은 앱을 고려하고 구매한다. 양면시장에서는 보조금을 지급받는 집단이 많으면 많을수록 네트워크 효과에 의해 플랫폼 기업의 경쟁력이 강화된다. 고객이 제공한 빅데이터를 분석하여 구글과 페이스북은 광고시장 등에서 새로운 부가가치를 창출할 수 있다. 고객들은 자신도 모르게 구글과 페이스북이 성장하는 데 일조하고 있을지 모른다. 플랫폼 이용이 공짜라지만 공짜가 아닌 것이다. 양면시장에서 고객의 저변을 확대하기 위해 한쪽 시장에 돈을 물리지 않는 것은 그들 나름의 전략이다. 어차피 페이스북 이용자가 하나 더 늘어난다고 해도 페이스북이 지불해야 할 한계비용은 제로 수준이다.

변화하는 플랫폼 게임의 법칙

장 티롤은 2014년 노벨 경제학상을 받았다. 그는 산업조직 이론과 게임 이론의 대가다. 평생을 경쟁과 공정거래 정책에서 규제를 어떻게 디자인할지 연구하고 시장의 독과점 문제에 정책 당국이 어떻게 접근해야 하는지 논리적인 틀을 제공했다. 그의 주된 연구 분야 중 하나가 양면시장 플랫폼이다. 시장구조의 독과점화가 전 세계적으로 다시 중요한 문제로 부각되고 있는 시점에서 그의 연구는 주목할 만하다.

티롤은 양면시장에서 가격이 형성되는 원리가 완전경쟁시장과 다르다는 점을 이론적으로 분명하게 제시했다. 그는 양면시장에서 올바른 가격을 책정하는 것은 매우 어렵다고 보았다. 따라서 정부가 양면시장 기업의 시장지배력 남용, 담합, 불공정 거래 행위 등에 대해 부당성이나 불법성을 판단할 때는 단면시장과 다른 잣대를 적용해야 한다고 주장했다. 이것이 바로 티롤이 노벨상을 수상하게 된 원동력이었다. 이에 대한 노벨위원회의 이야기를 들어보자.

> "티롤은 시장의 독과점을 규제하는 데 어떤 정책이 특정한 상황에서 잘 작동하고 다른 상황에서는 단점을 보여주는지를 설명했다. 일반적인 규제 원칙이 어떤 조건하에서는 효과가 있지만 다른 조건하에서는 이득보다 해악이 크다는 것을 이론적으로 증명했다."

단면시장에서는 규모가 큰 기업이 상품에 한계비용보다 낮은 가격을 책정해 경쟁기업들을 시장에서 쫓아낸 뒤 다시 가격을 올려 손실을 회복하는 약탈가격 정책을 실시한다. 이 정책을 양면시장에도 적용할 수 있을까? 양면시장에서의 낮은 가격 책정 행위에 대해 티롤은 약탈가격이 아니라며 면죄부를 주었다. 기업의 이윤 극대화를 위한 정당한 가격 책정 행위라는 것이다. 결과적으로 구글과 같은 플랫폼 기업의 편을 들어주는 모양새가 되었다.

양면시장에서는 두 집단 중 어느 한쪽에 제공하는 가격이 한계비용보다 낮거나 무료이고, 심지어는 보조금 지급으로 마이너스 가격도 가능하다. 다른 한쪽에서의 네트워크 효과로 이득을 취할 수 있기 때문이다. 나이트클럽이 크리스마스이브에 인기 아이돌 블랙핑크의 멤버들을 닮은 여성들을 초청했다고 하자. 그녀들은 입장료 없이 무료로 나이트클럽에 들어온다. 구름 떼같이 몰려든 남성들 덕분에 나이트클럽은 크게 한몫 챙긴다. 그 나이트클럽이 손님을 싹쓸이를 했다고 규제 대상이라고 판단할 수 있을까? 양면시장에 대한 티롤의 이론에 의하면 규제할 수 없을 것이다. 구글은 소비자에게 무료로 서비스를 제공하고도 엄청난 이윤을 얻을 수 있다. 고객에게 단 한 푼의 요금도 물리지 않기 때문에 가격 측면에서 시장지배적 사업자의 남용 행위를 찾을 수 없다.

티롤은 그의 논문에서 이와 같은 양면시장에서의 시장지배 행위를 규제할 명확한 해답을 제시하지 않아 논란의 여지를 남겼다. 양면시장에서 기업들이 취할 수 있는 전략은 다양하다. 시장지배적 사업자는 새로운 기업이 시장에 들어오는 것을 막기 위해 진입 장벽을 쌓기도 한다. 구글이 지배하는 시장에 새로운 기업이 들어와서 구글의 시장점유율을 빼앗는 것을 막기 위해 구글이 필요한 진입 장벽을 적극적으로 세우고 있지 않다면 규제 당국은 무엇으로 구글을 규제해야 할까? 소비자의 선택권이 제한되는 것을 방치만 할 수는 없지 않을까? 티롤 이후 많은 경제학자와 경영학자들이 양면시장과 플랫폼의 작동 방식에 대해 연구하기 시작했다. 반독점에 대한 새로운 관점의 제대로 된 연구가 조속히 나오기를 기대한다.

그동안 대한민국 경제는 전자, 조선, 자동차 등 전통적인 제조업을 기반으로 성장했다. 양면시장 규제에 대한 논의를 떠나 세계경제는 플랫폼 기반으로 빠르게 재편되었다. 플랫폼 비즈니스가 기존의 제조업체를 위협할 정도로 영향력이 커져가고 있다. 변화하는 게임의 법칙에 우리가 제대로 대응하고 있는지 돌아봐야 할 시점이다. 흔히 우리 대기업들이 플랫폼 비즈니스 모델로 바뀌는 것은 어렵다고들 말한다. 기존의 대기업이 만들어놓은 전통적인 메커니즘을 플랫폼 메커니즘으로 바꾸기가 쉽지 않다는 뜻이다. 하지만 중소기업과의 협업은 얼마든지 가능하다고 본다. 성공적인 플랫폼 모델을 가진 벤처나 스타트업 기업과 대기업의 협업이 더욱 중요해지는 것은 그래서 숙명이다. 혁신을 잘하는 작은 기업들과 전 세계 시장에 접근이 가능한 대기업이 협업해 더 나은 플랫폼 비즈니스 모델을 만들어나가야 한다.

2021년과 2022년에 걸쳐 온라인 플랫폼을 규제하는 법안이 제정되고 폐기되는 사례가 우리나라에서도 발생했다. 공정거래위원회는 네이버가 부동산 정보업체와 계약을 체결하며 자사에 제공한 부동산 매물정보를 제3자에게 제공하지 못하도록 한 행위에 대해 '멀티호밍 차단'으로 정의하고 시정명령과 함께 과징금 10억 3200만 원을 부과했다. 멀티호밍 차단이란 독과점 플랫폼 사업자가 지배력을 남용해 거래 상대방이 경쟁사업자와 거래하는 것을 방해하는 행위를 말한다. 어렵고 복잡한 '고차방정식' 문제를 푸는 일로 플랫폼 입점 업체를 보호하기 위해 극약 처방을 내리는 순간 자칫 애꿎은 소비자 피해로 이어질 가능성이 크다. 운영자와 입점 업체, 소비자 같은 수많은 이해 관계자를 아우르는 플랫폼 규제 법안은 신중하게 만들어져야 한다. 온라인 플랫폼 규제는 필요하나 하나의 온라인 플랫폼을 둘러싸고 플랫폼 운영자부터 입점 업체, 소비자, 페이 업체, 광고 업체에 이르기까지 수많은 이해 관계자들이 복잡하게 얽혀 있다.

아마존의 반독점 역설

지금까지의 이야기를 요약해 보면 이렇다. 경제학에서 배운 시장은 수요자와 공급자가 특정 상품을 구매하고 판매하는 장소를 칭했다. 마트에서 과자를 사고파는 단면시장이 통상의 시장이었다. 매개 장소 혹은 사이트의 대명사 온라인 플랫폼에서처럼 서로 다른 제품이나 서비스를 향유하는 가상 공간이 등장했고, 시장의 개념이 확대됐다. 서로 다른 집단이 참여하는 플랫폼을 중심으로 많은 수요자, 공급자, 개발자, 단말기 제공업체, 통신사가 모여든다. 각자 다른 목적으로 경제행위를 하며 긍정적 · 부정적 네트워크 효과를 창출한다. 2010년부터 플랫폼 비즈니스가 등장하며 시장의 개념은 달라지고 확대됐으나 법과 제도가 이를 충분히 따라가지 못하고 있다. 플랫폼은 부가가치가 생성되는 과정을 의미하는 '가치사슬(Value Chain)' 단계를 줄여 효율성을 지상 과제로 추구한다. 플랫폼 시장 진입장벽에 있어서는 기업의 대규모 투자보다는 소비자 네트워크의 힘이 더 중요하다. 고객이 만족하는 콘텐츠를 개발해 네트워크에서 고객이 떠나지 못하도록 하는 잠금 효과를 중시하는 이유다.

미국의 법학자이자 현재 연방거래위원회의 위원장인 리나 칸(Lina Khan)은 2017년에 「아마존의 반독점 역설(Amazon's Antitrust Paradox)」이라는 논문을 썼다. 플랫폼의 발전 이후 아마존이나 카카오, 쿠팡은 플랫폼을 넘어 소매업, 배송과 물류 네트워크, 클라우드 서버 제공에 이르기까지 다양한 분야에서 비즈니스를 운영하고 있다. 아마존은 우선 약탈적 가격책정을 설정하고 있다. 당장의 이익 대신 공격적인 투자를 통해 기업의 성장을 추구하며 온라인 상거래에서 위치를 공고히 한다는 것이다. 아마존 성장에 가장 큰 기여를 하게 된 것은 유료 멤버십 서비스인 아마존 프라임(Amazon Prime)이다. 한국에서는 마켓컬리나 쿠팡이 이 전략을 그대로 차용했다. 프라임 서비스는 아마존으로 하여금 놀라운 성장을 낳게 한 데 비해

순수익은 그다지 창출하지 못했다.

초기 프라임 서비스로 아마존은 손해를 입었으나 공격적 투자는 이어졌다. 아마존은 다양한 비즈니스 라인의 수직 통합을 통한 확장 전략도 구사했다. 아마존과 경쟁하는 다른 소매업자도 아마존의 배송 시스템을 사용할 수 있었다. 아마존의 정교한 고객 맞춤 서비스를 독점 체제라고 단정할 수 있을까. 쉽지 않아 보인다. 누군가는 아마존이 자사 플랫폼에서 판매하는 소매상들의 정보도 모두 수집하고 있는 것을 문제라고 말할 수 있겠다.

정책 당국은 온라인 플랫폼이 너무 큰 힘을 가지고 시장을 독식하지 못하도록 관리해야 한다. 이들이 다른 회사를 합병하여 경쟁사에게 불이익을 주지 않는지도 잘 살펴야 한다. 독점 플랫폼을 인정해주는 대신 적합한 규제를 실시하는 게 무엇보다 중요한 시점이다. 규제완화도 규제강화도 시대정신에 맞게 민첩하게 대처해야 디지털 시대에 경쟁과 상생의 원리를 제대로 구현할 수 있다. 다행히 경제의 패러다임이 플랫폼으로 대별되는 네트워크 경제에서 생태계 경제(Economy of Ecosystem)로 변화하고 있다. 글로벌 기업의 경쟁은 더 이상 개별 기업 간 경쟁이 아닌 협력사를 포함한 기업 생태계 간 경쟁으로 펼쳐지고 있다. 지속가능한 풍요로운 사회 건설을 위해 플랫폼 기업은 순기능을 하는 공공재 생산에 기여해야 한다.

Angus S. Deaton

앵거스 디턴의 혁신과 불평등 논쟁

인공지능이 인류의 위대한 탈출을 이뤄낼까

영국의 미시 경제학자로 프린스턴 대학교 교수이다. 케임브리지 대학교에서 학사, 석사, 박사학위를 받았고 소비자 행동분석과 경제개발, 빈곤 연구에 주력했다. 개별 가구의 식품 소비량이나 주거환경, 서비스에 대한 소비형태를 연구해 수요분석의 틀을 개발했다. 거시 경제지표에 치우쳐 있던 경제학자들의 시선을 개별 가구를 분석하는 방향으로 돌려놓은 선구자로 평가된다. 그가 개발한 빈곤과 후생 수준 측정 도구는 폭넓게 활용되고 있다. 미시 데이터를 바탕으로 복지, 소비, 빈곤과 건강에 대한 실증 연구로 경제학을 발전시킨 공로를 인정받아 2015년 노벨 경제학상을 수상했다. 2016년에는 영국으로부터 기사 작위를 받았다.

로봇이 대체하는 사회는 행복할까

"우리는 조상보다 훨씬 더 많은 것을 기대한다. 그 대가는 우리가 현재의 모습과 달라질 수 있는데도 실제로는 달라지지 못하는 데서 오는 끊임없는 불안이다."

알랭 드 보통의 '불안'에 대한 정의 중 가장 와닿는 말이다. 산업혁명 이후 인류는 끊임없이 진보하지 않으면 안 되는 불안을 동력으로 발전에 발전을 거듭했다. 자본주의는 분명 더 나아지기 위해 기술을 진보시켰고 인간의 삶은 많은 부분 윤택해졌다. 그런데 왜 우리는 그 어느 때보다도 미래를 불안하고 불확실하게 여기는가. 혹자는 기술의 발전에 따라 급속도로 진행되는 디지털 혁명이 일자리를 줄일 가능성이 커졌기 때문이라고 말한다. 인간의 능력에 맞먹거나 더 나은 인공지능(AI)과 로봇 덕분에 생산성이 증대해 일주일에 4시간만 일하는 삶을 생각해 보자. 과연 좋을까? 미국의 자동차 회사인 테슬라의 창업자, 일론 머스크(Elon R. Musk)는 비영리 회사 오픈AI(Open AI)를 세울 때 이런 말을 했다.

"우리의 목표는 인류 전체에 도움이 되는 디지털 지능을 개발하는 것이다. 돈을 버는 부문에 연연하지는 않을 것이다. 그동안 인공지능 연구는 악마를 불러오는 것과 다름없었다. 인간의 통제를 떠난 상태의 기술개발이 우려된다. 인간을 대체하는 기능이 아니라 인간의 부족한 점을 보충해줄 수 있는 기술을 개발하는 데 주력해야 한다."

그런 그가 2021년 테슬라가 진행한 행사 'AI 데이'에서 인공지능과 로봇에 대한 관점을 달리했다. 그간 인공지능 기술 발전에 부정적 입장을 보인 일론 머스크가 사람을 닮은 인공지능 로봇 개발에 나선 배경에 관심이 쏠렸다.

"공상과학 영화에 나오는 디스토피아는 생각하지 않고 있다. 테슬라봇이 사람의 노동을 지원하거나 대체하는 역할을 하는 데 초점을 맞출 것이다."

그는 사고 우려가 큰 위험한 일을 테슬라봇이 대신할 수 있다는 이야기를 했다. 인공지능은 구글, IBM, 애플, 페이스북 등 글로벌 IT 공룡들이 가장 공을 들이고 있는 분야 중 하나다. 하지만 작고한 천재 물리학자 스티븐 호킹(Stephen W. Hawking)은 2014년 인공지능의 개발이 인류의 종말을 초래할 것이라는 섬뜩한 경고의 말을 전했다. 다보스 포럼에서도 로봇의 성장으로 2020년까지 15개 선진국과 신흥국에서 500만 개의 일자리가 사라질 것이라는 우려의 목소리가 나왔다. 바둑 천재 이세돌이 구글이 만든 알파고(AlphaGo)에 패하자 당시 기계가 인간의 고유 영역인 지적인 노동의 세계로까지 진입하기 시작했다고 야단법석이었다. 기계가 인간의 능력을 능가한다면 인간은 무엇을 하며 늘어난 수명을 살아내야 할까. 누군가는 그냥 바둑에서 이긴 것일 뿐이라며 확대해석하지 말라고 했지만 부단한 노력과 거대한 정보를 가진 인공지능이 인간을 이기는 모습을 보고 놀라지 않기란 어려웠다.

인공지능의 장점을 내세우는 사람들은 인공지능의 발달로 인해 인간의 일자리가 줄어들 거라는 주장에 반대한다. 기술 발전에 따른 일자리의 암울한 미래 이야기가 옳다면 이미 산업혁명 때부터 그렇게 됐어야 한다는 것이다. 역사적 경험을 봐도 단기적으로 특정 분야에서 실업이 발생하기는 했지만, 장기적으로는 혁신에 따라 더 많은 새로운 일자리가 생겨났다. 로봇 옹호론자들은 로봇이 일부 비숙련 노동을 대체하긴 하지만, 생산성을 높이고 다른 근로자를 위한 새로운 일자리를 창출하는 역할도 한다고 주장한다. 따라서 로봇이 전체 일자리 수를 줄인다는 증거가 없다는 것이다.

현존하는 직업의 47%가 사라진다고?

그럼에도 불구하고 근래의 인공지능과 자동화의 발전이 과거의 기술적 혁신과 본질적으로 다르다는 입장은 설득력이 있다. 이들이 미래 고용시장에 미칠 영향력이 가공할 만하다는 주장은 우리를 두렵게 만든다. 2013년 옥스퍼드 대학 연구팀은 향후 15년에서 20년 사이에 기존 직업 중 47%가 사라질 것이라고 예측했다. 시티그룹도 영국에서 35%, 미국에서 47%, OECD 회원국 전체에서 57%, 중국에서 77%의 일자리가 로봇에 의해 대체될 위험이 있다고 경고했다.

한국의 주력 산업인 전자, 자동차, 조선업에서 로봇이 인간을 대체할 수 있다고 생각해 보자. 지금도 일자리 문제로 신음하는 우리의 미래에 불확실성이 증가할 것이라는 불길한 예감을 감출 수 없으리라. 로봇 도입 비용이 크게 줄어들면 세계적으로 로봇이 일자리를 대체하는 경향이 짙어질 것이란 우려는 당연하다. 2014년 보스턴컨설팅그룹은 「로보틱스의 부상(The Rise of Robotics)」이란 보고서에서 한국에서 로봇을 통한 자동화가 본격적으로 이뤄지면 2025년까지 노동비용을 약 33% 줄일 수 있다고 분석했다. 다만 이 분석과 달리 2016년 OECD가 발간한 '자동화에 따른 OECD 국가 간 일자리 위험 비교 분석'에 따르면 우리나라는 전체 일자리 중 9%가 자동화 위험을 안고 있지만, 다른 회원국에 비해 위험하지 않다는 상반된 분석을 내놓았다. OECD는 그 근거로 우리나라는 자동화가 가능한 과업을 수행하는 비율이 낮고 전반적으로 학력 수준이 높아 자동화 위험이 큰 일자리의 비율이 낮다고 한다.

여하튼 로봇과 인공지능, 3D 프린터, 빅데이터, 사물인터넷, 나노 제조업, 무인 자동차, 무인 비행기(드론) 등 끊임없이 쏟아지는 새로운 기술로 노동력이 인간에서 기계로 대체되는 '기술 실업의 공포'가 쓰나미처럼 우리를 덮치고 있다. 우리는 이미 기술 발달로 단순한 일자리들이 사라지는 것을 목도했다. 업무 성격이 정형적이고 반복적인 직업, 숙련직일수록 로봇과 인공지능에 대체될 가능성이 더욱 크다고 한다. 숙련직 부문은 고용 비중도 크고 임금 수준도 높아 인공지능을 도입하면 경제적 효과가 높아지기 때문이다. 심지어 돈을 제법 버는 금융자문가도 위험한 직군으로 분류되었다. 알고리즘을 익히는 기술의 진보와 빅데이터로 무장한 로봇은 변호사, 회계사, 의사 같은 상당수의 고급 인력들을 대체할 수 있다고 한다.

하지만 자동화가 곧 대체나 소멸을 의미하지는 않는다. 2018년 OECD 보고서는 회원국 중 32개 나라를 대상으로 '직업 자동화'의 의미를 한층 정확히 제시했다. 직업의 절반 가량이 자동화의 영향을 받겠지만, 작업의 70% 이상을 기계가 해낼 수 있는 고위험군 직업은 14%라는 결론을 내렸다. 초기의 호들갑이 많이 완화되었다. 현존하는 직업 가운데 자동화의 영향을 받지 않은 분야가 많을까? 인공지능의 발전과 이에 따른 일자리 위협이 과장되었다는 생각도 든다.

제조업이나 건설 노동자에게 기계의 활용은 작업의 일부가 된 지 오래다. 청소부는 물 분사 기능이 갖춰진 진공노면 청소차를 사용해 일을 한다. 증권분석가들은 분석 프로그램을 활용해 업무를 수행한다. 자동화가 직업을 대체한다고 보는 것은 무리가 있다. 오히려 노동 형태를 변화시키는 경우가 많을 것이다.

혁신이 초래하는 성장과 불편한 칼날

"역사를 보면 새로운 혁신은 새로운 불평등을 만들어낸다."

2015년 노벨 경제학상 수상자 앵거스 디턴은 말했다. 애플은 인간의 삶을 더 윤택하게 만드는 수많은 기기를 세상에 내놓았고 덕분에 상상을 초월할 정도로 부유한 기업이 되었다. 디턴은 이를 꽤 좋은 종류의 불평등이라고 평가했다. 혁신, 즉 창조적 파괴가 새로운 불평등을 초래하는 것은 과거에도 그랬고 앞으로도 그럴 것이고, 그런 불평등은 어쩔 수 없다고 그는 주장한다. 디턴의 이야기를 들어보자.

"애플은 삶을 더 좋게 만드는 수많은 기기를 세상에 내놓았어요. 애플 기기를 이용해 다른 나라에서도 손주들과 대화하고 아이들 사진을 보는 게 내게 큰 기쁨입니다. 전 세계의 모든 책과 음악도 접할 수 있죠. 아주 멋진 일이에요."

디턴은 문명의 이기를 이처럼 긍정적으로 바라보았지만, 그로 인한 불평등의 어두운 면에 대해서 이야기하는 것도 잊지 않았다. 몇몇 부자만이 이득을 보는 금권정치가 지배하는 세상이 올 수 있고, 경제력이 있는 소수의 부유층이 지배하는 세상은 나쁜 불평등을 가져오리라는 것이다. 그는 또 세상의 발전을 이끈다는 긍정적인 동기는 무시한 채 불평등에만 초점을 두는 극단적인 좌파의 편협한 시각과, 기득권을 유지하는 데 혈안이 되어 불평등 논의를 저버리는 극단적인 우파의 시각을 버려야 한다고 말한다. 지금 이 세상에서 불평등을 바라보는 관점은 달라져야 하며, 균형 잡힌 시각으로 바라봐야 더 나은 세상을 바랄 수 있다는 것이다.

> "내가 건너온 1970년대의 아메리칸 드림이 신기루라면, 이제 세상을 더 좋게 만들기 위해서 국가는 국민을 위해 어느 정도의 안전망을 갖추어야 하는가를 중요한 사안으로 고려해야 하겠죠."

디턴의 이런 생각처럼 로봇과 인공지능이 과거와 다른 방향으로 우리의 일자리를 위협한다면 정부와 사회는 머리를 맞대고 대책을 세워야 한다. 로봇이나 인공지능과 협업이 필요한 업종에 대한 교육 투자를 늘려 자동화와 인공지능이 일자리에 미치는 영향을 완화해야 한다. 그 이유는 핀란드의 사례에서도 찾아볼 수 있다.

북유럽 복지국가의 대명사인 핀란드 경제가 노키아의 몰락으로 2012년부터 휘청거렸다. 아이폰의 등장으로 신규 시장 진입에 뒤처진 노키아의 몰락은 핀란드 경제의 동반 침체를 불러왔다. 핀란드 경제성장의 25% 이상을 차지했을 정도로 노키아가 대단했기에 충격은 컸다. 핀란드의 주요 산업인 제지업 역시 모바일 기기의 발달로 전 세계 종이 소비량이 줄어들면서 갈수록 위축되었다. 아이폰이 노키아를 몰아냈고, 아이패드가 종이 수요를 감소시켜 산림업을 퇴조시켰다. 하지만 핀란드는 노키아의 몰락에도 불구하고 좌절하지 않았다.

노키아의 몰락은 핀란드의 창업 붐을 촉발시키는 계기가 되었다. 노키아가 무너지자 IT 산업 분야의 생존에 절박함과 위기의식이 강해졌고 이런 분위기가 핀란드의 기업에 벤처 정신을 불러일으켰다. 헬싱키 공과대학, 헬싱키 경제대학, 헬싱키 예술디자인대학이 합병해 2010년 알토 대학이 탄생했다. 아이디어가 가장 중요하다는 생각으로 학생들이 긴밀히 협력해 새로운 연구를 하고 교육 방법을 개발했다. 현직 최고경영자와 임원들이 직접 창업 코치로 참여해 학생들이 창업 아이디어를 구상하고 스타트업 기업을 설립할 수 있는 환경을 만들어주기도 한다.

핀란드 정부는 일자리 문제는 산업 생태계와 밀접한 관련이 있고, 혁신과 기업가 정신의 뒷받침 없이는 해결이 어려운 문제라고 생각하고 이를 떠받치는 인프라를 정부와 산학연의 협업을 통해서 구축해나가야 한다고 강조한다. 노키아의 공백은 앵그리버드라는 게임 소프트웨어가 일정 부문 메워줬다.

혁신이 만드는 위대한 탈출

기계가 사람을 완전히 대체할 수 있을까? 그렇지 않다. 인간의 판단력에 필적하는 인공지능이 개발되는 것만으로는 충분하지 않다. 먼저 인공지능을 활용해 인간의 물리적 업무를 수행할 수 있는 정교한 기계가 만들어져야 한다. 그리고 이 둘을 합한 비용이 사람을 고용하는 것보다 값이 싸야 한다. 게다가 직업이 사라진다는 주장은 사람의 지능과 같거나 뛰어난 범용 AI의 등장을 전제하고 있다. 만약 그 시기가 몇십 년 뒤라면 우리가 너무 앞서가는 것이 아닐까. 옥스퍼드 보고서는 막연한 추측에 불과했고 OECD를 비롯하여 어떤 보고서도 완벽하게 고용이 얼마나 줄어들 것인지를 설명하지 못하고 있다.

현대차그룹이 2022년 CES(Consumer Electronics Show, 국제전자제품박람회)에서 내건 핵심 화두는 '메타모빌리티'다. 미래의 현대차그룹 포트폴리오를 보자. 자동차 50%, UAM 30%, 로보틱스 20%이다. 이런 가운데 메타모빌리티의 의미는 무엇일까? 스마트 디바이스가 3D 가상 세계인 메타버스 플랫폼과 연결돼 인류 이동 범위를 가상공간까지 확장한다는 의미라고 생각한다. 머지않은 미래에 현실과 가상의 구분이 사라진 메타버스 플랫폼이 등장할 것이다. 이 과정에서 인공지능과 로봇의 역할은 매우 중요하다. 자율주행 시대에 바퀴 달린 스마트폰인 자동차는 단순한 이동 수단이 아니다. 모든 사물이 로봇을 통해 이동하는 'MoT(Mobility of Things)' 생태계를 생각하며 현대차그룹의 꿈이 실현되길 빈다.

미래에 과연 어떤 일자리가 유망할까 진지하게 고민하다 보니 문득 마이크로소프트의 창립자인 빌 게이츠의 말이 생각난다. 그는 기계가 결코 대신할 수 없는 인간 고유 능력으로 '공감 능력'을 꼽는다. 일자리가 희소한 시대일수록 사람을 돌보는 직업이 오히려 필요하다는 주장이다. 그는 예로 교사, 특수교사, 요양사는 늘려야 한다고 말했다. 인공지능과 인간의 역할에 대한 지나친 낙관과 기우는 모두 피해야 하지 않을까.

자, 그럼 인공지능 시대에 대비해 우리는 어떤 준비를 해야 할까? 1997년 체스 세계챔피언 가리 카스파로프(Garri K. Kasparov)는 IBM의 '딥블루(Deep Blue)'라는 컴퓨터로부터 시합 도전장을 받았다. 그는 "어떤 컴퓨터도 나를 이길 수 없다"고 호언장담했지만 결국 졌다. 그로부터 20여 년이 지난 2016년 구글의 알파고가 바둑천재 이세돌 9단과의 빅매치에서 우승했다. 이세돌과 알파고의 대결로 구글은 막대한 홍보 효과를 누렸고, 엄청난 경제적 이익도 챙겼다.

여기서 우리는 몇 가지 문제를 살펴볼 필요가 있다. 앵거스 디턴은 경제성장이 인류를 빈곤과 질병으로부터 탈출시켰고 그 과정에서 불평등이 발생하기도 했지만, 그 불평등을 기반으로 자본주의가 발전했다고 주장한다. 하지만 그는 과도한 불평등은 좋지 못하다고 보았고 복지를 촉진하고 빈곤을 줄이기 위해서는 개인의 소비 선택을 주의 깊게 살펴 경제정책을 만들어야 한다고 했다. 지속적인 경제성장을 인류를 가난에서 벗어나게 한 위대한 탈출로 본 그는 지금의 경제에서 가장 중요한 위대한 탈출의 힘은 혁신에서 나온다고 강조한다. 앵거스 디턴의 말처럼 인공지능이 인류를 무한 진보로 변화시켜 주는 위대한 탈출이 되려면 '멋진 혁신의 향기'를 갖추어야 하지 않을까?

영국《파이낸셜 타임스》는 인공지능이 기후변화 대응과 질병 치료와 노동력 절감에 도움을 주고 인류의 삶을 풍성하게 할 수도 있지만, 유전자공학이 제기했던 것과 같은 윤리적인 문제들을 야기할 수도 있다면서 인간의 뇌를 모방하는 인공지능의 위험성을 경고했다. 공상과학 영화에서나 가능할 것 같은 디스토피아 세계가 도래해 인간이 기계를 제어하기는커녕 기계의 통제를 받을 것이란 우려도 제기되었다. '로봇(Robot)'은 원래 '노예'라는 뜻의 체코어다. 노예가 역습해 주인보다 우위에 서는 일이 현실화되어서야 되겠는가? 핵개발을 금지하는 윤리규정을 만들었듯 인공지능 개발에도 그런 규정이 필요하진 않을까? 인공지능이 복잡한 상황에 대한 인간의 판단 능력을 모방할 수 있는지도 의문이다. 인간은 교통사고를 피할 수 없는 순간에도 사고 피해를 줄이기 위해 애쓰거나 가치판단을 해서 사람을 살리는 결정을 내릴 수 있다. 무인자동차 기술이 개발되어도 어떤 가치를 지향할지에 관한 사유를 무인자동차 기술 자체가 할 수는 없다.

인공지능의 시대에 윤리 문제에 대한 법적 · 제도적 대응이 그래서 쉬워 보이지 않는다. 기술을 개발하는 기업들은 닥쳐올 윤리적 문제를 해결하기 위한 많은 연구 또한 병행해야 한다. 우리는 인간의 가치 지향적 활동이 피폐해지고 인간의 존엄성이 훼손되지 않도록 무엇을 위해 인공지능을 개발하고, 어떻게 쓸지를 끝없이 자문해봐야 한다.

인간과 로봇을 둘러싼 일자리 논쟁이 계속된다. 자동화와 로봇

기술이 인류를 고르게 성장시키지 않고 경영자, 주주, 고숙련 기술자 등 특정 계층에게만 부를 몰아준다면 어떻게 될까? 대부분의 사람들이 원치 않는 휴가와 낮은 임금으로 고통받지는 않을지, 새로운 일자리가 창출되면서 직업을 잃게 된 사람들이 얼마나 쉽게 새로운 일자리로 옮겨갈 수 있을지에 대해 모두가 머리를 맞대고 고민해야 한다.

이제 노동 시간이 줄어드는 사회를 만들어야 하고, 이를 준비하며 필요한 부분은 보완하는 것이 중요하다. 기존의 직업이 사라지는 지역과 새로운 직업이 번성하는 지역 간의 격차가 늘어나고, 1대 99로 대변되는 소득불평등의 구호가 지속되거나 불평등이 확대된다면 인공지능이 아무리 위대한 탈출의 동력이라 하더라도 디턴이 말하는 나쁜 불평등을 초래할 수 있음을 유념해야 한다. 그것이 혁신이라는 이름이라도 인간의 감성을 좌절시키는 방향일 때 인류는 불행해지기 때문이다.

Robert M. Solow

로버트 소로우의 기술진보 경제성장론

무엇을 가졌는지보다 어떻게 하는지가 중요하다

16세에 하버드 대학에 입학한 신동으로 24세에 박사학위를 받고 컬럼비아 대학을 거쳐 25세에 MIT(매사추세츠 공과대학교) 교수로 부임했다. 1956년 '경제성장 이론에 대한 기고'를 발표하고 신고전파 경제성장 이론을 등장시켰다. 케인즈 이후 영국의 경제학자 로이 해러드(Roy F. Harrod)와 에브시 도마(Evsey D. Domar)가 경제성장모형을 발표했으나 노동과 자본의 대체 불가능성 등을 가정하고 제반 가정이 지극히 제약적이어서 크게 주목받지 못했다. 소로우의 성장모형은 맬서스, 리카도, 밀이 설명했던 수확체감의 법칙에 기초해 노동과 자본의 대체가 가능하다고 가정하고, 기술진보가 중요하다는 것을 밝힌 데 의의가 있다. 1987년 경제성장 이론을 연구한 공로를 인정받아 노벨 경제학상을 받았으며, 40여 년간 폴 새뮤얼슨과 함께 다양한 연구 업적을 쌓았다.

부채의 늪에 빠진 세계와 중국의 치명적 위험

몇 년 전 매년 인구 2억 5000만 명의 인도네시아 경제 규모만큼 성장하는 나라가 있었다. 바로 중국이다. 자그마한 선박도 커브를 돌 때는 안전운행을 위해 세심한 주의를 해야 하는데, 중국과 같은 거대 항공모함이라면 어떨까? 고속성장하던 중국은 중속(中速)성장으로 속도를 줄이고 글로벌 금융 위기 이후 비효율적인 산업을 과감히 도려내는, 구조개혁의 고삐를 죄는 쪽으로 정책의 방향을 선회했다. 수출과 투자 위주로 성장하던 경제에서 투자 비중을 줄이고 내수를 증진하는 것이 중국의 뉴노멀(신창타이, 新常態)이 된 지도 한참 지났다.

코로나19로 인한 경제적 타격이 전 세계를 강타하자 중국은 2021년 1분기 첫 마이너스 성장을 했다. 연간 기준으로 중국 경제가 마이너스 성장한 것은 문화대혁명이 끝난 1976년이 마지막이었다. 2022년에는 여러 악재가 동시에 발생해 영향력이 커지는 현상인 '퍼펙트 스톰'이 시장을 덮칠 수 있다는 우려가 생겼다. 공급망 병목 현상 해결이 요원한 데다, 우크라이나 사태 장기화로 유가와 원자재 가격이 고공행진을 이어가면서 나오는 의견이었다.

세계경제는 부채의 늪에 빠져 있다. 정부, 기업, 가계 모두 부채가 크게 늘어 매년 세계 부채는 사상 최고치로 치닫고 있다. 한국의 가계 · 기업별 부채도 전 세계에서 높은 수준이어서 경고등이 켜진 상황이다. GDP 대비 국가부채가 가장 많은 나라는 일본이지만, 기업 부문만 놓고 본다면 중국의 부채는 또 다른 놀라움이다. 금융 부문을 제외한 중국 기업의 부채 비중은 세계 최고 수준이다. 2008년 금융 위기 이후 중국은 부채 증가를 통해 세계경제의 성장을 주도했지만 중국경제의 성장 탄력은 해마다 줄고 있다.

2021년 세계 부채는 사상 최고치인 303조 달러에 달했다. 글로벌 부채 급증의 80%는 중국을 필두로 한 신흥시장에서 일어났다. 세계 경제가 중국에 민감한 것은 중국 경제의 성장 둔화 우려와 채권의 부실화 가능성 때문이다. 국유기업의 부실을 털어내기 위해 M&A를 통한 구조조정에 박차를 가하고 기업의 생산성 증대를 통한 경제성장을 도모하려는 노력이 지속되어야 한다는 요구가 그래서 제기된다.

중국은 첨단 제조업을 육성하고 서비스 산업을 육성해 고부가가치 산업으로 자금의 물꼬를 트려는 노력을 계속할 수밖에 없다. 한때 과잉 투자로 몸살을 앓았던 중국의 철강 산업은 글로벌 탄소배출 저감 트렌드에 맞춰 생산량을 직접적으로 줄이고 있다. 중국이 글로벌 스탠다드에 맞춰 변하고 있다.

몇 년 전 상하이를 방문했다. 그때 상하이의 미세먼지를 뒤로하고 오색찬란한 밤 분위기를 즐기기 위해 호텔 스카이라운지에 앉아 창밖을 보았다. 멋진 밤 풍경을 즐기는 사람들 사이로, 황푸강의 아름다운 곡선과 오색찬란한 건물의 불빛 사이로 유유히 떠가는 유람선을 보다 스르르 잠이 들었다. 꿈에서 고개를 들어 보니 경제학자 로버트 소로우가 미소를 지으며 테라스에 앉아 이렇게 말했다.

"미세먼지 뒤에 가려진 중국의 치명적인 위험과 강물 위를 도도하게 흘러가는 성장의 향기가 동시에 느껴지는군요."

로버트 소로우는 1956년 쓴 「경제성장 이론에 대한 기고」라는 논문으로 경제성장 이론을 개척한 공로를 인정받아 1987년 노벨 경제학상을 탔다. 30년 전에 발표한 논문으로 그제야 노벨상을 받게 된 이유가 뭐라고 생각하는지 묻자 그는 이렇게 대답했다.

"글쎄요. 아마 제 글씨가 엉망이라 글씨를 알아보는 데 오랜 시간이 걸렸을 겁니다."

소로우는 소비가 경제발전의 초석이라고 보기보다는 오히려 소득 수준을 아래로 끌어내릴 수 있는 요인으로 보았다. 소비보다는 저축을 늘려 자본을 축적하는 것이 경제성장을 위해 중요하다고 본 것이다. 엔데믹 시대 국제유가와 원자재 가격 상승이 세계경제를 다른 방향으로 괴롭히고 있다. 소로우의 주장은 생산성 향상에 방점을 두고 공급 측면에 집중된 감이 있어 스태그플레이션 현상을 극복하는 데는 나름대로 의미가 있다. 소로우의 경제성장 이야기를 현대적 관점에서 어떻게 해석해야 할까? 중국경제의 경우 몇 년 전 저축과 투자 과잉이 문제였다. 이에 대한 시사점은 없었을까?

저축과 투자를 너무 많이 해도 문제?

로버트 소로우는 노동, 자본, 기술혁신이 경제성장을 결정한다고 본다. 그는 노동과 기술 수준이 단기적으로 일정하다면 경제성장은 자본의 증가에 의해 결정된다고 보았다. 중국의 고성장도 개혁개방 정책 실시 후 자본 증가에 의해서 이루어졌다. 중국은 소로우의 경제성장 이론에 충실했다. 지난 30여 년간 중국 경제는 놀라운 성장을 이어왔고 국민은 '잘살아 보세' 하고 저축했다. 저축이 자본이 되어 투자로 이어졌다. 그런데 약발이 다했는지 세계 경기의 둔화와 함께 중국이 투자 과잉으로 몸살을 앓았다. 이자를 갚고 나면 남는 게 없는 기업이 많아졌고 기업 부문의 높은 부채, 부동산 거품 가능성도 위험 요인으로 지적된다. 하긴 30여 년간 달렸으니 피로도 겹쳤을 것이다.

중국 정부는 '이제는 과잉 저축과 과잉 투자에 의한 중국 경제성장 모델을 대전환하자'며 경제를 수술대에 올려놨다. 환부를 도려내고 새살을 돋게 하려는 의도다. 2015년부터 중국에서는 과잉 투자된 부문의 구조조정이 화두였다. 그렇다면 자본의 중요성을 강조한 소로우의 경제성장 이론을 이제는 버려야 하는 걸까? 그렇지 않다. 전 세계적으로 노동생산성이 감소하는 주된 원인 중 하나가 투자 감소 때문이다. 중국의 경우 이와 반대로 투자과잉이 원인이기 때문에 자본 증가로 경제를 성장시키는 데 한계가 있다는 것이다. 소로우 역시 어느 정도 성숙된 경제에서는 자본의 축적만으로는 성장에 한계가 있음을 인정하고 기술진보가 빠를수록 경제성장이 꾸준할 수 있다고 보았다.

그는 노동 규모를 결정하는 인구의 중요성도 간과하지 않았다. 과거 중국 경제의 고속 성장 비결을 단지 국민의 저축에 의한 자본 투입과 농촌에서 도시로 유입된 농민공의 값싼 노동력으로만 한정 짓기는 어렵다. 그렇다면 노동력과 자본력의 투입 증대 외에 경제성장률은 어떻게 제고될까? 총요소생산성 증대에 의해서다. 총요소생산성은 좁은 의미에서는 기술진보에 의한 생산성 증대를 말하지만, 넓게는 기술의 발전을 넘어 경영혁신, 노사 관계의 개선, 기계설비의 개선, 노동력의 질적 개선을 포괄한다.

덩샤오핑의 실용적인 개혁이 시작된 후 중국의 총요소생산성은 매년 평균 4%가량 증가했다. 1978년에서 1994년까지 중국 GDP가 연평균 9.9% 성장하는 동안, 보수적으로 잡아도 총요소생산성은 3% 이상 상승한 것으로 추정된다. 일본이 호황기일 때도 이 정도의 총요소생산성을 기록하지는 못했다. 중국에서 총요소생산성이 GDP 성장에 기여한 정도는 35~40%로, 눈부시게 빠른 경제성장을 이뤄 소위 '동아시아의 네 마리 호랑이'라고 불리는 홍콩, 싱가포르, 한국, 대만 경제의 20~30%보다 높았다. 이 4개국은 노동이나 자본의 양에 의존하는 요소투입형 모델을 썼다는 공통점이 있다. 기술혁신형인 미국의 80%와 비교하면 크게 낮지만 중국을 요소투입형 경제성장 모델로 보는 것은 옳지 못하다. 미국 GDP가 연 2~3% 성장하는 동안 중국이 두 자릿수로 성장했음을 생각해 보면 중국이 생산요소 투입에만 의존했다고 주장하는 것은 분명히 오류다. 우리나라의 한 민간연구소도 중국의 연평균 총요소생산성 증가율이 한국보다 1%p 이상 높다고 보았다. 중국경제가 과거와 같은 고성장을 하지는 못하지만 비관할 만한 이유가 없다고 보는 시각은 혁신으로 대별되는 총요소생산성 증가를 근거로 한다.

요소 투입형 경제발전의 한계

여전히 가난한 나라도 저축하고 자본을 축적하면 부자 나라를 따라잡을 수 있다고 소로우가 말한다고 하자. 그러면 누군가 "귀신 씻나락 까먹는 소리 한다"고 소리를 버럭 지를 것 같다. 그 누군가는 "UN이 최빈국 개념을 1971년 도입한 이래 가난한 나라는 여전히 가난한 나라로 남아 있다"며 다그칠 수도 있다. 일단 마음을 조용히 가라앉히고 소로우의 변론을 들어보자.

노동자 개개인이 자본을 많이 축적할수록 생산성이 올라가 1인당 국민소득이 올라간다는 것이 소로우의 주장이다. 그는 저축과 투자에 열정적인 나라가 부자 나라로 가는 길을 걷고 있다고 믿는다. 그에게서 절약해 저축하는 것이 미덕이라는 '고전경제학의 향기'가 난다. 소로우는 근로자들이 기계나 장비 같은 자본재를 많이 갖출수록 생산성이 증가하지만, 일정한 수준을 넘어서면 생산성 향상에도 한계가 있다는 것을 인식했다. 맨손으로 나무를 자르던 사람에게 톱 한 자루가 생기면 생산성이 엄청나게 늘어나게 된다. 이에 고무된 사람이 톱을 여러 개로 늘려 번갈아가며 사용한다고 해도 처음에 톱 한 자루를 가졌을 때만큼 생산성이 증가하지는 못한다. 한정된 시간과 육체의 피로를 고려하면 당연한 일이다. 여러 사람이 도와준다거나 성능이 더 좋은 전기톱이 개발된다면 이야기는 달라지겠지만, 한 사람이 가지는 톱의 수가 증가해도 그에 비례해서 생산성이 증가하는 것은 아니다. 이를 경제학에서는 '한계생산성 체감의 법칙'이라고 한다.

일반적으로 자본이 부족한 가난한 나라의 한계생산성은 상대적으로 높고, 자본이 풍부한 부자 나라의 한계생산성은 상대적으로 낮다. 이 경우 자본의 완전한 이동이 가능해 선진국 자본이 더 높은 생산성을 찾아 후진국으로 이동해서 후진국과 선진국 사이의 경제력 격차는 해소된다는 것이 소로우의 주장이다. 그는 경제성장의 절대수렴을 믿고, 후발주자도 선발주자를 뒤따를 수 있다는 '인간의 땀이 만들어내는 낙관적 과실의 향기'를 진실로 받아들였다.

그런데 이 논리가 요즘은 잘 들어맞지 않게 되어 소로우 이론의 한계로 지적될 수 있다. 이전에는 중국의 경제성장으로 중국에 의존하는 나라의 제조업이 발달했다. 신흥국의 도시화가 가속화되어 농촌의 유휴 인력을 충분히 흡수할 수 있는 여건도 조성되었다. 하지만 기술 발전으로 인해 점차 제조업의 고용자 수가 줄어들고 있고, 설상가상 하이테크 산업의 발전으로 그런 경향은 더욱 가속화되고 있다. 세계은행은 과거와 달리 개발도상국이 제조업으로 고속

성장해 선진국을 따라잡기가 더욱 어려워질 거라고 주장한다. 중국을 제외한 신흥국이 미국의 1인당 국민소득 수준을 따라잡는 데 필요한 기간이 얼마나 될지 세기도 어렵게 되었다. 선진국의 규모의 경제나 신기술이나 지식에 의한 비용 감소 효과도 고려 요인이다. 선진국과 후발국 간의 기술 격차가 증가하는 가운데 후발국은 총요소생산성 향상을 위해 생사를 걸어야 한다. 꿈에서 소로우가 마지막 말을 남기고 사라졌다.

"저에 대한 오해도 있는 것 같아요. 무엇을 가졌느냐보다 그것으로 뭘 하느냐가 중요합니다. 지식이 부와 생산성과 경쟁력을 좌우합니다. 노동력과 자본설비의 확충이 20%의 효과가 있다면, 노동인구의 교육 수준이 30%, 기술혁신과 노하우 증가는 50%랄까요. 보이지 않는 측면이 80%나 되니 중요하죠."

소로우가 사라진 자리에 노벨 경제학상 수상자인 폴 크루그먼이 나타났다. 크루그먼은 자본 같은 요소 투입에 의한 경제성장은 단기적인 효과를 가져올 뿐이라면서 아시아의 경제성장을 신랄하게 비판한 학자다. 그는 한국, 대만, 홍콩, 싱가포르, 이른바 '아시아의 네 마리 용'이 승승장구하던 1990년대 초반 「아시아 경제 기적의 신화」라는 논문에서 "잔치는 곧 끝난다"며 아시아의 정부 주도 성장모델에 찬물을 끼얹었다. 자본이나 노동의 양에 집중하는 요소 투입형 경제성장이 한계에 다다르면 경제가 곧 침체된다는 것이다.

당시 우리나라는 세계적으로 유례가 없는 높은 수준의 저축과 투자를 이룬 국가였으며 노동력도 폭발적인 증가세를 보였다. 1960년대 초반에는 대부분의 노동력이 농업에 종사했고 농촌의 생산성이 제로에 가까웠기 때문에 전체 노동력의 40~50%가 실질적인 실업 상태에 있었다. 그러던 것이 1990년대 들어 실업률이 2.5%로 완전 고용에 가까워지자 노동력 투입도 더 이상 늘릴 수 없는 상황이 되었다. 1990년대까지 한국 경제성장의 80%는 대량의 요소 투입에 의한 것이었고 생산성 증대를 통한 성장은 20%에 불과했다. 선진국들은 성장의 3분의 2가량을 생산성 증대를 통해 이뤄낸다. 한국도 생산성을 높여 고성장을 이끄는 방향으로 가야 한다는 것이 크루그먼의 주장이었다. 그는 아시아 국가들은 눈부신 경제성장에도 불구하고 생산성 증가 수준은 남미 국가들과 별반 다르지 않다고 지적하면서 1997년 외환위기에 앞서서 경제 위기 가능성을 예견했다.

생산성 증가가 이끄는 경제성장, 지금도 가능할까?

생산성 증가는 요소 투입 외에 탄탄한 과학기술, 양질의 교육, 시민의 신뢰 같은 여러 요인에 의해서 결정된다. 어느 하나 단기적으로 얻어질 수 있는 것이 아니다. 크루그먼이 사라진 자리에 경제성장 하면 떠오르는 인물이 나타나는 상상을 한다. 노벨 경제학상을 탄 폴 로머가 창밖에 아른거렸다. 그는 한국경제에 이렇게 조언한다.

"금리를 낮추거나 정부 재정지출을 늘리는 것만으로는 경제성장에 한계가 있습니다. 한국의 인구 성장이 정체되어 있어 3~4% 경제성장을 이루는 것은 쉬운 일이 아닙니다. 새로운 기술과 혁신을 촉진할 것인지가 관건입니다. 한국의 대학교육 시스템을 개선해 아이디어를 개발하는 등 기술진보에 집중하는 것이 경제성장을 위해 가장 중요한 일입니다. 미국은 유럽식 학문 위주의 대학이 아닌 실용적으로 문제를 해결하는 능력을 키우는 대학을 1860년대부터 만들었습니다. 과거 제약 분야의 세계 최고 강자는 영국과 독일이었지만, MIT를 세우고 화학공학 과정을 신설해 연구한 결과 미국은 이후 영국과 독일을 앞지를 수 있었습니다. 공학 분야에 국가보조금을 집중시켜 기존의 선진 기술을 응용하고 발전시키는 전략이 한국에도 유효할 것입니다."

로머의 신성장 이론은, 전통적 경제 이론이 관심을 둔 기계, 토지 같은 유형의 자원은 시간이 지날수록 줄어들기 때문에 끊임없는 발명과 기술개발로 가치를 창조해야 한다고 요약된다. 민간 기업은 아이디어를 개발하고 제품화하여 그 대가를 시장에서 받는다. 그렇다면 당장 제품화할 수 없거나 이익으로 연결되지 않는 아이디어는 사장되어야 할까? 로머는 대학을 통해 아이디어를 개발하고 결과를 사회적으로 공유해 효용을 키우자고 주장한다. 이를 위해 정부보조금의 역할이 무엇보다 중요하다고 보았다. 로머는 정부가 가이드라인을 정하기보다 기업 스스로 경쟁해 기술을 개발하는 것을 중시한다. 또한 노동자의 숙련된 기술 향상과 새로운 산업으로의 노동 인력 재편, 효율적인 도시개발 정책을 통한 경제성장을 강조한다. 그는 한 · 중 · 일의 성장을 추격성장으로 단정하면서 그 한계를 지적했다. 아울러 새로운 기술 발전의 선도자가 되어야만 성장의 지속성이 담보된다고 보았다. 로머는 소로우가 자신이 개발한 경제모형에 기술진보를 포함시키지 못한 것을 해결했다. 기술진보를 경제모형에 포함시켜서 경제성장론을 펼친 점에서 로머의 모형은 진일보했다는 평가를 받는다.

1987년 소로우는 한 기고문에서 "컴퓨터 시대는 도처에서 확인되는데, 생산성 통계에서만은 그러하지 못하다"라고 말했다. '생산성 역설'이라고 불리는 이 현상은 사실일까? 1990년대에 기업들은 정보통신기술에 많은 투자를 했지만 산업혁명이 가져다준 성과만큼 혁신적인 결과물이 나타나지는 않았다. 정보통신기술에 많은 투자를 해도 질 낮은 설계와 부족한 관리로 생산성 증가를 유도하지 못할 수 있다. 시차로 생산성 향상이 늦게 나타날 수도 있다.

다른 요인은 없을까? 기업이 정보통신기술 시스템을 광범위하게 도입하면 불안해하는 내부 직원이 있기 마련이다. 효율성을 증진하기 위해서는 조직 내 인간관계를 고려해야 하며 그렇지 않으면 내부 직원의 반발에 직면할 수도 있다. 관리자들은 컴퓨터 중앙집중관리 시스템이 자신들의 업무 재량을 박탈할지도 모른다는 엔지니어들의 우려를 소통과 협업으로 해소할 수 있어야 한다. 결국 정보통신기술을 통해 나타나는 생산성 향상은 당연한 것도, 당장 나타나는 것도 아니다. 신기술을 도입하는 것으로 당연히 생산성이 증가되는 것이 아니라 기업 내부의 철학, 문화, 보상 구조, 경영자 능력, 리더십, 지식 수준과 같은 요인들이 영향을 미친다.

이제는 컴퓨터를 비롯한 정보통신기술이 생산성 향상에 크게 기여했다는 데 많은 경제학자들이 동의하는 편이다. 산업혁명의 시작을 알린 증기기관(1850~1910), 로봇(1993~2007), 정보통신기술(1995~2005)이 노동생산성 증가에 미친 연평균 기여율은 정보통신기술(0.6%p)〉로봇(0.36%p)〉증기기관(0.34%p) 순이었다. 제4차 산업혁명시대를 앞두고 정보통신기술이 생산성에 기여하는지 아닌지보다 정보통신기술이 얼마나 생산성 향상에 많이 기여하느냐에 시선이 쏠린다. R&D 투자를 얼마나 효과적으로 활용하는지도 중요하지만 기술의 확산을 저해하는 요인을 찾는 것도 무엇보다 중요하다.

저성장에 신음하는 우리에게 가장 큰 동력은 로버트 소로우와 폴 로머의 기술과 지식에 대한 욕망, 그리고 그에 기초한 혁신적인 열정이 아닐까? 그게 요즘 화두가 되고 있는 산업개혁의 정신이다. 정보통신기술과 제조업, 서비스업이 서로 잘 연결되어 고부가가치 산업을 제대로 만들어내야 한다. 그렇게 향상된 생산성이 임금 상승으로 이어지고 임금 상승이 세계 수요를 견인해야 함은 물론이다. 그래서 공급 측면의 생산성 향상과 수요를 이끄는 포용적 성장이 제대로 연계되어야 성장의 지속성이 담보된다.

Elinor Ostrom

엘리너 오스트롬의 '공유지의 딜레마'

인터넷은 모두에게 무료로 열린 공간일까

미국의 정치학자다. 여성으로선 최초로 2009년 노벨 경제학상을 수상했다. 공공선택 이론을 행정학에 접목해 개인의 합리적 선택이 공공 이익에 악영향을 끼친다는 '공유지(공공재)의 비극' 현상을 공동체를 통해 해소할 수 있다는 이론을 제시했다. 아프리카 주민의 목초지 관리와 네팔 서부 당(Dang) 지역에서의 관개 시스템 관리 연구를 수행했다. 일부 시도들은 성공을 거두지 못했으나, 천연자원을 관리하고 생태계 붕괴를 막기 위한 다양한 제도적 시도들을 사회가 어떻게 개발할 수 있는지에 대한 진지한 고민을 계속했다. 인간과 생태계 간에 발생하는 무임승차 문제를 국가 또는 시장만이 해결할 수 있다는 접근법에 반대하고, 주민자치를 통해 공유자원 문제를 해결할 수 있다고 강조했다.

'공유지의 비극'을 막는 방법

'저 하늘 흰 구름, 양들이 모여서 조용히 떼 지어 몰려다니네.' 목동들이 콧노래를 부르는 하늘 아래 마을 사람들이 함께 공유하는 목초지가 있었다. 처음에 사람들은 양 떼를 방목해 기르면서 문제없이 먹고 살았다. 어느 날 한 사람이 욕심을 내어 더 많은 양을 들여와 풀을 뜯게 했다. 그러자 다른 사람들도 앞을 다퉈 양을 더 데려왔다. 다들 더 많은 양을 방목해 풀을 마음껏 뜯어 먹게 하자 목초지는 황폐해졌고 주민들은 풀 한 포기 없는 목초지를 바라보며 눈물을 흘렸다.

'공유지의 비극'이라고 불리는 이 현상은 1833년 영국의 경제학자 윌리엄 포스터 로이드(William Forster Lloyd)가 소개한 이론으로, 미국 캘리포니아 대학의 생물학자 개릿 하딘(Garrett Hardin)이 1968년 《사이언스》에 소개하면서 널리 알려지게 되었다. 하딘의 논문은 경제학자들에게 상당한 화두를 던졌다. 자기 양에게 더 많은 풀을 먹이려는 개인의 욕심과, 공생하기 위해서는 목초지를 보존해야 한다고 믿는 세력 간의 충돌과 같은 상황은 공공재(공유자원) 부문에서 흔히 일어난다. 공공재는 특정인에게 소유권이 없어 구성원 누군가가 이용하는 것을 배제할 수 없기에 무임승차 문제가 발생한다. 지하자원, 공기, 물 같은 공공재를 시장경제에 맡겨놓으면 사람의 이기심 때문에 공공재 생산과 소비는 비효율을 초래하고 좋지 못한 결과가 발생한다는 것이 공유지의 비극의 결론이다.

재원 없는 복지 공약 문제도 나라 곳간을 축내는 공유지의 비극의 예로 심심치 않게 설명된다. 사람들은 세금은 내기 싫어하면서 세금으로 만드는 도로, 의료, 치안 같은 공공재의 혜택은 최대로 누리고 싶어 한다. 세금은 안 내고 무임승차하면서 혜택은 받고 싶은 사람이 많을 때 사회 갈등이 일어나기 쉽다. 공유지의 비극을 막는 방법은 없을까? 영국에서 일어났던 '인클로저 운동(Enclosure Movement)'처럼 공유지를 몰수해 주민들에게 분할하여 사적 재산권을 부여할 수도 있다. 국가가 몰수해 관리를 맡는 방법도 있다.

그런데 이러한 방법에 찬성표를 던지지 않은 여성이 있었다. 2009년 여성 최초로 노벨 경제학상을 받은 엘리너 오스트롬 인디애나 대학 정치학과 교수다. 그녀는 시장이나 정부가 아닌 지역 주민이나 공동체가 공유재산을 맡아야 효율적인 관리가 가능하고 자원 고갈도 막을 수 있으며, 시장 만능의 위험을 피하고 정부의 비효율적 통제도 예방할 수 있다고 주장했다. 오스트롬은 어디에서 영감을 받았을까? 그녀는 남획 때문에 바닷가재를 더 이상 잡지 못할 위기에 처한 미국 메인주 연안의 어부들을 관찰했다. 어부들이 통발을 놓는 규칙과 순서에 대한 자치 규율을 만들어 어장을 유지한 사례는 그녀를 매료시켰다.

그녀의 '자치 이론'이 현실 세계에서 가능하려면 어떤 조건이 부합되어야 하나? 우선 공동체 구성원들의 관계가 틀어져서는 안 될 것이다. 서로가 공생한다고 인식하면서 자율 제도를 만들어 지키자는 신뢰가 있어야 한다. 누군가는 마을 주민들 간의 감시와 견제의 눈을 강조할 수도 있겠다. 오스트롬은 공유지의 비극 문제를 해결하기 위해서 처벌이나 공적 제재보다는 공동 사용자들의 공동체 의식을 강화하는 것을 더 중요하게 여겼다. 구성원 공통의 복리증진을 도모하는 우리나라의 '영농법인'이나 '어촌계' 같은 조직을 보면 오스트롬의 철학을 존중하는 향기가 느껴진다.

사실 공동체적인 문제 해결 방식은 말처럼 쉽지 않다. 대부분의 마을 공동체는 자치 능력이 부족하다. 오스트롬도 스리랑카의 관개개발 사업을 통해 자치 능력 결핍의 원인을 분석한 바 있다. 한 마을에 물을 대는 관개시설을 만든다고 하자. 합의를 이루는 과정에서 서로 의견이 엇갈리는 농부들이 많을 수 있다. 농부들은 가난하고, 관개사업의 중요성에 대한 인식도 없고, 자신의 농토에 대한 애정도 넘치지 않을 수 있다. 공동체 구성원 간 인종적, 문화적 이질성이 있을 수도 있다. 마을 지도자가 부패해 사적 이익을 취할 수 있고 주민들을 이간질시킬 수도 있다. 농지구역이 명확한 경계를 가져야 하고 규약 위반 시 감시나 처벌도 가능해야 한다. 공동체 규약을 만드는 과정에는 주민의 민주적인 참여도 이뤄져야 한다.

오스트롬이 제안한 방법이 나라에 따라 좋은 결과를 가져올 수도, 그렇지도 않을 수도 있는 것은 각 나라의 문화가 다르기 때문이다. 작은 마을에 관개시설 하나 설치하는 데도 합의를 이루기가 쉽지 않은데 하물며 지구적 문제는 어떨까? 지구환경이라는 공공재를 오스트롬의 주장처럼 마을 공동체의 자치에 맡겨버려도 될지 의문이 든다. 기후라는 공유자원의 이용과 관리에 대한 제도의 예로 탄소배출권 문제를 들어보자. 오스트롬은 공유자원 문제를 해결하기 위해 '사회적 자본'인 '신뢰'의 중요성을 무엇보다 중시한다. 이산화탄소 배출권 문제의 이행을 담보하기 위해서는 개별 국가의 이익이 단기적으로 줄어들 위험에도 불구하고 지구 공동체의 장기적 이익을 지키기 위해 행동할 것이란 믿음이 국제사회에 퍼져 있어야 한다. 다행히 전 지구적으로 2050년 탄소중립에 수렴하여 기후변화에 대응하는 글로벌 거버넌스를 갖추고 있다.

2030년이 되면 전 세계 인구의 80%가 인터넷을 이용하게 될 거라고 한다. 그래서 누군가는 인터넷을 공유지로 비유한다. 우리에게 인터넷 세상은 공유지의 희극일까, 비극일까? 인터넷은 도입 초기 공유와 개방이 핵심이었다. 우리는 지금 인터넷이라는 디지털 공유지에 어떤 디지털 꽃과 나무를 심고 있나? 2001년부터 개인들이 소유한 지식을 인터넷으로 공유하기 시작한 위키피디아는 최고의 백과사전이었던 브리태니커를 넘어 가장 영향력 있는 백과사전이 되었다. 세계적으로 '전자 도서관', '북카페', '공공 데이터 포털'이 우리의 가슴을 따뜻하게 하는 디지털 나무가 되어 인터넷 세상에서 무럭무럭 자라고 있다. 오스트롬이 이들 사례를 보면 공유지의 비극이 느껴지지 않아 기뻐할 것이다.

시야를 조금 넓혀 2015년 등장한 '공유경제'로 화제를 돌려보자. 공유경제란 2008년 하버드 대학의 로런스 레시그(Lawrence Lessig) 교수가 처음 사용한 용어로 '개인이 소유하고 있으나 활용하지 않는 물건, 지식, 경험, 시간과 같은 유무형의 자원을 교환, 대여하여 거래 참가자들이 서로 이익을 얻는 경제활동 방식'이다. 스마트폰 보급 이후 세상은 공유경제의 폭발적인 성장을 예상했다. 자신의 집을 숙소로 공유하는 에어비앤비(Airbnb), 차량 공유 서비스 우버(Uber)가 대표적인 공유경제 회사로 회자되었다.

그런데 정말 이런 인터넷 IT 기업이 '공유지의 비극'을 대신하여 '공유지의 희극'을 만드는 '나눔과 배려'의 기업인지에 대해서는 평가가 엇갈렸다. 일단 자신에게 남는 물건이나 서비스를 다른 사람과 공유하는 것이 생계에는 보탬이 될 듯했다. 저성장으로 신음하는 자본주의의 대안으로 공유경제가 부상하는 측면도 그럴듯했다. 공동체와 협동하고 협업하면서 소비를 공유하는 소비자협동조합 같은 정신으로 소비자 후생이 증대된다면 얼마나 좋을까? 카풀의 정신은 이용자의 어려운 살림살이에도 도움을 주고 에너지 낭비를 방지하는 데도 기여한다. 사적 재화를 소유하고자 하는 시장의 교환가치가 협력적 공유사회의 교환가치로 대체되고 있는 것은 유럽 사회에서 많이 볼 수 있다.

그런데 좋은 면만 있는 것은 아니다. 공유경제의 발달로 노동자의 임금, 노동의 질이 낮아질 가능성이 높아졌다. 공유경제의 과실이 오프라인과 온라인을 연계하는 플랫폼 비즈니스 기업의 배만 불릴 가능성도 제기되었다. 에어비앤비가 국내에 진출한 후 집을 대여한 국내 가정집이 숙박업 신고 의무 위반으로 벌금 선고를 받기도 했다. 우버는 택시의 공급 증가로 요금 인하를 유도하려 했지만 기존 택시회사의 파산과 저임금 일자리 문제를 사회적으로 발생시키기도 했다. 공유경제의 폐단에 주의해야 하는 이유가 그래서 생겼다. 제대로 된 임금과 일자리 보장으로 공유경제가 공유지의 비극으로 가지 않아야 한다.

인터넷 이용 시에도 혼잡비용을 내야 할까?

남산터널을 지나는 운전자들은 혼잡 통행료를 내야 한다. 교통이 혼잡한 지역에 위치한 시설이나 많은 교통량을 유발하는 시설을 소유한 기업도 해마다 정부에 교통유발 부담금을 내야 한다. 인터넷에 과도한 트래픽을 유도하는 경우에도 혼잡 비용을 내야 할까? 낸다면 누가 내야 할까? 2016년 2월 페이스북은 통신 인프라가 부족한 인도에서 인도 통신 사업자 릴라이언스 커뮤니케이션즈(Reliance Communications)와 손잡고 무료 인터넷 접속 서비스 프로그램 프리베이식스(Free Basics)를 제공하고자 했다.

무료로 서비스를 제공해준다는데 좋은 것 아닌가? 문제는 페이스북이 자신들이 제공하는 콘텐츠에 다른 인터넷 서비스보다 질과 속도 면에서 우월한 혜택을 준다는 데 있었다. 전문용어로 페이스북은 '망 중립성(網中立性, Net Neutrality)'의 원칙'을 위배했다. 망 중립성은 모든 네트워크 사업자와 정부는 인터넷에 존재하는 모든 데이터를 동등하게 취급하고, 사용자, 내용, 플랫폼, 장비, 전송 방식에 따른 어떠한 차별도 하지 않아야 한다는 뜻이다. 인터넷에는 다양한 참여자가 있다. ISP(인터넷 서비스 제공자)와 CP(콘텐츠 제공자), 이용자로 크게 구분하기도 한다. SK브로드밴드처럼 '망 사업자'로 불리기도 하는 ISP는 네트워크에 접속 가능하도록 물리적인 연결을 제공하는 역할을 맡는다. CP는 네트워크를 통해 접속한 인터넷상에서 우리가 소비하는 서비스(콘텐츠)를 제공한다. 넷플릭스 외에 네이버, 카카오 같은 기업도 여기에 해당한다. 통신망을 제공하는 사업자(SK텔레콤, KT, LG유플러스)는 모든 콘텐츠가 차별 없이 고객에게 공유되도록 하는 의무인 망 중립성의 원칙을 진다. 이 원칙에 따르면 카카오톡이든 페이스북이든 콘텐츠를 제공함에 있어서 통신업자로부터 부당한 차별을 받아서는 안 된다. 카카오톡을 이용하는 소비자나 페이스북을 이용하는 소비자나 망 이용에 있어서 같은 대우를 받아야 한다.

2016년 구글은 미국 내 가입자 점유율 3위 이동통신사인 티모바일(T Mobile)이 자사 플랫폼 유튜브의 트래픽 전송에 간섭했다고 주장했다. 한 데이터 분석기관에 따르면 유튜브는 미국 내 무선통신 트래픽의 5분의 1을 유발한다. 구글은 티모바일이 고의적으로 유튜브 트래픽을 제한하고 있다고 보고 망 중립성의 원칙에 위반된다고 강변했다. 사실 통신업자 입장에서는 트래픽을 많이 발생시키는 콘텐츠업자가 좋아 보이지 않는다. 망 중립성의 논리 뒤에는 어떤 원리가 존재할까? 바로 공유지의 비극이다. 누군가 통신망 사용 비용과 관련하여 무임 승차자가 있다고 주장하면서 서로 책임을 전가하는 논란이 지금 발생하고 있다. 동영상 스트리밍 업체들이 통신사들을 압박하는 발언을 들어보자.

"우리는 대형 인터넷 서비스 제공자가 망 중립성을 받아들이길 바랍니다. 이동통신사는 자신들의 이익을 위해서 임의적으로 특정 콘텐츠 회사나 콘텐츠를 이용하는 소비자에게 더 나은 속도를 제공하거나 혹은 반대로 속도와 접근성을 떨어뜨리는 행위를 해서는 안 됩니다. 인터넷은 소수의 전유물이 아니라 누구에게나 '열린 공간'이 되어야 합니다. 인류의 보편적 가치 중 하나가 '평등'입니다. 왜 우리의 콘텐츠 제공이 통신업자의 이익을 이유로 차별을 받아야 합니까?"

망 중립성을 중심으로 한 논쟁

그런데 왜 통신사는 콘텐츠업자의 발언을 비판할까? 그들은 인터넷망도 공유지의 성격을 갖고 있다고 본다. 콘텐츠 업체들은 소비자들을 끌어모으기 위해 인터넷 망에 매력적인 서비스를 제공하고 소비자들은 이 서비스를 이용하기 위해 몰려든다. 결국 트래픽이 폭증하게 되고 한계를 넘어서게 되면 서버 과부하의 문제로 모두가 인터넷 망을 사용하지 못하는 상황이 올 수도 있다. 공유지가 황폐화되는 것이다.

인터넷 초기에는 트래픽을 많이 일으키는 서비스도, 이용자도 많지 않았다. 하지만 요즘은 상황이 달라졌다. 망 서비스 이용자가 크게 늘어났고 동영상 스트리밍이나 인터넷 전화처럼 트래픽을 많이 유발하는 서비스도 제공되다 보니 트래픽에 대한 망 부담이 늘었다. 통신사 입장에서는 늘어난 트래픽을 고속으로 처리하기 위해 망 시설을 확충하는 데 지속적으로 돈을 들이니 트래픽 유발의 주범인 콘텐츠 업체가 곱게 보일 리 없다. 자신들이 설치한 망에 콘텐츠 업체들이 무임승차한다고 생각하니 화가 치미는 것이다.

이동통신사들은 '이용자 부담 원칙'에 따라 콘텐츠 업체들도 망 시설 확충에 대한 비용을 일정량 부담해야 한다고 주장한다. 콘텐츠 업체들은 그런 것은 통신업자가 해결할 문제라며 비용을 지불할 이유가 전혀 없다고 생각한다. 콘텐츠 업체는 소비자들이 통신 요금을 내고 있는데 콘텐츠 업체들에게 비용을 전가하는 것은 통신사가 너무 이기적인 것이라고 말한다. 그들은 소비자들은 단순히 망에 접속하기 위해 통신 요금을 지불하는 것이 아니라 통신망에 접속해 콘텐츠를 즐기기 위해 통신 요금을 낸다고 주장한다. 정부 역시 산업적으로 중요성이 커지고 있는 콘텐츠 시장에 부담을 주어 활력을 잃게 해서는 안 된다고 강조한다.

과거 사례를 끌어와 보자. 카카오톡의 모바일 인터넷 전화 서비스인 '보이스톡'은 유용한 서비스다. 와이파이만 되면 해외에서도 가족이나 친지들과 무료로 서비스를 즐길 수 있다. 하지만 보이스톡의 국내 서비스 개시를 놓고 이동통신사들은 보이스톡이 너무 많은 트래픽을 유발할 수 있다고 반대했다. 소비자들은 통신사들이 보이스톡 서비스를 반대하는 이유가 트래픽 부담이 아니라 자사 통화 서비스를 보호하기 위해서라며 통신사들을 비난했다. 정부는 '통신망의 합리적 관리 및 이용에 관한 기준'을 발표했으나 강제 조항을 만들거나 구체적인 단속 조치를 하지는 않았다. 트래픽 급증으로 망에 과부하가 발생하면 망 제한이 가능한 것으로만 규정했다.

외국은 어떨까? 미국 워싱턴 연방항소법원은 이동통신사 버라이존(Verizon)이 연방통신위원회(FCC)를 상대로 제기한 '망 중립성 폐기' 소송에서 버라이존의 손을 들어줬다. 통신사들에게 망 중립성을 강제하는 것은 현재 미국 통신법상 인터넷이 '보편적 통신 서비스'가 아닌 '정보 서비스'로 분류되어 있기 때문에 부당하다는 것이다. 만약 인터넷이 누구에게나 제공되는 보편적 서비스라면 다른 판결이 나왔을 것이다.

결국 2017년 미국 FCC(연방통신위원회)는 통신 회사들의 입장을 반영하여 망 중립성 원칙을 완화했다. 통신 회사들의 초고속인터넷 서비스를 '공공 서비스'가 아닌 '정보 서비스'로 변경함으로써 필요한 경우 망 품질 관리를 위해 트래픽을 제한할 수 있게 한 것이 골자다. 이러한 가운데 반대의 입장이 표명되었다. 2021년 바이든 대통령은 미국경제의 경쟁 촉진을 위해 FCC에 "트럼프 행정부가 폐기한 망 중립성 규칙을 부활하라"고 지시했다. FCC 사무처는 오바마 행정부의 망 중립성 규칙을 기초로 규칙을 제정하고 위원 논의와 표결을 거쳐 통과시키는 과정을 거치는 수순을 밟았다. 망 중립성 규칙이 오바마 정부 시절로 부활할 경우에 AT&T 등 통신사(ISP)

에게 망 중립성을 보장할 법적 의무가 부과되는 것이다. EU 의회는 통신사업자들이 타사 인터넷 서비스와 자사 인터넷 서비스를 차별하지 못하도록 하는 법안을 통과시켰다. 단순히 타사 서비스들끼리 차별하지 않는 수준을 넘어 자사 서비스와의 차별까지 금지하면서 보다 엄격한 수준의 망 중립성을 시행하기로 했다.

통신은 우리 생활에서 없어서는 안 될 필수품이다. 삶의 질을 평가하는 데 통신망에 대한 접근성은 너무나도 중요한 척도가 되었다. 통신은 국가 기간산업인데 관리는 민간 통신업자들이 한다. 민간 회사이기에 수익과 비용에 민감할 수밖에 없다.

망 중립성을 놓고 통신업자와 콘텐츠업자 간의 줄다리기가 이어지고 있고, 그 가운데 소비자가 있다. 망 중립성 문제는 그래서 어느 한쪽으로 결론이 나기가 쉽지 않은 주제다. 이동통신업자들의 주장을 받아들여 천문학적인 수익을 올리는 콘텐츠 업체들이 '트래픽 유발 부담금'을 낸다면 얼마나 내야 하고, 중소 영세업체들은 어떻게 다루어야 하나? 세계 최대 인터넷 동영상 서비스(OTT) 넷플릭스와 국내 초고속인터넷 사업자인 SK브로드밴드가 '망 사용료를 내야 한다'는 주장을 두고 1년 넘게 갈등을 벌였다. 이런 가운데 2021년 법원은 '두 기업이 협의해 결정하라'는 결론을 내렸다. 망 사용료를 내야 한다는 SK브로드밴드 측에 손을 들어준 것이다. 하지만 실제 어느 정도를 내야 할지를 양측 몫으로 남겨둬 두 회사의 신경전은 지속될 것으로 전망된다.

다시 오스트롬으로 돌아가서 망 중립성 문제에 대한 그녀의 입장을 생각해 보자. 그녀는 정부의 개입 대신 망 사용자들의 우호적인 관계 유지, 상호공생적인 관계에 대한 인식, 자율적인 제도의 중요성을 강조할 것이다. 그런데 현실에서는 그게 말처럼 쉬워 보이지 않는다. 통신사, 콘텐츠 업체, 소비자 간 망 중립성의 원칙을 두고 입장이 달라 갈등 관계가 지속되는 것이다. 인터넷 인프라가 전 지구적으로 갖춰지고 있는 상황에서 제대로 된 인터넷 생태계는 무엇보다 중요하다. 우리는 인터넷을 '공유와 개방'의 장으로 만들어야 한다. 누군가 인터넷을 비밀의 정원으로 만들어 독점하려 든다면 그 담벼락을 과감히 허물어버려야 한다. 오픈 소스(Open Source)를 통해 성장한 위키피디아와 차량 주요 기술 특허권을 독점하지 않고 개방한 테슬라가 그래서 너무 예뻐 보인다.

Edmund S. Phelps

에드먼드 펠프스의 풀뿌리 자생적 혁신론

창의력이 국가번영의 열쇠다

미국의 경제학자로 컬럼비아 대학교의 정치경제학 교수다. 거시경제정책의 장단기 효과 사이의 관계에 대한 이해를 넓힌 공로로 2006년 노벨 경제학상을 수상했다. 1960년대 말에 주류 경제학의 견해였던 인플레이션과 실업률 사이의 안정적 역(逆)의 상관관계를 나타내는 필립스 곡선 이론을 반박한 자연실업률(Natural Rate of Unemployment) 이론으로 경제학계에서 큰 호응을 얻었다. 또한 미시경제 이론을 거시경제에 도입해서 '미시적 거시' 모델을 만들었다. 대표적 업적이 '합리적 기대' 모형이다. 비자발적 실업의 이유를 고용주의 '합리적 기대'로 풀어내 주목을 받았다.

개천에서 용 나기 어렵다고?

만약 당신이 미국에 살고 있고, 돈을 벌고자 하는 의지와 능력이 있다면 어떤 목표를 세울까? 누군가는 실리콘 밸리로 가서 기술혁신으로 창업을 하고자 한다. 다른 누군가는 월가로 가서 새로운 금융공학 기법으로 다양한 혁신상품을 만들어 실적을 크게 올리고 싶어 한다. 우스갯소리 하나 하자. 당신이 한국의 시중은행에 가서 돈을 빌리려고 하면 은행은 "집을 담보로 돈을 빌려 주겠습니다"라고 할 것이다. 하지만 실리콘 밸리에 가서 돈을 빌리려고 하면 "당신의 꿈을 말하세요. 그러면 그 꿈을 저희가 사겠습니다"라고 할 것이다. 누군가 그렇게 말해준다면 돈 없는 젊은이는 얼마나 행복할까. 그렇게 해서 성공 신화를 쓴 인물들이 미국에는 많다.

그렇지만 한편에서는 요즈음 아메리칸 드림은 과거의 이야기라고 말하는 이들이 늘고 있다. 가계소득을 기준으로 저소득층, 중산층, 상류층 간의 계층 이동과 최상위 부자로의 계층 이동 가능성을 생각해 보자. 여기서 전자를 결정짓는 것은 교육, 즉 인적자본 육성이고, 후자를 결정짓는 것은 창업과 자본시장에서의 성공이라고 이야기한다. 자본주의 국가에서 최상위 부자로 거듭날 수 있는 가장 확실하고 빠른 길은 기업가로 성공하는 것이다. 그래서 누군가는 "우리는 실리콘 밸리나 월가로 간다"고 자기 꿈을 외친다. 가난한 농부의 아들로 태어나 부자가 된 청년 개츠비(소설 『위대한 개츠비』의 주인공)의 이름을 딴 '위대한 개츠비 곡선'을 생각해 보자. 가난했던 개츠비는 남의 여자가 된 사랑하는 여인을 만나려는 욕심에 '위로 더 위로' 올라가려고만 했다. 그는 부자가 되었지만 그의 말로는 비참하게 끝났다. 현대사회에서도 많은 사람이 개츠비처럼 부를 이루어 계층을 이동하려는 꿈을 꾸지만 소득 불평등이 고착화된 지금 계층 상승은 쉬운 일이 아니다. 소득 불평등이 심화되면 자포자기하고 사회적 갈등도 심해져 사회적 비용은 커지고 경제발전도 저해된다. '노력해도 안 된다'는 무력감에 활력을 잃은 사회에서는 그래서 계층 이동의 사다리를 복원시키려는 노력이 필요하다.

여하간 요즘 사회가 개천에서 용 나기 어려운 시스템이라는 데는 어느 정도 공감대가 형성되어 있다. 위대한 개츠비 곡선에서 X축은 불평등을 나타내는 지니계수이고, Y축은 부모의 소득에 따른 계층 간 소득 탄력성을 나타낸다. 아버지 소득에 따라 자식의 소득이 변화할 수 있는 계층 이동 가능성을 Y축이 표시한다. 2012년 1월 앨런 크루거(Alan Krueger) 전 프린스턴 대학교 교수는 미국의 한 모임에서 경제적 불평등이 심할수록 계층이동이 어렵다고 정리했다. 이게 '위대한 개츠비 곡선'의 효시였다.

중국을 포함한 개발도상국일수록 X값과 Y값이 상대적으로 높고 상단에 위치해 부모 잘 만난 친구가 잘되는 경향을 보여준다. 반대로 유럽 선진국은 이들 값이 작아 상대적으로 부모 소득의 영향을 덜 받는다. 위대한 개츠비 곡선이 중간 정도인 미국을 뜯어보자. 미국의 위대한 개츠비 곡선을 분석해 보면, 미국은 순자산 10억 달러 이상의 갑부 중 자수성가한 사람의 비중이 70% 이상이다. 개인의 노력에 따른 경제적 신분 상승이 미국에서 어려워지고 있다고 하지만 자수성가의 꿈을 저버릴 수는 없는 숫자이다. 각 나라 억만장자의 공통점을 보면 상당수가 창업자거나 금융종사자거나 전문경영인이다. 아메리칸 드림이 사라졌다지만 실리콘 밸리나 월가가 상대적으로 기회의 땅으로 인식되는 이유다.

혹자는 지구상에서 슘페터(Joseph A. Schumpeter)의 창조적 파괴가 그래도 먹혀드는 나라가 미국이라고 말한다. 슘페터는 경제발전의 원동력으로 기업가의 창조적 파괴 행위를 중시했다. 그는 기술혁신으로 기존의 질서를 무너뜨리고 새로운 경제 패러다임을 탄생시키는 과정이 자본주의 발전의 근본이라고 여겼다.

인플레이션하에서 경기침체의 가능성은?

2021년 OECD 장기 재정 전망 보고서에 따르면 우리나라의 1인당 잠재 GDP(국내총생산) 성장률이 2030~2060년에는 0%대로 떨어진다. OECD 최하위권을 기록할 것이란 전망이다. 잠재성장률을 높이기 위한 노력이 절대적으로 필요한 이유이다. 전 세계적인 경기침체의 우려 속에서 혹자는 죽은 슘페터를 관에서라도 끌어오고 싶을지 모르겠다. 침체된 세계경제 탓에 기업가의 야성적 충동이 사라지고 있는 현실에서 역동적인 한국을 그리는 것은 불가능한 꿈일까? 혁신을 정의하는 방법은 저마다 다르다. 그것이 뜻밖의 행운일 수도, 체계화된 오랜 실험의 결과일 수도, 시행착오 끝에 나온 불굴의 의지의 결과일 수도 있다.

혁신은 대중에게 뭔가 새로운 것으로 인식된다. 하늘 아래 새로운 것이 없다고 생각했는지 슘페터는 기존에 존재하던 것의 새로운 조합을 혁신으로 보았다. 하긴 스마트폰도 여러 기술을 조합해 만든 것이다. 슘페터에 의하면 창조적 파괴인 혁신의 영역은 새로운 공급 채널의 발견, 새로운 기술이나 제품의 개발, 새로운 시장개척, 새로운 조직개발 등으로 다양하다. 불평등, 수요 부족, 세계경제 불확실성 증가로 세계가 저성장의 늪에 빠져 있다. 주요국이 마이너스 금리를 비롯한 통화 완화 정책을 중심으로 대응하고 있지만 경제 상황은 좀처럼 나아질 기색을 보이지 않고 있다.

경제가 성숙 단계에 달하면 만성적인 수요 부족으로 기업들은 투자를 회피하고 과잉 저축이 세계경제의 장기침체의 원인이 될 수 있다. 그동안 빚을 지면서 소비를 늘려온 가계가 소비를 줄여 부채를 갚고 저축을 늘려야 하는 데다 주요 선진국들도 금융 위기와 코로나19 후 긴축기조로 전환하면서 소비와 투자가 위축되었고 위축될 가능성이 높다. 기업들은 투자에 관심이 적다.

때문에 사람들은 정책 당국에 공항, 도로, 철도 등 사회간접자본에 대한 과감한 투자를 주문한다. 민간 부문이 만성적인 수요 부진에 빠져 있어 스스로 충분한 고용과 성장률을 달성할 수 없다면 정부가 적극적으로 개입해 인위적인 수요 창출에 나서야 한다는 주장이다. 하지만 많은 선진국이 국가부채의 늪에 빠져 있어 이러한 주장이 이상적으로 들리지는 않는다. 펠프스는 국가가 적극적인 재정의 역할을 통하여 구원투수로 나서서 경제를 살리는 역할을 하는 것은 한계가 있다고 보았다. 펠프스를 따라 잃어버린 역동성을 찾아가는 '혁신 여행'을 해보면 어떨까?

작은 혁신의 결과가 번영을 불러온다

펠프스는 경제성장의 역동성을 되찾을 수 있는 방법에 대해 색다른 시각을 보였다. 현재의 세계경제 상황에는 공급주의 경제학자들의 감세도, 케인즈주의 경제학자들의 복지 지출도 근본적인 해결책이 되지는 못한다고 따끔하게 꼬집는다. 침체를 끝내기 위해서는 '대중의 희망과 꿈의 정신'을 회복시키는 것이 필요하다고 주장한다. '혁신의 꿈'을 대중의 마음속 곳곳에 심어주는 것이 답이라고 말한다.

역사를 거슬러 올라가보자. 서구의 역사는 투쟁의 역사였다. 개인의 힘을 중시하는 근대적 가치관과 국가의 힘을 중시하는 보수적 가치관 사이의 투쟁에서 근대적 가치관이 승기를 잡아 혁신이 일어나고 사회가 발전했다. 펠프스는 번영의 원천이 평범한 개인들의 무수히 많은 '작은 혁신'에 있다고 주장한다. 작은 것이 아름답다고 본 것이다.

작은 혁신을 이해하기 위해서 펠프스의 주장을 좀 더 들어보자.

제임스 와트의 증기기관은 세상을 변화시킨 중대한 발견 가운데서도 열 손가락 안에 꼽힌다. 증기기관이 18세기 산업혁명을 일으켰고, 산업혁명과 과학혁명에 따른 생산성 향상이 19세기 초 놀라운 경제 번영을 불러왔다는 건 정설에 가깝다. 하지만 놀랍게도 펠프스는 이와 좀 다른 견해를 가지고 있다. 제임스 와트의 증기기관이 실제로 경제에 미친 영향이 미미하다는 것이다. 그는 공정(Process) 개선에 따른 생산성 향상이 번영의 핵심 요인일 정도로 크지 않았다고 평가절하했다. 펠프스는 인류 역사상 번영의 화려한 꽃을 피운 시기를 1830년에서 1910년까지로 보고, 해당 국가로 미국, 영국, 프랑스, 독일을 든다. 18세기엔 상상할 수 없었던 높은 생활수준을 평범한 사람들이 누릴 수 있게 된 비결은 뭘까? 재능 있는 개인이 혁신적 아이디어로 무장한 상품이나 서비스를 시장에 내놓으면, 소위 '지식경제' 기반이 구축되고 경제의 활기찬 번영이 가능했다. 번영의 원천이 몇몇 탁월한 혁신이 아니라 대다수 평범한 개인들의 '작은 자생적 혁신'의 지속에 있다는 그의 주장을 들으면서 우리는 지금 어떤 생각을 하게 되나?

상업 자본주의 시대에 혁신은 몇몇 귀족과 부르주아의 전유물이었다. 국가는 부유했지만 대중의 부(富)에는 기여하지 못했고 관심도 없었다. 19세기 초 참정권이 확대되고 민주주의가 뿌리를 내리자 도전과 모험, 혁신을 강조하는 문화가 힘을 얻고 대중의 번영(대번영, Mass Flourishing) 시대가 열렸다. 펠프스는 국가의 번영은 경제적 풍요만을 뜻하지 않으며, 다수의 개인이 도전하고 모험하며 일로부터 만족을 얻고 정당한 보상을 받는 '좋은 삶'을 영위하는 것이라고 했다. 아, 이 얼마나 가슴 벅찬 말인가? 우리는 지금 그런 대번영을 누리고 있나? 일하는 보람과 그로부터의 번영의 기쁨을 진정 누리고 있나? 근대 경제의 혁신은 생산성 증대와 실질 임금 상승을 야기했다. 그것은 대중에게 더 많은 자유를 주었고, 빈곤을 감소시키고, 생활수준을 향상시켰다.

펠프스는 자본과 노동의 증가나 상업과 국가 간 무역이 증가한 결과가 아니라, 작은 혁신의 결과가 번영을 초래했다고 주장한다. 그는 전례없는 번영이 20세기 중반까지 지속됐으나, 오늘날은 수십 년에 걸쳐 약화되고 있다고 아쉬워한다. 1972년에서 2012년 사이 미국의 총요소생산성이 2%대에서 절반 수준인 1%대로 감소하고 전 세계적으로 잠재성장률이 저하되어 문제가 되고 있다고 한다.

그렇다면 우리는 어떻게 다시 대번영을 이룰 수 있을까? 펠프스는 사회 곳곳에 풀뿌리 혁신(Grassroot Innovation)이 확산되도록 여건을 조성하는 것을 무엇보다 중요하게 본다. 그런데 왜 역동성을 이끄는 자생적 혁신이 저해된 것일까? 펠프스는 근대 경제의 기반이 되는 가치관으로 공동체와 국가를 개인보다 우선시하는 전통적 코포라티즘(Ccorporatism, 협동조합주의)이 부상한 것이 문제라고 주장한다. 그는 공동체와 국가를 개인보다 우선시하고 낙오자들을 선도자들로부터 보호하는 전통적 가치관이 강력해지면서 근대 경제가 전진하지 못하게 됐다고 인식한다. 유럽 대륙에서 1920년대 처음 등장한 코포라티즘은 모험, 도전, 혁신 같은 근대적 가치보다는 안정, 조화, 질서, 연대 같은 전통적 가치를 옹호한다. 코포라티즘은 정부와 기업단체, 노동단체 간 합의를 바탕으로 경제를 운용해야 한다는 입장이다. 개인주의나 돈에 대한 욕망 같은 행태의 확산을 비판하고 대신 약자와 기득권 보호를 내세웠다. 이러한 '사회적 보호' 주장은 보조금에서 복지 부조에 이르는 다양한 정책으로 나타났다.

펠프스는 이를 자생력을 떨어뜨리는 해악으로 보고 국가로 인해, 규제로 인해 경제의 활력이 저해되고 성장의 발이 묶이게 됐다고 역설한다. 양극화가 심해지고 가난한 사람을 위한 사회안전망을 제대로 갖추지 못한 자본주의의 위기 상황에서 누군가는 자유와 활력을 중시하는 펠프스를 조롱할 수도 있겠다.

펠프스가 하는 주장의 근거를 좀 더 들여다보자. 그는 또 다른 노벨 경제학상 수상자인 올리버 윌리엄슨과 달리 기업 규모가 커지면 커질수록 의사결정 구조의 효율성이 떨어져 역동성이 훼손되는 경향이 있다고 여긴다. 또한 대기업의 관료적 의사결정을 싫어한다. 기업이 단기 성과주의와 경영자 그룹에 대한 과도한 보상에 몰두하다 보면 기업경영의 장기적 전망은 어두워지고, 장기 비전 없이 단기 목표에 급급해 표류한다고 주장한다. 그는 돈이 부가가치를 생산하지 않는 비생산적인 곳으로 들어가서 사람들의 창의적이고 혁신적인 생각을 좀먹는다고 생각했다. 중요한 것은 우리가 창의적인 풀뿌리 혁신 시스템을 바르게 인지하고, 이를 존중하고, 노동의 결과를 제대로 보상받는 것이다.

펠프스는 인센티브가 덩치 큰 고래도 춤추게 만든다고 보았다.

나아가 개척 정신으로 대변되던 미국의 경제적 역동성은 코포라티즘이 강조하는 가치들이 도입되면서 '의존성'에 대체되어 힘을 잃었다고 여겼다. 국가가 개입하여 규제를 통해 기득권을 보호함으로써 정치인, 관료, 이익집단의 3각 규제의 철옹성이 공고해졌다고 판단한 것이다.

이쯤에서 펠프스의 정의관을 한번 살펴보자. 그는 일자리 문제와 좋은 삶에 대해 많은 생각을 한 경제학자다. 아리스토텔레스와 그의 후예들이 논의해온 '좋은 삶의 향기'를 평생 동안 동경했다. '정의로운 경제의 향기란 무엇인가'를 늘 생각하면서 경제가 돈과 이익의 문제라는 편견을 과감히 거부하기도 했다. 펠프스는 사회적 약자를 존중한 존 롤즈(John Rawls)의 『정의론』을 사랑하면서 다수의 이익의 합이 크다고 해서 소수에게 희생을 강요할 수 없다고 주장한 참 인물이다. 그는 '사회의 소득은 어떻게 분배되어야 하는가'를 늘 생각하며, 번영으로 이끄는 '좋은 삶'을 위해선 분배 역시 정의로워야 한다고 주장했다.

그런데 왜 그는 코포라티즘적 분배를 보기 싫은 불의로 규정했을까? 이유는 간단하다. 그에게 최저임금에 보조금을 지급함으로써 극단적인 양극화를 해소하는 분배는 많은 사람들을 경제활동에 참여하게 함으로써 '좋은 삶'으로 이끄는 정의로운 제도이다. 반면 코포라티즘의 영향을 받은 '사회 부조'의 확대는 경제에 참여하지 않는 사람들에게까지 '복지'라는 이름으로 사회적 부를 분배한다고 본 것이다. 결국 코포라티즘적 분배는 수많은 사람들을 경제로부터 이탈시키고 일하지 않는 사람에게까지 혜택을 주어 사회 역동성을 심하게 저해하기에 정의롭지 않다는 것이 그의 생각이다.

중국의 창업 열풍이 말해주는 것

아직까지 펠프스의 주장에 동의하고 싶지 않은 복지론자들이 분명히 있을 것이다. 그가 노벨 경제학상을 탄 인물이라고 해서 그의 이론이 신성불가침한 것은 아니기에 누구든 충분히 이의를 제기할 수 있다. 그의 저서 『중산층이 살아야 나라가 산다』를 읽어보자. 그는 일하는 저임금 근로자에게 생산성에 따라 차별화된 보조금이나 세제 혜택을 지원해야 한다고 강조했다. 우리나라가 도입한 근로장려금(Earned Income Tax Credit)은 그의 이론을 일부 수용한 제도다. 일하는 보람을 앗아가서는 안 되기에 사용자에게는 고용 비용을 줄여주고, 일하는 사람에게는 제대로 된 임금을 제공해 주자는 것이 그의 일관된 사고다.

근로장려금은 사회보험이나 국민기초생활보장제도의 혜택을 받지 못하는 저소득 근로자에게 정부가 생계비 등을 보조해주는 세금 제도이다. 그는 정부가 저임금 근로자에게 영구적으로 임금보조금을 주어 중산층을 육성해야 한다고 주장했다. 일할 기회를 주어 개개인의 참여와 도전정신을 이끌어내면 그들의 삶이 나아지고 결국 국가가 번영한다는 것이 그의 핵심 이론이다. 다보스포럼에서 중국의 리커창 총리는 펠프스를 자기 옆자리에 앉히고 싶어 했다. 시진핑(習近平) 중국 국가주석에 이어 서열 2위인 리커창 총리의 2022년 이후의 항로에 많은 이의 관심이 높다. 그는 중국을 혁신적인 국가로 만들고 싶어 했다. 현재 중국의 젊은이들은 한국이나 일본 젊은이들보다 혁신적인 창업을 꿈꾼다. 인구 대국에 풀뿌리 창업의 정신을 고취시키고 싶은 리커창 총리의 야심은 펠프스의 정신에서 나온 것이다.

공식적으로 발표된 한국의 혁신지수는 상당히 높은 편이다. R&D와 높은 교육열이 한몫하는 것 같다. 하지만 얼마 전까지만 해도 풀뿌리 혁신의 열기는 뜨겁게 느껴지지 않았다. 다행히 요즘은 여러 스타트업들이 성공하며 한국에서도 창업의 열기가 높아지고 있다. 달라진 세상에서 역동성은 자유와 창의에서 나올 수밖에 없다. 집단주의로 인한 역동성 고갈을 극복하는 것이 위기에 빠진 자본주의의 숙제라고 펠프스는 외치고 있다.

"잘 작동하는 자본주의는 번영을 가져온다. 문제를 직시하고 핵심 가치를 되살릴 수 있다면 자본주의는 다시 번영할 것이다."

아이러니하게도 공산주의 국가인 중국의 창업 열풍이 거세다. 리커창 총리는 '대중의 창업, 만인의 혁신'을 말하며 청년들의 창업을 독려했다. 그는 중국에서 제2, 제3의 알리바바(Alibaba)와 텐센트(Tencent), 샤오미(Xiaomi)가 나와 경제를 부흥시켜야 한다고 주장했다.

아이러니하게도 알리바바 마윈 전 회장의 수난은 계속되고 있다. 그는 중국 공산당을 노골적으로 비판했는데, 말을 들어보면 그에게선 펠프스를 닮은 진한 향기가 난다.

> "위대한 혁신가들은 감독(監督)을 두려워하진 않지만, 뒤떨어진 감독은 무서워한다. 기차역을 관리하는 방식으로 공항을 관리할 수 없듯이, 과거와 같은 방식으로 미래를 관리할 수는 없다."

마윈은 중국 금융 당국이 안보와 위험 방지를 이유를 내세워 지나치게 억압적인 정책을 펼치고 있다고 했다. 미중 기술 패권전쟁이 한창인 가운데 마윈에 대한 옥죄기와 창업열풍을 지속하려는 갈등구조 아래서 참 혁신의 의미를 진지하게 고민해 본다. 혁신은 풍요로움의 원천이고 안정성만 추구하는 삶은 전진이 없다.

석학들이 들려주는 주옥같은 가르침

바람이 분다. 꽃잎이 흔들린다. 떨어지지 않으려고 몸부림치는 모습을 보니 애처롭다. 우리네 인생도 꽃잎처럼 만개했다가 언젠가는 시들어버린다. 그게 자연의 이치다. 코로나19 이후로 우리네 삶은 더욱 어수선해졌다. 각국이 취한 국경봉쇄와 수출규제 조치로 글로벌 공급망에 심한 균열이 발생했다. 물류 시스템은 원활하지 않았고 보호무역주의와 자국우선주의의 확산으로 공급망 불안정은 증가했다. 풀린 돈을 거두기 위한 과정에서 금융시장은 불안해졌다. 누군가는 코로나 팬데믹이 끝나더라도 결코 우리가 팬데믹 이전의 세상으로 돌아가지는 못할 것이라고 한다.

엔데믹 초기에는 미국과 유럽의 노동시장에서 진풍경이 벌어졌다. 팬데믹 이후 경기회복의 과정에서 수백만 명의 노동자들이 노동시장에 복귀하기를 거부했다. 누군가는 이를 '대량 퇴직(Great Resignation)' 사태라고 했다. 오랜만의 조선업 호황 속에서 우리 조선업체도 일

손을 구하지 못해 쩔쩔매고 있다. 저마다 복귀하지 않은 사연은 다를 것이다. 누군가는 바이러스 감염을 우려하여 복귀를 거부할 수 있다. 누군가는 실업급여나 지원금 지급의 혜택을 즐길 수도 있다. 많은 사람이 일과 여가의 조화를 꿈꾼다. 삶의 질이 성장보다 중요하다고 여기는 사람들이 늘고 있다.

물론 우리 주위에는 직장을 얻지 못하는 청년들도 있고 단기 일자리에 급급한 노인층도 있다. 젊은이들 중에는 자신의 꿈을 펴보지도 못하고 체념하는 경우도 많은 듯해 안타깝다. 혹자는 세상을 둘러봐도 젊은이들을 수용할 좋은 일자리의 보고를 찾기는 힘들어 보인다고 한다. 대다수의 가계, 기업, 정부가 빚에 허덕여 건전한 사회 · 경제 발전을 저해하고 있는 모습도 안타깝다. 기업이 제대로 된 제품을 생산해서 번창하고, 가계가 건전한 소비 주체로서 돈을 쓰고, 정부가 거둬들인 수입으로 공정한 제도를 만들고 질 좋은 공공 서비스를 제공해야 하는데 순환이 잘되지 않는다. 세상은 노동자 간 임금 격차, 기업 간 힘의 불균형, 국가 간 소득 격차, 나아가 세대 간 갈등으로 기우뚱거리고 있다. 존 케인즈는 돈이 잘 돌아 '고용이 튼튼하고, 중산층이 튼튼하고, 나라가 튼튼한' 이상적인 사회를 꿈꾸었는데 현재의 세상은 그렇지 못하다.

식탁에 앉아 상념에 빠져든다. 언제부턴가 많은 사람이 바이러스로 물들어 무기력해진 세계경제를 바라보며 우리가 죽은 경제학자의 노예가 된 것이 아닌가 하는 회의감을 토로했다. 빚으로 일군

성장신화 속에서 앞날이 불안한 삶을 걱정하는 이들의 이야기는 어느 정도 일리 있게 들린다. 이 책에 실린 26편의 경제 이야기를 통해 세계경제에 대한 임시처방들이 제대로 작동되고 있지 않다는 것을 이해했다. 우리의 조급한 마음 자세가 석학들의 올바른 목소리를 왜곡하는 것은 아닌가 하는 생각도 든다. 식탁으로 대별되는 대중의 삶을 두고 경제학자들은 한목소리로 합창하고 있다. 대중의, 대중에 의한, 대중을 위한 '경세제민'의 본질로 돌아가라고.

세상에는 저마다 다른 식탁이 있다. 누군가의 식탁에는 너무 많은 음식이 놓여 있어 곧 쓰러질 듯 위태롭고, 누군가의 식탁은 텅 비어 있다. 이런 불균형 속에서 우리네 삶은 아름답게 지속될 수 있을까? 식탁 위의 쏠림 현상이 점점 더 심해져 우리 모두의 식탁이 쓰러질 수도 있다고 경고하는 경제학자들의 목소리가 생생히 들린다. 일과 여가의 균형 있는 삶을 이야기한 케인즈의 주장이 『식탁 위의 경제학자들』의 묵직한 조언으로 다시 태어난 느낌이다. 그들이 제시한 '식탁 위의 경제학'은 케인즈와 마찬가지로 사람과 자연이 조화되는 균형 있는 삶의 태도로 요약된다. 이 책과 함께 우리가 살아가면서 지켜야 할 덕목, 우리 앞에 놓인 어려움, 포기해서는 안 될 윤리, 국가를 제대로 세우기 위한 노력, 기술 진보와 혁신에 대한 여러 가지 생각을 정리하는 동안 넘치지도 모자라지도 않는 중용의 원리가 얼마나 중요한지를 되새길 수 있었다. 눈을 감고 석학들이 들려준 주옥같은 가르침들을 되짚어본다.

현실이 각박해질수록 경제학자들의 냉철한 진단과 분석의 울림은 더욱 크게 느껴진다. 그들이 들려주는 진솔한 삶의 향기가 묻어나는 이야기를 통해 잊히고 있는 가치를 되돌아보고, 엔데믹 시대에 더 나은 사회를 일궈나가기 위해, 인류의 번영을 위해 우리가 무엇을 해야 하는지 고민해보는 계기가 되었다.

서로의 입장을 상대편에 서서 조금만 더 이해하려고 든다면 국가 간에도, 세대 간에도, 사람과 사람 사이에도 벌어진 틈을 좁혀 나갈 수 있지 않을까? 더불어 잘사는 세상을 위해 먼저 손을 내밀 용기를 가지고 있는지 조용히 자신에게 물어본다. 존 케인즈처럼 내 손자 세대의 번영의 가능성을 여전히 믿고 싶고 그런 신념이 세상의 모든 땅에서 지켜지기를 응원한다. 바이러스를 이기며 생존한 우리 모두는 장하다. 이제는 비관과 자조를 접고 연대와 협력과 희망의 노래를 마음껏 소리 질러 불러보자.

프롤로그

John M. Keynes, "Economic Possibilities for Our Grandchildren", *Essays in Persuasion, New York*, 1930

1. 행복은 어떻게 측정되는가

Paul A. Samuelson & William D. Nordhaus, *Economics*, McGraw-HillIrwin, 2009(19th Edition)

2. 분열된 사회를 다시 하나로 만들 수 있을까

Abhijit Banerjee & Esther Duflo, 『Good Economics for Hard Times: Better Answers to Our Biggest Problems』 PublicAffairs, 2019

3. 시장은 설계될 수 있다

Alvin E. Roth, *The Redesign of the Matching Market for American Physicians: Some Engineering Aspects of Economic Design*, American Economic Association, 1999

4. 가슴 따뜻한 경제학은 가능하다

Amartya K. Sen, *Development as Freedom,* Oxford University Press, 1999

5. 경제학에 두 마리 토끼는 없다

Tiziano Squartini & Diego Garlaschelli, "Jan Tinbergen's Legacy for Economic Networks: From the Gravity Model to Quantum Statistics", 2013

6. 바이러스의 시대, 생존의 비법은 무엇인가

Paul Romer & Alan M. Garber, "Will Our Economy Die From Coronavirus?", New York Times, 2020

7. 인플레이션은 어디서 시작되었나

Milton Friedman, "Reflections on A Monetary History", *The Cato Journal Vol. 23,* 2004

8. 경기가 완벽하게 좋으면 실업률은 0%이 될까

"Markets with Search Frictions", *the Economic Sciences Prize Committee of the Royal Swedish Academy of Sciences*, 2010

9. 독신에게 세금을 무는 것은 정당한가

Robert W. Fogel, "Simon S. Kuznets 1901–1985:A Biographical Memoir", 2001

10. 나만 살려고 하면 모두가 죽는다

Harold W. Kuhn 외 4인, "The Work of John Nash in Game Theory", *Nobel Seminar*, 1994

11. 좋은 생태계 조성으로 기업이 부유해진다

Oliver E. Williamson, "Markets and Hierarchies: Analysis and Antitrust Implications", 1975

12. 천재는 투자에 성공할까

Robert C. Merton, "The Crisis in Retirement Planning, Harvard Business Review", 2014

13. 탐욕과 공포는 경제를 어떻게 움직이는가

George A. Akerlof and Robert J. Shiller, *Animal Spirits: How Human Psychology Drives the Economy, and Why It Matters for Global Capitalism*, Princeton University Press, 2009

14. 경매로 사회적인 기여를 할 수 있다면

Robert Wilson, "Strategic Analysis of Auctions", Econometrica Vol. 89 Issue 2, p555–561, 2021

Hung-po Chao, Robert Wilson, "Coordination of Electricity Transmission and Generation Investments", Energy Economics Vol. 86, 2020

Robert Wilson & Alvin E. Roth, "How Market Design Emerged from Game

Theory: A Mutual Interview", Journal of Economic Perspectives, Vol. 33 Issue 3, p118-143, 2019

15. 인간은 이익의 기쁨보다 손실의 고통에 더 민감하다

Kahneman, D. & Slovic, P. & Tversky, A., *Judgment Under Uncertainty: Heuristics and Biases*, Cambridge University Press, 1982

16. 좋은 중고차는 다 어디로 갔을까

George A. Akerlof, "The Market for Lemons:Quality Uncertainty and the Market Mechanism", 1970

17. 최저임금이 올라가면 고용은 늘 감소할까

David Card, Alan B Krueger, Wages, School Quality, and Employment Demand. IZA Prize in Labor Economics Series Oxford University Press, 2011

18. 기업경영자가 국가경영도 잘할까

Paul R. Krugman, "A country is not a company", *Harvard Business Review*, 1996

19. 가장 수익률이 높은 투자는 무엇인가

"Interview with James Heckman on the Economic Arguments for Investing in the Health of our Children's Learning"

20. 중국에는 산업혁명이 없었다

Douglass C. North, *Institutions, Institutional Change and Economic Performance*, Cambridge University Press, 1990

21. 정부는 '천사'가 아니다

James M. Buchanan & Richard E. Wagner, "Democracy in Deficit:The Political Legacy of Lord Keynes", *Indianapolis, IN:Liberty Fund, Inc., Vol 8*, 1999

22. 나이트클럽과 구글에는 공통점이 있다

Jean-Charles Rochet & Jean Tirole, *Platform Competition in Two-sided Markets*, European Economic Association, 2003

23. 인공지능이 인류의 위대한 탈출을 이뤄낼까

Angus Deaton, *The Great Escape:Health, Wealth, and the Origins of Inequality*, Princeton University Press, 2013

24. 무엇을 가졌는지보다 어떻게 하는지가 중요하다

Robert M. Solow, "A Contribution to the Theory of Economic Growth", The Quarterly Joural of Economics, 1956

25. 인터넷은 모두에게 무료로 열린 공간일까

Elinor Ostrom, "Beyond Markets and States: Polycentric Governance of Complex Economic systems", *American Economic Review*, 2010

26. 창의력이 국가번영의 열쇠다

Edmund S. Phelps, *The Good life and the Good Economy:the Humanist Perspective of Aristotle, the Pragmatists and the Vitalists, and the Economic Justice of John Rawls,* Oxford University Press, 2009

식탁 위의 경제학자들

초판 1쇄 발행 2022년 8월 17일
초판 3쇄 발행 2022년 11월 4일

지은이 조원경
펴낸이 김동환, 김선준

책임편집 오시정
편집팀장 한보라 **편집팀** 최한솔, 최구영
책임마케팅 이진규 **마케팅팀** 권두리, 신동빈
책임홍보 이은정 **홍보팀** 조아란, 김재이, 유채원, 권희, 유준상
디자인 김혜림 **일러스트** 그림요정더최광렬

펴낸곳 페이지2북스 **출판등록** 2019년 4월 25일 제 2019-000129호
주소 서울시 영등포구 여의대로 108 파크원타워1, 28층
전화 02)2668-5855 **팩스** 02)330-5856
이메일 page2books@naver.com
종이 월드페이퍼 **인쇄·제본** 한영문화사

ISBN 979-11-90977-75-3 (03320)

*책값은 뒤표지에 있습니다.
*파본은 구입하신 서점에서 교환해 드립니다.